La Pâtisserie facile

1000 RECETTES testées, goûtées et appréciées

Le contenu de cet ouvrage a déjà été publié dans les ouvrages suivants, collection « Toquades», © Editions First :

Best-of du supermarché (2014), *Cadeaux à croquer* (2008), *Carrément plancha et barbecue* (2008), *C'est gratiné !* (2010), *C'est moi qui l'ait fait* (2012), *Cheeeese... cakes* (2010), *Chic, du chocolat !* (2009), *Complètement tarte* (2010), *Cookies, muffins & co* (2012), *Croques, tartines et bruschettas* (2008), *Cuisine 1, 2, 3... soleil !* (2011), *Desserts made in USA* (2013), *Douceurs de Noël* (2008), *Espumas, chantilly et cie* (2011), *Fête des crêpes* (2008), *Glaces et sorbets, complètement givrés* (2012), *La Cuisine de mon placard* (2012), *La Ronde des macarons* (2007), *Légumes et tutti frutti* (2010), *Madeleine ma petite reine* (2009), *Mange ta soupe !* (2010), *Mes p'tits biscuits* (2010), *Mes p'tits cannelés* (2011), *Mes p'tits chaussons* (2013), *Mes recettes au Nutella* (2013), *Mini-cocottes & co* (2009), *Oh mon gâteau !* (2010), *Pain d'épices, quel délice* (2013), *Pâtes à tartiner maison* (2011), *Petites crèmes douceur* (2011), *Raconte-moi des salades !* (2010), *So crumble !* (2009), *Un étudiant, ça mange énormément* (2011), *Verrines, frisson garanti !* (2009), *Vite fait bien fait !* (2014), *Wok attitude* (2010).

ISBN : 978-2-7540-6628-0
Dépôt légal : septembre 2014
Imprimé en Espagne
Photos de couverture Plat 1 : © 123RF goldnetz, © Sultan//Photocuisine, © 123RF Brenda Carson, © 123RF yelenayemchuck, © Subiros // Photocuisine, © 123RF Desilava Mincheva, © 123RF Monika Adamczyk, © 123RF Sergey Jorochkin
Plat 4 : Guillaume Czerw et Julie Schwob, Aline Princet et Motoko Okuno, Amélie Roche et Manuela Chantepie, Fabrice Veigas et Julie Soucail.
Direction éditoriale : Aurélie Starckmann
Édition : Maëlle Sigonneau
Maquette : Istria
Conception graphique : Chrystel Proupuech / Luigi Carli

Éditions First, un département d'Édi8,
12, avenue d'Italie
75013 Paris
Tél : 01 44 16 09 00
Fax : 01 44 16 09 01
Email : firstinfo@efirst.com
Site Internet : www.editionsfirst.fr

Recettes sélectionnées par

Héloïse Martel

Maya Barakat-Nuq, Frédéric Berqué, Marjolaine Daguerre, Myriam Darmoni, Valérie Duclos Prévost, Thomas Feller, Marie-Claire Frédéric, Marion Kemper, Florent Margaillan, Héloïse Martel, Faïza Mebazaa, Nicole Renaud, Thierry Roussillon, Julie Schwob, Julie Soucail, Pascale Weeks, Caroline Wietzel

La Pâtisserie facile

1000 recettes testées, goûtées et appréciées

FIRST Editions

Sommaire

Introduction

Pas de bon repas sans un bon dessert, point d'orgue de votre talent culinaire. Certains d'entre vous, fins cuisiniers, redoutent de préparer des desserts : il faut dire que la pâtisserie est un art souvent considéré comme difficile. Pourtant, il existe des recettes à votre portée, faciles à réaliser, et dans lesquelles vous pouvez exprimer toute votre sensibilité en imaginant un décor adapté aux circonstances, ou à votre humeur, en ajoutant votre touche personnelle.

L'essentiel est, dans un premier temps, de savoir réaliser les basiques. Ce livre vous propose des desserts classiques ou inventifs, accompagnés de photos qui vous feront craquer à coup sûr !

Mais avant de passer en cuisine, voici quelques principes tout simples.

Les bons ustensiles

Si vous aimez réaliser de bons desserts, vous apprécierez d'avoir un matériel pratique et fiable. Cela vous fera gagner du temps et garantira la réussite de vos recettes.

Balances Le respect des proportions des différents ingrédients est très important en pâtisserie. Pour viser au plus juste, utilisez une balance électronique qui pèse au gramme près. Pour les quantités minimes, inférieures à 30 g, préférez une cuillère balance. Les verres doseurs sont utiles, mais pas très précis.

Batteur électrique Il facilite bien la vie, en particulier pour monter les blancs en neige. Vous pouvez aussi l'utiliser pour mélanger les pâtes, vous gagnerez du temps.

Billes de cuisson Elles servent à garnir les pâtes à tarte pour les faire cuire "à blanc" c'est-à-dire sans garniture, comme une tarte aux framboises par exemple (voir "cuisson à blanc" p. 16).

A défaut, utilisez des légumes secs comme des pois chiche pour lester la pâte et éviter le gonflement.

Fouets Ils sont parfaits pour mélanger, homogénéiser et aérer les pâtes. Fabriqués en inox, leur longueur varie entre 25 et 50 cm.

Grille Une grille en fil d'acier chromé sur pied est indispensable pour laisser refroidir les gâteaux : l'air circule tout autour et évite que la pâtisserie ne colle au plat de service. Il existe plusieurs diamètres (20, 24, 28 et 36 cm) ; un conseil : voyez grand, pour l'utiliser aussi pour des petits gâteaux ou plusieurs préparations à la fois.

Lame plate On ne fait pas mieux pour lisser le dessus des gâteaux lors du glaçage.

Moules à gâteaux Il en existe de multiples modèles, du plus classique au plus inventif, et dans des matériaux variés. Les moules basiques : le moule à manqué, le moule à tarte, le moule à cake et le moule à charlotte, avec lesquels vous réaliserez de très nombreuses préparations. Et si vous vous lancez dans la réalisation des petits gâteaux individuels, optez pour les plaques en silicone : madeleines, financiers... Les moules les plus faciles à vivre ont tous un revêtement antiadhésif, et les moules munis de charnières permettent un démoulage sans complication.
Si vous utilisez des moules en silicone, n'oubliez pas de sortir une grille du four avant le préchauffage, et de placer le moule dessus avant de le remplir pour éviter les transferts périlleux à travers la cuisine.

Pinceau Muni de poils en silicone, il s'utilise pour badigeonner les moules de corps gras, mais aussi la surface des pâtisseries de confitures, pâtes à tartiner, etc...

Poche à douilles et douilles Indispensables pour farcir des choux, ou réaliser de jolis décors.

Saupoudreuse Pour saupoudrer les gâteaux de sucre glace ou encore de cacao.

Spatules en plastique, ou "Maryse" Souples, elles permettent de racler les préparations dans un saladier lors du transfert vers un moule.

Roulette à pâte cannelée Elle permet une coupe dentelée esthétique du bord des pâtes à tartes.

Rouleau à pâtisserie En bois, en silicone ou en polystyrène, ils sont munis de poignées. Préférez les modèles assez longs, de 50 cm, pour abaisser d'un même geste une grande pâte à tarte.

Verrines Elles sont tendance depuis plusieurs années, aussi bien pour les entrées que les desserts comme les soupes ou les salades de fruits, les crèmes et autres mousses. Variez les formes et les couleurs pour un joli décor.

A garder sous la main aussi : un rouleau de papier d'aluminium ménager, du papier sulfurisé, et du film alimentaire.

Les incontournables du placard et du réfrigérateur

Amis qui arrivent à l'improviste, envie d'une gourmandise pour le goûter.... Il faut pouvoir faire face à l'imprévu. Gardez dans votre placard les ingrédients de base nécessaires à la réalisation des desserts que vous préférez. Vérifiez les dates de péremption, remplacez les provisions utilisées.

- l'épicerie : sucre en poudre, sucre vanillé, cassonade, sucre glace, miel liquide, sirop d'érable, confitures, farine, flocons d'avoine, levure en sachet, riz rond, chocolat pâtissier, chocolat blanc, crème de marrons, pâte d'amandes, biscuits à la cuillère, biscuits roses, spéculoos, cannelle, vanille, eau de fleur d'oranger...
- les fruits secs : amandes effilées, noisettes, raisins secs, pruneaux, cerneaux de noix, noix de Pécan, noix de coco râpée, pistaches nature, fruits confits...
- les fruits en conserve : ananas en tranches, poires au sirop, griottes...
- les produits frais : beurre doux, œufs, lait...

Les bons produits

Un principe : on ne peut réaliser de bonne recette sans de bons produits. Ce ne sont pas forcément des produits onéreux, mais adaptés à la recette que vous avez choisie.

Le beurre On utilise traditionnellement en pâtisserie du beurre laitier doux de bonne qualité. Les inconditionnels du beurre demi-sel l'utilisent aussi pour les gâteaux, mais dans ce cas, il ne faut pas ajouter de sel à la recette.

La farine de blé Il en existe plusieurs sortes, classées selon leur degré de raffinage. La farine la plus courante, qui convient à la majorité des pâtisseries est la T 55. Vous trouverez aussi en grande surface des farines plus complètes, surtout utilisées pour le pain. Notez aussi la farine de châtaigne, recommandée dans certaines recettes de pancakes. La farine est aujourd'hui tamisée, ce qui évite les grumeaux dans les préparations. Autre innovation : la farine avec poudre levante incorporée.

La levure La levure chimique se présente en sachets de 11 g, quantité suffisante pour 500 g de farine.

Le sucre glace Il est souvent employé pour le décor des gâteaux. Si vous n'en avez pas, vous pouvez passer du sucre en poudre au mixeur.

Le chocolat Choisissez le chocolat en fonction de son utilisation : le chocolat pâtissier est idéal pour vos gâteaux, le chocolat de couverture s'utilise pour le glaçage et les décors.

Les œufs Choisissez des œufs frais de poids moyen, sauf indication contraire de la recette (gros œufs, par exemple). Pour vérifier la fraicheur d'un œuf, plongez-le dans un grand verre d'eau salée : s'il se couche à l'horizontale sur le fond, il est extra frais ; s'il tombe au fond du verre et se redresse pointe en l'air, sa fraicheur est moyenne ; s'il surnage, ne l'utilisez pas, il n'est pas frais.

Les tours de main

En pâtisserie encore davantage qu'en cuisine, les " tours de main" permettent d'obtenir de meilleurs résultats. Ceux-ci sont bien connus des grands chefs.

Amandes effilées Effiler des amandes est une opération très délicate alors qu'il est tellement facile d'acheter des amandes effilées en magasin ! Vérifiez bien la date de péremption sur le paquet et n'oubliez pas de les faire griller : placez-les sur la plaque du four, passez-les sous le gril sans les quitter des yeux et retirez-les dès qu'elles colorent. Leur arôme sera décuplé.

Ananas L'ananas frais n'aime pas le froid et perd son arôme et une partie de sa saveur. Ne le mettez pas au réfrigérateur, conservez-le au frais, en tous cas à l'abri d'une source de chaleur. Cette recommandation est aussi valable pour le melon.

Bananes, pommes et poires Dès que vous les épluchez, ces fruits noircissent car ils s'oxydent. Pour éviter cet inconvénient peu esthétique, arrosez-les d'un peu de jus de citron.

Beurre ramolli Votre recette recommande d'utiliser du beurre à température ambiante, voire du beurre mou, et vous avez oublié de le sortir à l'avance du réfrigérateur. Vous pouvez obtenir du beurre à la bonne température en le plaçant au micro-ondes à pleine puissance : procédez par étapes de 10 secondes, en vérifiant la consistance du beurre.

Autre solution : enveloppez le morceau de beurre dans un torchon propre et humide et malaxez-le entre vos mains jusqu'à obtention de la bonne consistance.

Attention : n'utilisez pas du beurre fondu si la recette indique du beurre mou.

Blancs d'œufs en neige La plupart des recettes de pâtisserie comportent des œufs montés en neige ; de cette opération dépend le bel aspect gonflé de votre gâteau. Voici quelques principes pour les réussir :

- utilisez un saladier très propre ;
- cassez les œufs en séparant les blancs des jaunes avec précaution : une trace de jaune d'œuf dans les blancs les empêchera de monter ;

- ajoutez une petite pincée de sel ;
- fouettez avec le batteur dans un mouvement circulaire jusqu'à ce que les blancs soient pris (cessez de fouetter lorsqu'ils restent accrochés au fouet) ;
- vérifiez la consistance : prenez une petite louche de blancs battus et retournez-la : les blancs ne doivent pas tomber, mais rester accrochés à la louche ;
- n'attendez pas pour les incorporer à la préparation : versez d'abord une cuillerée à soupe de blancs dans la préparation, puis soulevez la masse avec une spatule pour ne pas casser les blancs. Continuez de la même façon jusqu'à épuisement.

Bords des tartes Pour obtenir une belle tarte aux bords festonnés, procédez ainsi :

- étalez la pâte dans le moule en la positionnant bien au centre, en chassant l'air avec le bout des doigts ;
- repliez votre majeur, appliquez-le en appuyant contre la paroi du moule pour faire adhérer la pâte au rebord ;
- passez la roulette à pâtisserie sur l'arête du bord du moule afin de découper la pâte ;
- pincez les festons avec les pouces ;
- placez la pâte étalée dans le moule pendant 30 minutes au réfrigérateur avant de la faire cuire, afin qu'elle ne rétrécisse pas à la cuisson.

Cake aux fruits confits Pour que les fruits confits et les raisins secs ne tombent pas au fond du cake, enrobez-les de farine avant de les incorporer à la pâte.

Cannelle Pour qu'un bâton de cannelle développe tout son arôme, ouvrez-le en deux dans sa longueur avant de l'utiliser, comme on le fait avec un bâton de vanille.

Caramel Pour stopper net sa cuisson, plongez le fond de la casserole dans un récipient rempli de glaçons.

Chaleur du four Voici la correspondance entre les degrés et le thermostat

Th. 3 = 90 °C

Th. 4 = 120 °C

Th. 5 = 150 °C

Th. 6 = 180 °C

Th. 7 = 210 °C

Th. 8 = 240 °C

Plus le gâteau est gros, moins la température du four doit être élevée, afin qu'il cuise à cœur sans brûler. Si un gâteau dore trop rapidement, couvrez-le d'un papier d'aluminium ménager. Si vous craignez que le fond du gâteau noircisse au contact de la plaque du four, disposez sur la plaque du gros sel pour l'isoler du moule.

Charlotte Pour une superbe présentation, garnissez le fond du moule de biscuits taillés en biseau, pointe vers le centre, côté bombé sur le fond du moule. N'oubliez pas ensuite de placer les biscuits côté bombé contre la paroi du moule, et non le contraire. Attention, les biscuits doivent être imbibés de sirop, pas détrempés. Par ailleurs, si vous stressez à l'idée de démouler votre charlotte, tapissez le moule de film alimentaire.

Chocolat fondu Pour qu'il soit brillant, faites-le fondre au bain-marie, sans ajouter d'eau, mais juste deux gouttes d'huile neutre (huile d'amande douce par exemple).

Choux Pour qu'ils soient bien soufflés et bien dorés, résistez à la tentation d'ouvrir le four pendant leur cuisson.

Crème anglaise Pour qu'elle soit bien onctueuse, utilisez du lait entier. Elle tourne et forme des grumeaux ? Fouettez-la à pleine vitesse, elle retrouvera son velouté.

Crème Chantilly Le secret de la réussite : placez le saladier, la crème et les fouets du batteur au réfrigérateur 30 minutes avant la réalisation de la recette.

Crème pâtissière Si elle comporte des grumeaux, transvasez-la dans un bocal en verre, secouez énergiquement, et reversez dans la casserole, ils auront disparu.

Pour éviter qu'une croûte se forme à la surface de la crème lors du refroidissement, passez dessus un morceau de beurre, ou bien déposez un film alimentaire au contact de la crème.

Crêpes Plusieurs astuces pour des crêpes réussies :

- graissez légèrement la poêle entre chaque crêpe avec un papier absorbant imbibé d'huile ;
- versez une louche de pâte dans la poêle, tournez la poêle d'un mouvement circulaire afin que le fond soit recouvert, puis reversez le surplus dans le saladier contenant la pâte ;
- au fur et à mesure que les crêpes sont cuites, déposez-les sur une assiette posée sur une casserole d'eau à faible ébullition, ainsi vos crêpes resteront chaudes sans être desséchées. Evitez de les maintenir au chaud dans un four, même éteint.

Démoulage d'un gâteau Votre gâteau se casse au démoulage ? Pour éviter ce scénario catastrophe, si vous n'utilisez pas de moule en silicone, beurrez puis farinez soigneusement vos moules avant de les garnir. Juste après avoir sorti votre gâteau du four, posez-le sur un torchon humide plié en quatre et attendez une dizaine de minutes.

Cuisson à blanc Il est parfois nécessaire de cuire la pâte à tarte sans la garniture, pour une tarte aux framboises, par exemple. Voici les astuces pour bien la réussir :

- disposez la pâte dans le moule, mettez-la au réfrigérateur pendant 30 minutes ;
- piquez le fond de la pâte de quelques coups de fourchette. Déposez dessus une feuille de papier sulfurisé, et répartissez dessus des billes de cuisson (ou des légumes secs) qui empêcheront la pâte de se boursoufler à la cuisson. Enfournez, laissez cuire le temps indiqué dans la recette ;
- retirez les billes de cuisson et le papier sulfurisé, faites cuire à nouveau pendant 5 minutes afin que le fond de la pâte dore ;
- laissez refroidir la pâte avant de la garnir.

Film alimentaire Si vous l'utiliser pour chemiser un moule (moule à charlotte par exemple), humidifiez-le légèrement afin qu'il ne glisse pas dans le moule.

Fraisage Voir pâte brisée.

Fraises Lavez-les rapidement sous un jet modéré d'eau froide avant de les équeuter, afin qu'elles ne se gorgent pas d'eau.

Fraises et framboises Elles sont souvent vendues en barquette, entassées les unes sur les autres, stagnant dans leur humidité, menacées de moisissure. Le mieux est de les étaler sur un papier absorbant les unes à côté des autres, et de les recouvrir d'un papier absorbant, avant de les utiliser ou de les consommer.

Gâteau roulé Lorsque la génoise se casse au lieu de se laisser rouler, c'est la catastrophe. Une astuce : roulez la génoise dans un torchon humide pendant une dizaine de minutes avant de la badigeonner avec la garniture choisie.

Glaçage d'un gâteau Versez le glaçage au centre du gâteau, puis étalez avec une lame en allant de l'intérieur vers l'extérieur.

Glaces et sorbets Sortez-les du congélateur 15 minutes avant de les consommer afin qu'ils aient la bonne consistance.

Lait Pour éviter qu'il attache au fond de la casserole lorsque vous le portez à ébullition, passez la casserole sous l'eau froide avant de verser le lait.

Levure chimique Elle fait gonfler les gâteaux. Pour qu'elle remplisse son rôle dans les meilleures conditions :

- utilisez la juste proportion, c'est-à-dire un sachet (11 g) pour 500 g de farine ;
- incorporez la levure à la farine et mélangez pour bien la répartir ;
- ajoutez le reste des ingrédients sans tarder, puis enfournez rapidement.

Levure de boulanger Vendue en petits cubes de 20 g environ dans les boulangeries, elle sert à préparer un levain, qui, incorporé à de la farine, permet de faire lever la pâte avant cuisson. Lisez bien les recettes pour ne pas confondre levure chimique et levure de boulanger !

Mélange sucre et œufs Pour réussir un gâteau, la pâte doit être parfaitement homogène. Dans de nombreuses recettes, on doit mélanger sucre en poudre et jaunes d'œufs : incorporez les jaunes un par un, et fouettez vigoureusement. Le mélange doit avoir blanchi et être mousseux avant d'ajouter d'autres ingrédients.

Meringues Lorsque vous fouettez les blancs d'œufs en neige, incorporez le sucre cuillerée après cuillerée, et non pas en une seule fois, ce qui pourrait empêcher les blancs de monter.

Mesures Si votre balance ne pèse pas les petites quantités, vous pouvez utiliser une cuillère à soupe ou une cuillère à café : ce n'est pas très précis, mais c'est utile pour dépanner.

- Beurre
  1 cuil. à café rase = 4 g
  1 cuil. à soupe rase = 12 g

- Farine
  1 cuil à café rase = 5 g
  1 cuil. à soupe rase = 15 g

- Sucre
  1 cuil. à café débordante = 9 g
  1 cuil. à soupe débordante = 25 g

Noix Les cerneaux tout prêts en sachet sont souvent rances. Il est préférable d'utiliser des noix sèches. La difficulté est de retirer les cerneaux de la coque sans les briser si vous avez besoin de cerneaux entiers (pour un décor, par exemple). Plongez les noix pendant une nuit dans de l'eau sucrée avant de les casser.

Noyaux Qu'il s'agisse des noyaux d'abricots, de prunes ou de cerises, il est préférable de les garder pendant la cuisson des tartes, des clafoutis et des compotes, car ils donnent un délicieux goût d'amande aux préparations. Pensez à prévenir vos convives !

Papier d'aluminium ménager Placez la face mate du papier contre l'aliment à protéger, et non le contraire.

Pâte à tarte élastique Pour éviter que la pâte à tarte soit élastique et ne rétrécisse à la cuisson, voici une précaution : laissez reposer la pâte en boule pendant 2 heures minimum, puis, une fois que vous l'avez étalée dans le moule, replacez-la au réfrigérateur pendant 30 minutes avant de l'enfourner.

Pâte brisée

Pour la réussir :

- utilisez du beurre à température ambiante coupé en petites parcelles ;
- incorporez complètement le beurre à la farine en malaxant du bout des doigts pour obtenir une pâte sableuse jusqu'à ce que vous ne voyiez plus une parcelle de beurre ;
- faites un puits, versez 2 cl d'eau et le jaune d'œuf, mélangez du bout des doigts, puis ramenez la pâte vers le centre progressivement ;
- l'astuce pour vous assurer que vous avez mis assez d'eau : la pâte doit être souple et se décoller du saladier. Elle est friable ? Ajoutez un peu d'eau, pétrissez. Elle est collante ? Vous avez mis trop d'eau, ajoutez un peu de farine ;
- fraisez la pâte : lorsque la pâte forme une boule, écrasez-la avec la paume de la main sur le plan de travail à plusieurs reprises afin d'achever d'amalgamer le beurre à la farine. Renouvelez plusieurs fois l'opération ;
- étalez la pâte sur le plan de travail fariné en lui donnant une forme ronde, puis continuez à l'étaler avec le rouleau à pâtisserie pour obtenir une épaisseur de 3 à 4 mm ;
- garnissez le fond du moule à tarte de papier sulfurisé pour faciliter le démoulage ;
- graissez le papier si nécessaire dans la recette. Pour transporter l'abaisse de pâte du plan de travail au moule, placez-la à califourchon sur le rouleau à pâtisserie ;
- appuyez bien du bout des doigts pour faire adhérer la pâte au moule, en particulier sur les bords. Coupez le surplus de pâte avec une roulette à pâtisserie ou un couteau ;
- placez la pâte au frais pendant 30 minutes minimum avant de la garnir et/ou de la faire cuire.

Pâtes à tarte croustillantes Pour que le fond de la pâte ne soit pas détrempé par la garniture, saupoudrez-le d'une fine couche de poudre d'amande ou encore de biscottes ou de macarons broyés. Autre solution : un peu de blanc d'œuf passé au pinceau qui joue le rôle d'imperméable. Pour une tarte aux fraises ou aux framboises, utilisez du sucre glace qui va absorber l'humidité des fruits.

Pâtes toutes dorées Badigeonnez-les au pinceau avant de les faire cuire avec un mélange de jaune d'œuf battu avec deux cuillerées à soupe de lait.

Pommes cuites au four Pour éviter que le fruit n'explose à la cuisson, entaillez la peau de petits coups de couteau avant d'enfourner.

Préparation des moules à gâteau Avant de garnir un moule à gâteau, on doit le beurrer et le fariner sans excès. Le plus simple consiste à passer un peu de beurre sur toute la surface interne du moule sans oublier les bords avec un papier absorbant si vous utilisez du beurre ramolli. Si vous prenez du beurre fondu, utilisez un pinceau à pâtisserie. Ensuite saupoudrez très légèrement l'intérieur du moule de farine, puis retournez-le et tapotez le fond pour retirer l'excès. Pour éviter que la farine s'agglutine en plaques en se collant au beurre, placez le moule beurré pendant quelques minutes au congélateur avant de le fariner. Si vous préférez utiliser de l'huile pour graisser votre moule, choisissez de l'huile d'amande douce.

Riz au lait et gâteau de riz Utilisez du riz rond, employé aussi pour les risottos. Sucrez le lait avant de le faire bouillir. Portez à ébullition, jetez le riz, et dès la reprise de l'ébullition ne mélangez plus, sinon le riz attache à la casserole.

Séparation des blancs et des jaunes d'œufs L'opération est délicate. Prenez l'œuf, cognez-le franchement en son milieu sur le bord du saladier destiné à recevoir les blancs afin que la coquille se brise nettement. Séparez délicatement les deux moitiés de coquille ; positionnez une demi-coquille sous l'autre, penchez la demi-coquille pleine vers la demi-coquille vide pour que le blanc s'écoule, versez le blanc dans le saladier, recommencez.

Si cette opération vous paraît trop périlleuse, cassez l'œuf au-dessus d'un petit entonnoir placé au-dessus d'un saladier. Le jaune restera coincé dans le goulot tandis que le blanc s'écoulera dans le récipient.

Stabilisation d'un saladier Lorsque vous mélangez énergiquement une préparation dans un saladier, celui-ci se déplace sur le plan de travail. Pour éviter cet inconvénient, déposez-le sur un torchon plié en quatre : il ne bougera pas.

Sucre glace Ne placez pas un gâteau au réfrigérateur après l'avoir saupoudré de sucre glace, l'humidité le ferait fondre et lui ferait perdre sa blancheur.

Tarte aux fraises Si les fraises n'ont pas toutes la même taille, placez les plus petites contre le bord de la pâte, puis les moyennes, en terminant par les plus grosses au centre de la tarte pour obtenir un effet de dôme esthétique.

Tarte aux fruits Garnissez la pâte de fruits en commençant par les bords, et continuez jusqu'au centre de la tarte.

Tarte aux fruits cuits Pour que le jus des fruits ne détrempe pas la pâte, mélangez 50 g de fécule de maïs ou de pomme de terre et 50 g de sucre, recouvrez-en le fond de pâte avant de déposer les fruits. Vous pouvez aussi recouvrir le fond de pâte d'une légère couche de semoule fine ou d'une couche de sucre glace.

Tarte aux fruits crus Pour que le jus des fruits ne détrempe pas la pâte, badigeonnez le fond de blanc d'œuf non battu à l'aide d'un pinceau après la cuisson à blanc. Remettez au four pendant 2 minutes pour que le blanc d'œuf coagule et imperméabilise ainsi la pâte. Laissez refroidir, et garnissez la tarte. Ou encore, saupoudrez le fond de pâte de sucre glace.

Tarte aux fruits toute brillante Et très appétissante ! Faites fondre deux cuillerées à soupe de confiture d'abricots avec deux cuillerées à soupe d'eau, passez-la au pinceau sur les fruits : effet garanti ! Pour une tarte aux fraises, utilisez de la gelée de groseilles.

Vanille en gousse Libérez les graines de la gousse en l'ouvrant avec un couteau sur toute sa longueur, faites-les tomber dans le liquide ou dans la pâte à parfumer, selon la recette. Gardez les gousses, placez-les dans un sucrier avec du sucre en poudre : vous aurez ainsi du sucre vanillé à moindre coût.

Le choix d'un dessert

Le dessert doit être en harmonie avec les plats qui l'ont précédé. Attention, si l'entrée et le plat principal sont copieux, vous risquez d'entendre vos convives s'exclamer qu'ils sont rassasiés et ils n'apprécieront pas à sa juste mesure le dessert que vous leur avez préparé.

Un sorbet ou une salade de fruits rafraichissent après des mets caloriques. Un dessert à base de crème, de chocolat ou de beurre sera apprécié après des plats légers. Pas de tarte si vous avez servi une quiche en entrée ! Pas de gâteau après une soirée raclette ou tartiflette !

Voici un petit rappel de la saisonnalité des fruits.

Janvier, février, mars :	mandarine, clémentine, noix, pomme, orange
Avril et mai :	fraise
Juin :	abricot, cerise, fraise, framboise, groseille
Juillet :	abricot, cerise, fraise, framboise, pêche, prune, melon
Août :	framboise, groseille, pêche, poire, prune, raisin, melon
Septembre et octobre :	châtaigne, figue, poire, pomme, prune, raisin, noix
Novembre :	châtaigne, datte, kiwi, noix, poire, pomme
Décembre :	datte, mandarine, clémentine, noix

Pensez à la logistique : vous apprécierez les desserts que vous pouvez préparer un peu à l'avance si vous avez passé beaucoup de temps en cuisine pendant le repas ; pensez aussi au planning d'occupation du four. Difficile de concilier parfois la cuisson d'une viande et celle d'une tarte, qui doit être servie tiède.

Pour vos desserts fruités, choisissez de préférence des fruits de saison, ils sont plus goûteux et meilleur marché.

Avant de faire les courses, listez les ingrédients nécessaires à la réalisation de la recette choisie, puis regardez ce que vous avez dans vos placards afin d'assurer le roulement de vos stocks.

Petit lexique pâtissier

Pour devenir une star de la pâtisserie, voici l'explication des termes que vous pourrez rencontrer dans les recettes au hasard de vos lectures.

Abaisser une pâte Étaler une pâte sur un plan de travail.

Abricoter Enduire les fruits d'une tarte de confiture ou de marmelade diluée, afin de les rendre brillants.

Appareil Ensemble des ingrédients réunis pour composer un dessert, une pâtisserie.

Bain-marie Procédé de cuisson à température douce, qui consiste à placer la casserole (ou le moule) contenant les ingrédients dans une casserole plus grande (ou dans un plat) contenant de l'eau en ébullition. La cuisson se poursuit sur le feu ou dans le four.

Beurrer Enduire de beurre les parois d'un moule, un papier d'aluminium ou un papier sulfurisé.

Blanchir Fouetter des jaunes d'œufs et du sucre, dans la proportion indiquée dans la recette, jusqu'à ce que le mélange blanchisse et mousse : cette opération est indispensable pour la réussite de votre gâteau. Vous pouvez utiliser un fouet à main ou un batteur électrique.

Blanchir signifie également plonger des fruits quelques secondes dans de l'eau bouillante pour faciliter l'épluchage ; c'est notamment le cas des pêches.

Caraméliser Enduire un moule de caramel, ou encore faire colorer le dessus d'une pâtisserie sous le gril après l'avoir recouverte de sucre.

Chemiser Tapisser les parois et le fond d'un moule, avec des biscuits, par exemple, si vous réalisez une charlotte.

Clarifier Lorsque vous faites fondre du beurre, retirer avec une petite cuillère le "petit lait", ce dépôt blanchâtre qui se forme en surface.

Cuire à blanc Faire cuire une pâte à tarte sans garniture ; la garniture (fruits crus comme des fraises, des framboises, ou encore une crème au citron ou une ganache au chocolat) est ajoutée après la cuisson, une fois la pâte refroidie. Voir technique p. 16.

Dessécher Faire évaporer l'excédent d'humidité d'une pâte à feu doux. C'est une technique à utiliser dans le cas de la pâte à choux, qui doit être sèche et se décoller des parois de la casserole.

Détendre Assouplir une pâte avec de l'eau ou du lait.

Dorer Badigeonner une pâte d'un mélange de jaune d'œuf et de lait ou d'eau afin qu'elle dore à la cuisson.

Dresser Disposer harmonieusement sur un plat ou sur des assiettes.

Effiler Emincer des amandes finement, dans le sens de la longueur.

Emonder ou monder Retirer la peau de fruits secs (amandes, noisettes, pistaches) après les avoir ébouillantés puis rafraîchis.

Fariner Verser de la farine sur un plan de travail ou une planche, ou encore rouler un ingrédient dans la farine, ou enfin verser de la farine dans un moule après l'avoir beurré. Voir technique p. 20.

Filmer Recouvrir un récipient d'un film étirable afin de garder la fraicheur des ingrédients qu'il contient.

Foncer Garnir un moule de pâte en la découpant à ses dimensions.

Fouetter Battre vigoureusement une préparation à l'aide d'un fouet manuel ou d'un batteur électrique.

Fraiser Ecraser une boule de pâte du plat de la main afin de la rendre parfaitement homogène. Voir p. 19.

Ganache Mélange de chocolat, de crème ou de beurre, utilisé pour garnir une tarte ou une pâtisserie.

Glacer Recouvrir un gâteau d'une fine couche de nappage de fruits ou de chocolat.

Imbiber Mouiller des biscuits avec un liquide (sirop, alcool ou liqueur) afin de les rendre moelleux et de les parfumer.

Levain Mélange d'une petite quantité de farine, de levure de boulanger et d'eau, que l'on place dans un endroit chaud afin qu'il double de volume avant de l'incorporer au reste de la pâte.

Lier Améliorer la consistance d'un liquide en ajoutant de la farine, de la fécule ou des jaunes d'œufs.

Manier Travailler plusieurs ingrédients ensemble afin d'obtenir une préparation homogène.

Meringuer Recouvrer une préparation de meringue (par exemple, une tarte au citron).

Monter Battre des blancs d'œufs ou de la crème pour en augmenter la consistance, afin d'obtenir, par exemple, des blancs en neige ou de la crème fouettée.

Mouiller Ajouter un liquide dans une préparation.

Puncher Imbiber une génoise ou des biscuits de liquide (sirop ou alcool) pour préparer une charlotte par exemple.

Napper Recouvrir entièrement un gâteau de crème, de coulis ou de chocolat fondu.

Panacher Mélanger des ingrédients de couleurs différentes.

Parer Egaliser le pourtour d'une tarte ou d'un gâteau.

Passer Filtrer une crème fluide, un sirop, un coulis, une gelée à travers une passoire ou un chinois pour obtenir une préparation bien lisse.

Pâton Boule de pâte.

Peler à vif Peler un agrume en retirant la totalité de la peau.

Pétrir Malaxer de la farine avec d'autres ingrédients pour les incorporer intimement, soit à la main, soit à l'aide d'un robot.

Piler Réduire en poudre, par exemple des noix, des noisettes ou des amandes.

Pincer Appuyer fortement avec les doigts sur la pâte à tarte contre le bord cannelé du moule afin d'obtenir une belle présentation.

Piquer Donner des coups de dents de fourchette dans le fond d'une pâte à tarte afin quelle ne boursoufle pas à la cuisson.

Pocher Faire cuire des fruits dans un sirop frémissant.

Pommade Consistance du beurre nécessaire à certaines préparations. Voir technique p. 13.

Praliner Ajouter du praliné à une préparation.

Reposer Placer une pâte au frais pendant une durée plus ou moins longue avant de la travailler ou de la faire cuire. Ce temps de repos diminue l'élasticité de la pâte.

Réduire Diminuer le volume d'un liquide par évaporation en le faisant bouillir afin d'en concentrer les saveurs et de le rendre plus onctueux.

Réserver Mettre en attente une préparation.

Ruban Se dit du mélange formé par du sucre en poudre et des jaunes d'œufs battus ensemble, lorsqu'il forme un ruban à l'intérieur du récipient.

Sabler Mélanger les ingrédients d'une pâte jusqu'à obtenir la consistance d'un sable.

Strier Pratiquer des rainures sur la surface d'un biscuit ou d'un gâteau à l'aide des dents d'une fourchette.

Tamiser Passer de la farine, du sucre, de la levure, du cacao en poudre... à travers un tamis afin d'éliminer les grumeaux.

Travailler Mélanger les différents ingrédients d'une pâtisserie, soit à la main, soit avec un batteur électrique.

Zester Prélever le zeste d'agrumes, soit avec un épluche-légumes, soit avec une râpe.

Et maintenant, promenez-vous dans ce livre, laissez-vous séduire par ces recettes, testez-les sans complexe, et régalez-vous. La gourmandise est une très belle qualité !

biscuits and co

Spéculoos

Pour 40 spéculoos
Préparation : 30 min
Cuisson : 12 min
Difficulté : * *
€ € € €

- 1 bol • 1 saladier
- 1 spatule
- 1 rouleau à pâtisserie
- 1 ou 2 plaques de cuisson antiadhésives

INGRÉDIENTS :

- 225 g de sucre roux de type cassonade
- 2 cuil. à café rase d'un mélange spécial pain d'épices
- 225 g de beurre demi-sel mou
- 400 g de farine – 1 œuf
- 5 g de levure chimique

Versez le sucre et les épices dans un saladier. Ajoutez le beurre et l'œuf. Mélangez l'ensemble avec une spatule jusqu'à ce que le mélange soit homogène.

Ajoutez le mélange farine et levure, progressivement, en mélangeant avec une spatule. Formez une boule et laissez-la reposer au frais pendant une nuit, emballée dans du film étirable.

Le lendemain, préchauffez votre four à 180 °C (th. 6).

Divisez la boule en deux et, sur une surface farinée, étalez chaque partie sur une épaisseur de 5 mm. Découpez des rectangles de 4 sur 8 cm et disposez-les au fur et à mesure sur la plaque de cuisson. Enfournez pour 12 minutes environ jusqu'à ce que les spéculoos soient dorés. Retirez-les de la plaque de cuisson à l'aide d'une spatule, puis laissez refroidir sur une grille.

Digestive biscuits, comme en Grande-Bretagne

Pour 20 biscuits
Préparation : 20 min
Cuisson : 15 min
Difficulté : * *
€ € € €

- 1 robot de type mixeur
- 1 saladier • 1 spatule
- 1 rouleau à pâtisserie
- 1 ou 2 plaques de cuisson antiadhésives
- 1 emporte-pièce de 6 cm de diamètre ou 1 verre

INGRÉDIENTS :

- 150 g de farine complète
- 50 g de flocons d'avoine
- 1 cuil. à café rase de levure chimique
- 50 g de sucre roux
- 100 g de beurre demi-sel mou
- 2 cuil. à soupe de lait

Préchauffez vote four à 180 °C (th. 6). Mettez les flocons d'avoine dans le bol du robot et actionnez-le 5 secondes afin d'obtenir une chapelure. Mélangez tous les ingrédients secs dans un saladier. Ajoutez le beurre et incorporez-le du bout des doigts jusqu'à obtenir une pâte sableuse. Ajoutez le lait et mélangez jusqu'à obtenir une boule de pâte. Laissez-la reposer 15 minutes au frais, emballée dans du film étirable. Étalez la pâte entre 2 feuilles de papier sulfurisé, sur une épaisseur de 5 mm. Coupez des cercles de 6 cm de diamètre, à l'aide de l'emporte-pièce, et déposez-les au fur et à mesure sur une plaque de cuisson. Reformez une boule avec les chutes de pâte, étalez à nouveau et découpez des cercles. Piquez les cercles de pâte de quelques coups de fourchette. Enfournez-les pour 15 minutes environ, jusqu'à ce qu'ils soient dorés. Retirez-les de la plaque de cuisson à l'aide d'une spatule, puis laissez refroidir sur une grille.

astuces de présentation (pour les deux recettes)

Une boîte en carton ou en métal, dans laquelle vous mettrez une jolie serviette en papier ou du papier de soie.

Pour 6 lunettes
Préparation : 15 min
Cuisson : 10 min
Repos : 30 min
Difficulté : * *

- 1 jatte
- 1 bol
- 1 emporte-pièce cannelé en forme de lunette de 10 à 12 cm
- 1 emporte-pièce rond d'1,5 cm de diamètre
- 1 tamis
- film alimentaire
- 1 rouleau à pâtisserie
- 1 plaque de cuisson

BISCUITS & CO

INGRÉDIENTS :

- 250 g de farine
- 1/2 cuil. à café de levure chimique
- 125 g de beurre
- 125 g de sucre glace
- 1 œuf
- 1 pincée de sel
- 1/2 cuil. à café d'extrait de vanille liquide

Pour la décoration :

- 100 g de sucre glace
- 200 g de confiture (cerises, groseilles, framboises, fraises, myrtilles...)

Lunettes à la confiture

Mélangez la farine, la levure chimique, le sel et le sucre glace. Tamisez l'ensemble. Ajoutez le beurre en dés. Sablez l'ensemble du bout des doigts pour obtenir un sable grossier. Battez l'œuf en omelette.

Faites un puits au milieu de la farine, mettez-y la moitié de l'œuf battu et l'extrait de vanille. Mélangez petit à petit la pâte et formez une boule homogène. Aplatissez légèrement la pâte, filmez-la et laissez-la reposer au frais 30 minutes.

Préchauffez le four à 160 °C (th. 5). Étalez la pâte sur 5 mm d'épaisseur. À l'aide de l'emporte-pièce cannelé, découpez 12 lunettes. Sur la moitié des lunettes, découpez également 2 trous pour figurer les yeux à l'aide de l'emporte-pièce rond. Placez les lunettes sur la plaque de cuisson légèrement beurrée et farinée. Faites cuire 10 minutes jusqu'à ce qu'elles dorent.

Retirez du four et laissez refroidir complètement. Sur les lunettes non trouées, tartinez de la confiture. Saupoudrez les lunettes trouées de sucre glace et placez-les sur les autres.

variante

N'hésitez pas à tester ces lunettes avec toutes les confitures que vous pourrez faire en pleine saison de récolte, cela évitera de lasser vos petits !

truc de cuisinier

Pour que le sucre glace tienne bien, il faut que les biscuits soient complètements froids, sinon vous risquez de le faire fondre.

Mini-palmiers

Pour 20 palmiers
Préparation : 10 min
Cuisson : 10 à 15 min
Difficulté : * *
€

- 1 rouleau à pâtisserie
- 1 plaque de cuisson
- 1 spatule

INGRÉDIENTS :

- 1 bloc de 250 g de pâte feuilletée surgelée
- 100 g de sucre cristal

Préchauffez le four à 220 °C (th. 7-8). Parsemez le plan de travail de sucre cristal. Allongez la pâte décongelée au rouleau sur le sucre cristal en conservant une forme rectangulaire et d'une épaisseur de 4 mm environ. Parsemez à nouveau la pâte de sucre cristal des 2 côtés. Mesurez la largeur et divisez-la en 4, n'hésitez pas à faire des marques avec un couteau. Repliez les deux parties extérieures sur elles-mêmes.

Parsemez de nouveau de sucre et repliez vers le centre conjointement. Repliez les 2 parties l'une sur l'autre comme un portefeuille. Coupez des tranches de pâte d'1 cm d'épaisseur. Disposez les palmiers, côté tranché vers le haut, sur la plaque de cuisson. Appuyez un peu avec votre doigt sur chacun des palmiers. Faites cuire 10 à 15 minutes. Retournez les palmiers à mi-cuisson avec une spatule.

Pailles à la framboise

Pour 6 pailles
Préparation : 10 min
Cuisson : 10 à 15 min
Difficulté : * *
€

- 1 bol
- 1 pinceau
- 1 rouleau à pâtisserie
- 1 plaque de cuisson

INGRÉDIENTS :

- 1 bloc de 250 g de pâte feuilletée surgelée
- 50 g de sucre cristal
- 50 g de confiture de framboises
- 1 œuf

Préchauffez le four à 220 °C (th. 7-8). Allongez la pâte décongelée sur le sucre cristal sur une épaisseur de 5 mm en conservant la forme rectangulaire.

Découpez la pâte en 4 bandes de même largeur. Battez l'œuf en omelette et badigeonnez-en le dessus de chaque bande. Superposez les 4 bandes les unes sur les autres. Appuyez bien pour sceller les bandes entre elles. Coupez des tranches de pâte d'1 cm d'épaisseur. Déposez-les face tranchée vers le haut sur la plaque de cuisson. Espacez-les bien. Faites cuire 10 à 15 minutes. Laissez refroidir sur une grille. Collez 2 pailles entre elles avec un peu de confiture de framboises.

Pour 12 biscuits
Préparation : 25 min
Cuisson : 18 min
Repos : 2 h
Difficulté : * *
€ € € €

- 1 fouet
- 1 pinceau de cuisine
- film alimentaire
- 1 plaque à pâtisserie

INGRÉDIENTS :

- 2 jaunes d'œuf
- 100 g de beurre tempéré
- 75 g de miel liquide
- 50 g de sucre en poudre
- 250 g de farine
- 1/2 cuil. à café de bicarbonate de soude
- 100 g de marmelade d'oranges
- 7 cl de jus d'orange
- 100 g de sucre glace

Biscuits à l'orange, fondants et glacés

Battez les jaunes d'œuf avec le sucre, incorporez le beurre coupé en parcelles, puis le miel. Mélangez la farine et le bicarbonate. Ajoutez-les à la préparation précédente, petit à petit, tout en remuant. Formez une boule, filmez-la et laissez reposer 2 heures au réfrigérateur.

Préchauffez le four à 150 °C (th. 5). Chemisez la plaque à pâtisserie de papier cuisson. Roulez de petits morceaux de pâte de la taille de grosses noix dans le creux de votre main. Posez-les sur la plaque et écrasez-les légèrement pour leur donner une forme allongée.

Enfournez pour 18 minutes environ, jusqu'à ce que le dessus des biscuits soit doré. Laissez les biscuits tiédir, puis ouvrez-les dans la longueur, tartinez l'intérieur de marmelade d'oranges.

Mélangez le jus d'orange et le sucre glace, passez ce glaçage sur le dessus des gâteaux avec un pinceau de cuisine.

variante

Parfumer la pâte d'une pincée de gingembre en poudre et d'une pointe de cannelle.

truc de cuisinier

Si la pâte est collante, ajoutez un peu de farine ; si elle vous semble sèche, incorporez-lui un peu d'eau.

Pour 8 damiers
Préparation : 20 min
Repos : 1 h
Cuisson : 15 min
Difficulté : * *

- 1 bol
- 2 jattes
- film alimentaire
- 1 rouleau à pâtisserie
- 1 pinceau
- 1 plaque de cuisson

INGRÉDIENTS :

- 225 g de farine
- 100 g de sucre glace
- 25 g de cacao en poudre
- 100 g de beurre
- 1 gros œuf
- 1 pincée de sel fin
- 1 cuil. à café d'extrait de vanille liquide
- 2 cuil. à soupe de lait

BISCUITS & CO

Damiers vanille-chocolat

Préparez la pâte nature en mélangeant 125 g de farine, 50 g de sucre glace et le sel. Du bout des doigts, sablez cette farine avec 50 g de beurre mou découpé en petits dés. Faites un puits et versez la moitié d'1 œuf battu en omelette et l'extrait de vanille liquide. Formez une boule de pâte, filmez-la et placez-la au réfrigérateur 30 minutes.

Préparez la pâte au chocolat en mélangeant le reste de farine et de sucre avec le cacao. Sablez du bout des doigts avec le reste de beurre en dés. Faites un puits, ajoutez le second reste d'œuf battu. Formez une boule, filmez-la et placez 10 minutes au réfrigérateur.

Étalez chaque pâte sur une épaisseur d'1 cm. Découpez 5 bandes d'1 cm de large et de même longueur dans la pâte nature. Découpez 4 bandes d'1 cm de large et de même longueur dans la pâte au chocolat.

Déposez les pâtes les unes sur les autres en les intercalant. Badigeonnez-les au pinceau d'un peu de lait pour les coller et les faire dorer. Formez un damier de pâte, filmez-le et laissez-le reposer 30 minutes au frais. Préchauffez le four à 180 °C (th. 6). Découpez des tranches d'1 cm d'épaisseur. Faites cuire 15 minutes.

variante

Vous pouvez réaliser des dominos en collant 2 bandes de pâte entre elles, que vous pourrez ensuite décorer avec un peu de glaçage blanc (un mélange de sucre glace et de jus de citron) après cuisson.

truc de cuisinier

Il faut que les bandes de pâte soient bien scellées entre elles avant que vous ne les tranchiez, sinon les damiers seront tout « tordus » après cuisson.

Pour 6
Préparation : 30 min
Cuisson : 12-15 min
Repos : 1 h
Difficulté : * * *
€ € € €

- 1 rouleau à pâtisserie
- 1 emporte-pièce en forme d'étoile
- 1 poche à douille unie
- 1 plaque à pâtisserie
- papier de cuisson
- 1 pinceau

INGRÉDIENTS :

Pour la pâte :
- 200 g de farine
- 125 g de beurre ramolli
- 70 g de sucre glace
- 2 jaunes d'œufs
- 2 cuil. à soupe de lait
- 1 pincée de sel

Pour la garniture :
- 1 blanc d'œuf
- 60 g de sucre glace
- 30 g de chocolat râpé
- 30 g de noisettes en poudre
- épices (1 cuil. à café de gingembre + 1 de cannelle, 1 clou de girofle pilé)

Étoiles de Noël soufflées
au chocolat et aux épices

Creusez la farine tamisée avec le sel et le sucre glace en fontaine. Ajoutez les jaunes d'œufs et le beurre en cubes au centre. Amalgamez rapidement tout en incorporant la farine. Rassemblez la pâte en boule. Laissez-la reposer au frais dans un linge, 1 heure.

Allumez le four th. 7 (210 °C). Étalez la pâte sur 3 mm d'épaisseur. Découpez-la en étoiles. Alignez-les sur une plaque tapissée de papier de cuisson. Badigeonnez de lait.

Battez le blanc d'œuf en neige. Incorporez-lui le sucre glace, le chocolat râpé, la poudre de noisettes et les épices. Versez la préparation dans une poche à douille à ouverture unie et déposez-la en dôme au centre des étoiles.

Faites cuire dans la partie inférieure du four, 12 à 15 minutes. Laissez refroidir les sablés sur une grille, sans les empiler.

variante

À préparer avec des amandes, un mélange noisettes-amandes, des noix de Grenoble ou de pécan. Parfumez la pâte avec de la cannelle.

truc de cuisinier

Pendant le découpage, roulez les chutes de pâte en une boule, puis étalez-la et découpez-la jusqu'à épuisement.

Gingerbread men

Pour 12 biscuits
de 5 cm de haut environ
Préparation : 15 min
Repos : 30 min
Cuisson : 10 min
Difficulté : * *
€ € € €

- 3 bols
- 1 tamis
- 1 zesteur
- 1 petite casserole
- film alimentaire
- 1 rouleau à pâtisserie
- 1 emporte-pièce en forme de bonhomme
- 1 plaque de cuisson
- papier sulfurisé

INGRÉDIENTS :

- 100 g de beurre pommade
- 170 g de sucre
- 1 œuf
- 50 g de miel
- 1/2 orange
- 400 g de farine
- 1/2 c. à c. de sel
- 1/2 c. à c. de levure chimique
- 2 c. à c. de quatre-épices

Pour la décoration :

- 24 raisins secs
- quelques billes de sucre coloré
- 2 c. à s. de sucre glace
- quelques gouttes de jus de citron

Zestez la demi-orange et pressez-la. Tamisez la farine avec la levure, le sel, les épices. Ajoutez le zeste d'orange blanchi à l'eau bouillante et haché finement.

Mélangez le beurre pommade avec le sucre. Ajoutez ensuite l'œuf battu en omelette. Mélangez bien puis ajoutez le jus d'orange, le miel, et enfin la farine. Formez une boule de pâte homogène. Aplatissez-la, filmez-la et laissez-la refroidir 30 minutes au frais.

Préchauffez le four à 180 °C (th. 6). Étalez la pâte sur le plan de travail. Découpez les bonshommes avec l'emporte-pièce. Placez-les sur la plaque de cuisson. Piquez 2 raisins pour figurer les yeux. Faites cuire 10 minutes. Retirez du four et laissez refroidir avant de faire le décor.

Mélangez le sucre glace et le citron. À l'aide d'un petit cornet que vous formerez avec du papier sulfurisé, tracez avec ce glaçage le pourtour du bonhomme en dessinant la chemise, le pantalon, etc. Ajoutez quelques billes de sucre coloré pour figurer les boutons. Laissez sécher le décor avant de déguster.

variante

Vous pouvez également mettre le zeste du citron dans la pâte, mais n'oubliez pas de le blanchir au préalable, puis de le hacher finement.

truc de cuisinier

La consistance de votre glaçage doit être proche de la pâte à dentifrice. S'il est trop liquide, rajoutez du sucre glace. S'il est trop sec, rajoutez quelques gouttes de jus de citron.

Cookies au chocolat noir

Pour 12 cookies
Préparation : 20 min
Cuisson : 10 min
Difficulté : * *

- 1 ou 2 plaques de cuisson antiadhésives
- 1 planche • 1 bol
- 1 cuillère • 1 spatule
- 1 grille

INGRÉDIENTS :

- 100 g de chocolat noir
- 125 g de beurre demi-sel mou
- 50 g de sucre
- 75 g de sucre roux
- 1 œuf
- 175 g de farine
- 1 c. à c. rase de levure chimique

Préchauffez le four à 180 °C (th. 6). Sur la planche, concassez le chocolat au couteau pour obtenir des pépites. Mélangez le beurre et les sucres, jusqu'à obtenir une consistance homogène. Ajoutez l'œuf, remuez, puis incorporez farine, levure, chocolat et mélangez juste assez pour obtenir une pâte souple.

Avec une grande cuillère, déposez des petits tas de pâte sur la plaque en les espaçant bien et sans les aplatir. Enfournez pour 10 minutes environ.

Les cookies doivent être blonds, légèrement dorés sur les bords et encore très souples. Laissez-les 2 minutes sur la plaque pour les raffermir, retirez-les à l'aide d'une spatule, puis laissez refroidir sur la grille. Faites cuire le restant de la pâte de la même manière.

Cookies au chocolat blanc et pistaches

Pour 12 cookies
Préparation : 20 min
Cuisson : 10 min
Difficulté : * *

- 1 ou 2 plaques de cuisson antiadhésives
- 1 planche • 1 bol
- 1 cuillère • 1 spatule
- 1 grille

INGRÉDIENTS :

- 100 g de chocolat blanc
- 125 g de beurre demi-sel mou
- 50 g de sucre
- 50 g de sucre roux
- 1 œuf – 175 g de farine
- 1 c. à c. rase de levure chimique
- 50 g de pistaches nature

Préchauffez le four à 180 °C (th. 6). Sur la planche, concassez le chocolat au couteau pour obtenir des pépites. Mélangez le beurre et les sucres, jusqu'à obtenir une consistance homogène. Ajoutez l'œuf, remuez, puis incorporez farine, levure, chocolat, pistaches et mélangez juste assez pour obtenir une pâte souple.

Avec une grande cuillère, déposez des petits tas de pâte sur la plaque en les espaçant bien et sans les aplatir. Enfournez pour 10 minutes environ.

Les cookies doivent être blonds, légèrement dorés sur les bords et encore très souples. Laissez-les 2 minutes sur la plaque pour les raffermir, retirez-les à l'aide d'une spatule, puis laissez refroidir sur la grille. Faites cuire le restant de la pâte de la même manière.

BISCUITS & CO

Délices chocolat-caramel
au beurre salé

Pour 6
Préparation : 30 min
Cuisson : 20 min
Réfri. : 2-3 h
Difficulté : * * *
€ € € €

- 1 casserole
- 2 jattes
- 1 fouet
- 1 batteur
- 1 mixeur
- papier sulfurisé
- 1 plaque de cuisson
- 1 poche à douille unie n° 8 + 1 douille pour l'écriture

INGRÉDIENTS :

- 130 g de farine
- 125 g de beurre doux
- 70 g de sucre glace
- 1 sachet de sucre vanillé
- 1 petit œuf entier + 1 jaune

Pour la ganache et la finition :

- 100 g de chocolat noir
- 40 g de chocolat au lait
- 5 cl de crème liquide
- 10 g de beurre demi-sel
- 40 g de sucre en poudre
- caramel liquide
- 1 pincée de fleur de sel

Préparez la ganache. Cassez 60 g de chocolat noir et 40 g de chocolat au lait en petits morceaux dans une jatte. Portez la crème caramélisée à ébullition. Préparez un caramel ambré avec 40 g de sucre humidifié. Hors du feu, incorporez le beurre demi-sel, puis versez la crème avec précaution. Ajoutez la fleur de sel, mélangez pour lisser. En remuant doucement, versez la crème caramélisée en 3 fois sur les chocolats. Réfrigérez plusieurs heures.

Allumez le four th. 6 (180 °C). Battez le beurre doux jusqu'à blanchiment avec les deux sucres. Incorporez l'œuf entier, le jaune, puis peu à peu la farine. À l'aide de la poche à douille déposez la pâte en boules de la grosseur d'une noix sur une plaque tapissée de papier sulfurisé. Enfournez pour 12 minutes. Détachez les boules. Laissez-les refroidir.

Mixez la ganache pour l'assouplir. Avec une poche à douille, garnissez la moitié des biscuits de ganache. Collez un biscuit nature. Décorez les biscuits fourrés en dessinant des lignes avec le reste de chocolat noir fondu.

variante

Parfumez la ganache avec des zestes de citron ou d'orange, ou avec un peu de pulpe de framboise.

truc de cuisinier

Faites cuire les biscuits dans les petits alvéoles d'un moule souple.

Pour 6
Préparation : 20 min
Cuisson : 12-15 min
Difficulté : * *
€ € € €

- 1 jatte
- 1 batteur
- 1 plaque de cuisson
- 2 petites cuillères ou 1 poche à douille lisse
- 1 spatule plate
- papier sulfurisé

INGRÉDIENTS :

- 150 g de farine
- 125 g de beurre ramolli + 20 g pour la plaque
- 2 œufs à température ambiante
- 125 g de sucre glace
- 50 g de poudre d'amandes
- 1 cuil. à café de vanille liquide
- environ 40 amandes entières mondées

Palets aux amandes

Travaillez le beurre avec le sucre glace jusqu'à ce que le mélange soit blanc et crémeux.

Ajoutez les œufs, un à un. Lorsque la préparation est lisse, incorporez la farine, la vanille et les amandes. Allumez le four th. 6 (180 °C).

Tapissez une plaque à pâtisserie de papier sulfurisé beurré. Avec deux petites cuillères ou une poche à douille lisse, dressez la pâte en boules de la grosseur d'une noix, bien espacées les unes des autres.

Enfoncez légèrement une amande au centre de chaque boule. Faites cuire 12 à 15 minutes. Avec une spatule plate, détachez les palets. Posez-les sur une grille. Laissez-les refroidir avant de les réserver dans une boîte métallique hermétique.

variantes

Palets des dames : incorporez dans la pâte 50 g de raisins secs lavés, séchés et mis à macérer pendant 2 heures dans 3 cuillerées à soupe de rhum. Saupoudrez de sucre glace avant d'enfourner.

Palets niçois : incorporez 30 g d'écorce d'orange confite hachée.

truc de cuisinier

Surveillez la cuisson : les palets sont cuits lorsque le tour prend une teinte brun pâle, le centre étant à peine doré.

Pour 10 à 12
Préparation : 30 min
Cuisson : 12-15 min
Difficulté : * *
€

- 1 casserole
- 1 terrine
- 1 fouet
- 2 plaques à pâtisserie

INGRÉDIENTS :

- 500 g de farine
- 250 g de copeaux de chocolat noir
- 225 g de beurre
- 225 g de cassonade
- 150 g de sirop d'érable
- 125 g d'amandes effilées
- 2 œufs
- 1 cuil. à café d'extrait de vanille
- 2 sachets de levure chimique
- 1/2 cuil. à café de sel

Cookies aux amandes et au sirop d'érable

Préchauffez le four à 180 °C (th. 6) et beurrez deux grandes plaques à pâtisserie. Dans une casserole, faites fondre le beurre à feu doux, retirez du feu et laissez tiédir.

Dans une terrine, battez les œufs, la cassonade et le sirop d'érable jusqu'à ce que le mélange devienne blanc et crémeux. Incorporez petit à petit la farine, la levure, le sel et la vanille jusqu'à ce que le mélange soit bien homogène.

Ajoutez les copeaux de chocolat noir et les amandes effilées. Mélangez. Formez des petits tas bien espacés avec une cuillère.

Enfournez et laissez cuire entre 12 et 15 minutes en surveillant la cuisson. Laissez refroidir quelques minutes puis détachez-les avec une spatule et laissez-les refroidir complètement sur une grille. Conservez-les dans une boîte hermétique.

variante

Remplacez les amandes par des pignons de pin et le sirop d'érable par du sirop d'agave ou de canne.

truc de cuisinier

Ne laissez pas trop cuire les cookies, car ils deviendraient alors trop durs et cassants. Ils doivent être encore mous lorsque vous arrêtez la cuisson.

BISCUITS & CO

Pour 40 biscuits
Préparation : 10 min
Cuisson : 10-12 min
Difficulté : * *

- 2 saladiers
- 1 fouet
- 1 batteur électrique
- 1 maryse
- 1 plaque de cuisson
- papier sulfurisé
- 1 poche à douille n° 12
- 1 petite passoire

INGRÉDIENTS :

- 4 œufs
- 110 g de farine tamisée
- 100 g de sucre
- 50 g de sucre glace
- 50 g de pralines roses
- 10 g de beurre

Biscuits cuillère aux pralines roses

Séparez les blancs des jaunes d'œufs. Dans un saladier, fouettez les jaunes avec la moitié du sucre jusqu'à ce que le mélange soit mousseux et blanchisse.

Montez les blancs en neige avec le restant du sucre : la meringue doit être bien lisse et brillante. Incorporez-la délicatement à l'aide d'une maryse à la première préparation. Ajoutez la farine tamisée en la versant en pluie. Mélangez doucement à la maryse.

Beurrez légèrement la plaque de cuisson et recouvrez-la d'une feuille de papier sulfurisé. Garnissez la poche à douille de pâte. Déposez des bâtonnets réguliers de pâte de 8 cm de longueur environ.

Préchauffez le four à 210 °C (th. 7). Saupoudrez les bâtonnets de sucre glace à l'aide d'une petite passoire. Réduisez les pralines en poudre et répartissez-les sur les biscuits. Laissez les bâtonnets « croûter » quelques minutes avant de les enfourner pour 10 à 12 minutes.

variante

Vous pouvez remplacer les pralines par des amandes ou des pistaches grossièrement hachées.

truc de cuisinier

Versez un peu d'eau entre la plaque de cuisson et le papier sulfurisé : la vapeur va permettre de décoller facilement les biscuits. Laissez-les ensuite sécher sur une grille.

Pour 20 feuilles
Préparation : 20 min
Repos : 10 min
Cuisson : 10-15 min
Difficulté : * *

€ € € €

- 2 jattes
- 1 bol
- 1 rouleau à pâtisserie
- film alimentaire
- 1 emporte-pièce en forme de feuille
- 1 plaque de cuisson
- 1 pinceau

INGRÉDIENTS :

- 225 g de farine
- 100 g de sucre glace
- 25 g de cacao en poudre
- 100 g de beurre
- 1 gros œuf + 1 pour dorer
- 1 pincée de sel fin

Feuilles d'automne
au chocolat

Préparez la pâte nature en mélangeant 125 g de farine, 50 g de sucre glace et le sel. Du bout des doigts, sablez cette farine avec 50 g de beurre mou découpé en petits dés. Faites un puits et versez la moitié de l'œuf battu en omelette. Formez une boule de pâte, filmez-la et laissez refroidir au réfrigérateur.

Préparez la pâte au chocolat en mélangeant le reste de farine et de sucre avec le cacao. Sablez du bout des doigts avec le reste de beurre en dés. Faites un puits, ajoutez le reste d'œuf battu. Formez une boule, filmez-la et laissez refroidir 10 minutes au réfrigérateur.

Préchauffez le four à 180 °C (th. 6). Mélangez les 2 pâtes puis étalez-les finement. Découpez des biscuits en forme de feuille avec l'emporte-pièce. Placez-les sur la plaque de cuisson et dorez-les au pinceau avec un mélange d'œuf et d'eau chaude.

Faites cuire 10 à 15 minutes selon l'épaisseur de la pâte.

variante

Vous pouvez utiliser des emporte-pièces en forme de chat ou de cheval, cette pâte vous donnera alors des animaux « tigrés ».

truc de cuisinier

Pour être sûr de verser la moitié de l'œuf, battez-le bien en omelette pour le liquéfier et pesez-le.

BISCUITS & CO

Pour 12 sablés
Préparation : 15 min
Repos : 30 min
Cuisson : 12 min
Difficulté : * *
€ € € €

- 2 jattes
- 1 bol
- 1 fouet
- 1 rouleau à pâtisserie
- des emporte-pièces animaux
- 1 plaque de cuisson

INGRÉDIENTS :

- 250 g de farine
- 1 pincée de sel
- 100 g de sucre glace
- 100 g de beurre mou
- 1 gros œuf

Pour le glaçage :

- 100 g de sucre glace
- quelques gouttes de jus de citron
- des colorants alimentaires
- quelques billes de sucre alimentaire

Sablés animaux glacés

Travaillez le beurre coupé en dés en pommade au fouet. Versez le sucre glace, travaillez bien le mélange et ajoutez l'œuf battu en omelette. Mélangez et incorporez petit à petit la farine et le sel.

Laissez reposer la pâte 30 minutes au réfrigérateur.

Préchauffez le four à 180 °C (th. 6). Étalez la pâte finement. Découpez-la en forme d'animaux avec les emporte-pièces. Faites cuire les sablés 12 minutes environ. Laissez refroidir sur une grille.

Mélangez le sucre glace avec les quelques gouttes de jus de citron puis colorez-le. Décorez les biscuits avec ce glaçage et les billes de sucre.

variante

Vous pouvez également réaliser un « glaçage » en pâte d'amandes : étalez finement de la pâte d'amandes colorée puis découpez-la avec les emporte-pièces et appliquez sur les biscuits.

truc de cuisinier

Le glaçage peut être réalisé avec quelques gouttes d'eau si vous n'avez pas de jus de citron, mais il se conservera moins longtemps.

Pour 25 petits nœuds
Préparation : 15 min
Cuisson : 10–12 min
Difficulté : * *
€ € € €

- 1 jatte
- 1 bol
- 1 rouleau à pâtisserie
- 1 plaque de cuisson

INGRÉDIENTS :

- 250 g de farine
- 50 g de sucre
- le zeste d'1 orange blanchie
- 2 petits œufs
- 8 cl d'huile d'olive
- 8 cl d'eau tiède
- 1 pincée de levure
- 1/2 sachet de sucre vanillé

Petits nœuds à l'orange

Mélangez ensemble la farine, la levure, le zeste d'orange finement haché, le sucre vanillé et le sucre. Faites un puits, versez les œufs battus en omelette, puis l'eau tiède et l'huile d'olive. Incorporez petit à petit pour obtenir une pâte homogène.

Préchauffez le four à 180 °C (th. 6). Étalez la pâte, coupez des lanières de 8 cm de long et d'1/2 cm de large. Roulez les lanières sur elles-mêmes pour les arrondir. Nouez-les en petits nœuds. Faites-les cuire sur la plaque de cuisson 10 à 12 minutes.

Pour 25 petits nœuds
Préparation : 15 min
Cuisson : 10–12 min
Difficulté : * *
€ € € €

- 1 jatte
- 1 bol
- 1 rouleau à pâtisserie
- 1 plaque de cuisson

INGRÉDIENTS :

- 200 g de farine
- 50 g de sucre
- 50 g de poudre de noisettes
- 2 petits œufs
- 8 cl d'huile d'olive
- 8 cl d'eau tiède
- 1 pincée de levure
- 1/2 sachet de sucre vanillé

Petits nœuds à la noisette

Mélangez ensemble la farine, la levure, la poudre de noisettes, le sucre vanillé et le sucre. Faites un puits, versez les œufs battus en omelette, puis l'eau tiède et l'huile d'olive. Incorporez petit à petit pour obtenir une pâte homogène.

Préchauffez le four à 180 °C (th. 6). Étalez la pâte, coupez des lanières de 8 cm de long et d'1/2 cm de large. Roulez les lanières sur elles-mêmes pour les arrondir. Nouez-les en petits nœuds. Faites-les cuire sur la plaque de cuisson 10 à 12 minutes.

Palets bretons

Pour 12 à 15 palets
Préparation : 15 min
Repos : 30 min
Cuisson : 10 min
Difficulté : * *
€ € € €

- 1 jatte
- film alimentaire
- 1 rouleau à pâtisserie
- 1 plaque de cuisson
- 6 cercles de 4 cm de diamètre ou 1 moule à palets en silicone

INGRÉDIENTS :

- 225 g de beurre
- 300 g de farine
- 1 sachet de levure chimique
- 1/2 cuil. à café de sel
- 200 g de sucre
- 3 jaunes d'œufs

Mélangez la farine, la levure chimique, le sucre et le sel. Ajoutez le beurre coupé en dés. Du bout des doigts, sablez la pâte afin d'obtenir un sable grossier.

Sur le plan de travail, déposez la pâte et formez un puits, versez les jaunes d'œufs battus au centre et intégrez-les petit à petit. Formez une boule de pâte homogène. Filmez la pâte, aplatissez-la et laissez-la reposer au réfrigérateur 30 minutes.

Préchauffez le four à 180 °C (th. 6). Étalez la pâte sur une épaisseur de 7 mm. Avec les cercles, découpez des palets. Placez les palets avec les cercles sur la plaque de cuisson. Faites cuire 10 minutes. Lorsque les palets ont gonflé puis sont redescendus, ils sont cuits.

Démoulez les palets précautionneusement sur une grille et répétez l'opération jusqu'à épuisement de la pâte.

variante

Vous pouvez utiliser du beurre demi-sel si vous les aimez bien salés.

truc de cuisinier

Si vous n'avez pas de cercles à gâteaux, vous trouverez des moules en silicone en forme de palets, mais ils sont un peu moins profonds, alors ne les remplissez qu'à moitié.

BISCUITS & CO

Pour 6
Préparation : 20 min
Réfrigération : 30 min
Cuisson : 15 min
Difficulté : * *

- 1 bol • 1 robot ménager
- 1 plaque de cuisson
- du papier sulfurisé

INGRÉDIENTS :

- 150 g de beurre mou
- 70 g de sucre de canne blond
- 1 jaune d'œuf
- 1/2 cuil. à café de vanille en poudre
- 20 g de cacao en poudre non sucré
- 200 g de farine
- 1 pincée de sel
- 70 g de cassonade

Diamants au cacao

Mélangez la farine avec le cacao et le sel. Travaillez le beurre en pommade avec le sucre et la vanille. Incorporez le jaune d'œuf, puis la farine cacaotée. Partagez la pâte en deux morceaux et façonnez-les en boudins. Enveloppez-les de film alimentaire et laissez-les raffermir au réfrigérateur pendant 30 minutes.

Préchauffez le four à 180 °C (th. 6). Roulez les boudins de pâte dans la cassonade, puis détaillez-les en rondelles d'environ 1 cm d'épaisseur. Disposez les disques de pâte sur une plaque recouverte de papier sulfurisé. Enfournez-les pour 15 minutes.

Les diamants resteront délicieux pendant plusieurs jours si vous les rangez dans une boîte hermétique.

Pour 28 sablés
Préparation : 25 min
Cuisson : 15 min (par plaque)
Durcissement du chocolat : 2 h
Difficulté : * *

- 1 robot ménager • 2 bols
- 2 plaques de cuisson
- du papier sulfurisé
- 1 poche à douille cannelée

INGRÉDIENTS :

- 200 g de beurre mou
- 80 g de sucre glace
- les graines d'1 gousse de vanille – 250 g de farine
- 1 blanc d'œuf légèrement battu – 1 pincée de sel
- 100 g de chocolat noir à 65 % de cacao
- 100 g de chocolat blanc

Sprits aux deux chocolats

Battez le beurre en pommade avec le sucre glace. Ajoutez la vanille, puis le blanc d'œuf. Incorporez la farine et le sel. Cessez de travailler la pâte dès qu'elle est homogène.

Préchauffez le four à 180 °C (th. 6). Sur les plaques recouvertes de papier sulfurisé, dessinez des zigzags de pâte à l'aide de la poche à douille. Enfournez pendant 15 minutes. Laissez refroidir les biscuits.

Faites fondre le chocolat noir. Trempez-y chaque sablé d'un côté. Déposez les biscuits sur une grille et laissez durcir le chocolat. Procédez ensuite de même pour l'autre côté des biscuits avec le chocolat blanc. Lorsque le chocolat a durci, placez les sablés dans une boîte hermétique. Vous pourrez ainsi les conserver plusieurs jours.

Pour 40 biscuits
Préparation : 25 min
Cuisson : 15 min
Difficulté : * *

- 1 saladier
- du film étirable
- 1 spatule
- 1 ou 2 plaques de cuisson antiadhésives

INGRÉDIENTS :

- 150 g de beurre demi-sel mou
- 100 g de sucre
- 100 g de noisettes en poudre
- 1 blanc d'œuf
- 200 g de farine
- sucre glace pour le décor

Croissants aux noisettes
comme en Alsace

Préchauffez votre four à 150 °C (th. 5). Mélangez le beurre avec le sucre dans un saladier, jusqu'à obtenir un mélange crémeux. Ajoutez les noisettes en poudre, le blanc d'œuf, et mélangez jusqu'à ce que le mélange soit homogène.

Ajoutez la farine, commencez à mélanger avec une spatule et continuez avec vos mains, jusqu'à obtenir une pâte souple. Formez une boule de pâte et laissez-la reposer au frais dans du film étirable, pendant 1 heure.

Divisez la pâte en 4 et formez 4 longs boudins de pâte de 2 cm de diamètre. Coupez chaque boudin en tronçons de 4 cm, puis façonnez chaque tronçon en forme de croissant. Déposez-les au fur et à mesure sur une plaque de cuisson.

Enfournez pour 15 minutes. Les biscuits doivent être encore souples au toucher, mais leur base doit être assez ferme. Retirez-les de la plaque de cuisson à l'aide d'une spatule, puis laissez tiédir sur une grille. Roulez-les dans le sucre glace, puis laissez à nouveau refroidir sur la grille.

BISCUITS & CO

Demi-lunes à la vanille

Pour 6
Préparation : 30 min
Réfrigération : 2 h
Cuisson : 12-15 min
Difficulté : * *

- 1 poêle
- 1 pilon
- 1 jatte
- 1 plaque de cuisson
- 1 bol
- 1 pinceau
- papier de cuisson

INGRÉDIENTS :

- 300 g + 3 cuil. à soupe de farine
- 200 g de beurre
- 3 jaunes d'œufs
- 90 g de sucre en poudre
- 100 g de sucre glace
- jus d'orange
- 120 g d'amandes mondées
- 1 gousse de vanille
- 1 pincée de sel

Faites griller les amandes. Laissez-les refroidir, concassez-les finement. Travaillez le beurre en pommade. Incorporez les jaunes d'œufs, le sucre en poudre, 1 pincée de sel, la pulpe grattée d'une gousse de vanille, les amandes et 300 g de farine. Travaillez en pâte homogène, Formez une boule. Enveloppez-la d'un linge. Mettez au frais, 2 heures.

Allumez le four th. 6 (180 °C). Avec les mains farinées, prélevez des petites boules de pâte. Avec la paume, roulez-les sur le plan de travail fariné en boudins de 1 cm de diamètre et de 5-6 cm de long.

Déposez les boudins sur une plaque tapissée de papier de cuisson et incurvez-les en demi-lune. Enfournez pour 12-15 minutes.

Délayez le sucre glace avec du jus d'orange, le glaçage devant rester épais. Dès la sortie du four enduisez les croissants de glaçage. Laissez-les sécher et refroidir sur une grille.

variante

Remplacez les amandes par des noisettes ou des noix, de Grenoble, de pécan ou macadamia. Colorez le sucre glace d'une goutte de colorant alimentaire, rouge ou vert.

truc de cuisinier

Pour prélever la pulpe de vanille, posez la gousse sur une planche, aplatissez-la avec le plat d'un couteau, puis fendez-la en deux dans la longueur et raclez la pulpe avec un couteau.

Pour 6
Préparation : 30 min
Repos : 24 h
Cuisson : 15-20 min
Difficulté : * *

- 1 casserole
- 1 terrine
- 1 rouleau à pâtisserie
- emporte-pièce variés
- 1 tôle de cuisson
- 1 fouet
- 1 douille fine lisse

INGRÉDIENTS :

- 125 g de farine de blé (type 55) - lait
- 125 g de farine de seigle
- 250 g de miel de sapin
- 40 g d'amandes + 40 g de noisettes hachées
- 40 g de cédrat et 40 g d'orange confite hachés
- 1/2 cuil. à café de bicarbonate d'ammonium et 1/2 de potassium (en pharmacie)
- 10 g d'épices à pain d'épices
- 30 g de beurre et 1 cuil. à soupe de farine pour la plaque
- 1 bonne pincée de sel

Pour décorer :
- 1 blanc d'œuf
- 1/2 citron
- 200 g de sucre glace
- colorant alimentaire

Petits sujets
en pain d'épices

Chauffez le miel (environ 50 °C). Hors du feu ajoutez les bicarbonates délayés dans 2 cuillerées à soupe d'eau. Mélangez, laissez tiédir.

Mélangez les farines tamisées, les épices, les fruits secs et confits. Creusez en puits. Versez-y le miel. Travaillez la pâte pour la rendre homogène. Enveloppez-la dans un linge. Mettez au frais, 24 heures.

Le lendemain, étalez la pâte sur 3 mm d'épaisseur. Avec des emporte-pièce, découpez-la en petits sujets variés. Disposez-les sur une tôle beurrée et farinée. Badigeonnez-les de lait, laissez sécher, badigeonnez à nouveau. Enfournez-les pour 15-20 minutes, th. 5-6 (170 °C). Laissez-les refroidir sur une grille.

Fouettez le blanc d'œuf avec le sucre glace et 2-3 gouttes de citron. Divisez le glaçage en autant de parts que de coloris souhaités. Ajoutez 1 goutte de colorant alimentaire. Avec une poche à douille fine, décorez les petits sujets selon votre inspiration. Faites sécher au four th. 6 (180 °C), 2 minutes.

variante

En Alsace on découpe le pain d'épices en langues avec un patron en carton. Sur le glaçage blanc appliqué sur toute la surface au pinceau, on dépose une image de Saint-Nicolas.

truc de cuisinier

Les fruits secs ajoutent un délicieux petit croquant, mais ne sont pas indispensables. Ne faites pas trop cuire les sujets : ils deviennent durs.

Pour 40 biscotti
Préparation : 20 min
Cuisson : 30 min
Repos : 10 min
Difficulté : * *

- 1 poêle
- 2 bols
- 1 fouet
- 1 pinceau
- 1 plaque de cuisson

INGRÉDIENTS :

- 40 g d'amandes entières mondées
- 90 g de noisettes entières mondées
- 60 g de pistaches mondées
- 300 g de farine
- 1 cuil. à café de levure chimique
- 1 pincée de sel
- 250 g de sucre en poudre
- 50 g d'abricots secs
- 50 g de figues séchées
- le zeste d'1 orange
- 3 gros œufs

Biscotti aux fruits secs

Dans une poêle, faites légèrement dorer à sec les amandes, les pistaches et les noisettes. Découpez les abricots et les figues en petits dés. Hachez le zeste d'orange.

Préchauffez le four à 180 °C (th. 6). Dans un bol, mélangez la farine, la levure, le sel et le sucre. Ajoutez les fruits secs. Dans un autre bol, fouettez les œufs en une omelette très mousseuse. Intégrez-la petit à petit à la farine, en gardant un peu d'œuf pour la dorure.

Formez 2 boudins de pâte de 3 cm de diamètre, aplatissez-les légèrement. Au pinceau, dorez les boudins avec l'œuf battu restant. Placez-les sur la plaque de cuisson légèrement beurrée. Faites cuire pendant 15 à 20 minutes jusqu'à ce que l'extérieur soit bien ferme. Sortez du four et laissez refroidir pendant 10 minutes puis découpez les boudins en tranches d'1 cm d'épaisseur en diagonale.

Baissez la température du four à 150 °C (th. 5). Replacez les tranches découpées sur la plaque de cuisson et faites cuire à nouveau pendant 10 minutes environ. Puis laissez refroidir sur une grille.

variante

Vous pouvez aromatiser la pâte avec 1 cuillère à café de cannelle en poudre.

truc de cuisinier

Coupez les boudins de pâte précuits avec un grand couteau de cuisine bien aiguisé pour ne pas « arracher » les fruits.

BISCUITS & CO

Pour 25 langues de chat
Préparation : 10 min
Cuisson : 15 min
Difficulté : * *

- 1 jatte
- 1 tamis
- 1 fouet
- 1 poche et 1 douille de 6-7 mm de diamètre
- 1 plaque de cuisson
- 1 petite spatule

INGRÉDIENTS :

- 95 g de beurre mou
- 125 g de sucre glace
- 125 g de farine
- 3 gros blancs d'œufs

Langues de chat

Travaillez le beurre mou en pommade avec un fouet. Tamisez le sucre glace et la farine et ajoutez-les au beurre avec les blancs d'œufs. Mélangez bien.

Préchauffez le four à 180 °C (th. 6). Remplissez une poche à douille avec la crème. Sur une plaque de cuisson, déposez des bâtonnets de pâte de 5 cm de long bien espacés les uns des autres.

Faites cuire les langues de chat 15 minutes jusqu'à ce qu'elles soient bien dorées.

Décollez-les avec une petite spatule et laissez-les refroidir sur une grille.

variante

Les gourmands pourront faire des langues de chat bigoût, en trempant les biscuits dans du chocolat noir ou au lait fondu au bain-marie.

truc de cuisinier

Si vous n'avez pas de poche à douille, utilisez un sac de congélation que vous couperez dans un angle.

Pour 35 cookies
Préparation : 15 min
Cuisson : 10-12 min
Difficulté : * *

- 1 jatte
- 1 fouet
- 1 plaque de cuisson

INGRÉDIENTS :

- 2 œufs
- 1 c. à c. d'extrait de vanille liquide
- 250 g de farine
- 250 g de beurre de cacahuètes
- 12 cl d'huile de tournesol
- 100 g de cassonade
- 90 g de pépites de chocolat

Cookies au beurre de cacahuètes

Préchauffez le four à 180 °C (th. 6). Battez ensemble les œufs avec l'extrait de vanille et la cassonade. Ajoutez le beurre de cacahuètes puis l'huile et les pépites de chocolat. Terminez par la farine.

Déposez des noisettes de pâte bien espacées sur la plaque de cuisson. Faites cuire 10 à 12 minutes.

Pour 40 cookies
Préparation : 15 min
Cuisson : 15 min
Difficulté : * *

- 2 jattes • 1 râpe
- 1 économe • 1 spatule
- 1 mixeur
- 1 plaque de cuisson

INGRÉDIENTS :

- 150 g de farine
- 200 g de flocons d'avoine
- 1/2 sachet de levure chimique
- 1/2 c. à c. de sel
- 150 g de beurre
- 250 g de cassonade
- 2 œufs – 1 c. à c. d'extrait de vanille liquide
- 1 pomme – huile

Cookies pomme-flocons d'avoine

Préchauffez le four à 180 °C (th. 6). Battez au mixeur le beurre avec la cassonade. Lorsque le mélange est bien mousseux, ajoutez les œufs un à un puis l'extrait de vanille liquide. Pelez et râpez la pomme. Intégrez-la à la spatule.

Mélangez ensemble la farine, les flocons d'avoine, la levure et le sel. Ajoutez petit à petit ce mélange à la pâte précédente. Sur la plaque de cuisson légèrement huilée, déposez des noisettes de pâte espacées les unes des autres. Faites cuire 15 minutes.

BISCUITS & CO

Bretzels au chocolat

Pour 8 bretzels
Préparation : 15 min
Repos : 30 min
Cuisson : 10 min
Difficulté : * *

- 1 zesteur
- 1 petite casserole
- 1 tamis
- 2 bols
- 1 jatte
- film alimentaire
- 1 plaque de cuisson
- 1 pinceau

INGRÉDIENTS :

- 200 g de farine
- 100 g de beurre mou
- 50 g de sucre en poudre
- 1 pincée de sel
- 2 œufs
- 1 pincée de levure chimique
- 1/2 citron
- 100 g de chocolat au lait

Prélevez le zeste du demi-citron, faites-le blanchir à l'eau bouillante puis hachez-le finement. Tamisez ensemble la farine, le sel et la levure. Coupez le beurre en petits dés. Travaillez du bout des doigts la farine avec le beurre pour obtenir un sable homogène.

Faites un puits, ajoutez le sucre et mélangez. Faites à nouveau un puits et versez 1 œuf battu en omelette et le zeste. Mélangez pour obtenir une pâte homogène. Filmez-la et réfrigérez-la 30 minutes.

Préchauffez le four à 180 °C (th. 6). Coupez la pâte en 8 parts égales. Façonnez des boudins de pâte de taille homogène. Pliez les boudins en forme de bretzel. Répartissez les bretzels sur la plaque de cuisson et badigeonnez-les d'un peu d'œuf battu. Faites cuire 10 minutes et laissez refroidir sur une grille.

Hachez grossièrement le chocolat. Faites-le fondre doucement au bain-marie. Plongez les bretzels refroidis dans le chocolat fondu jusqu'à mi-hauteur. Laissez-les durcir sur une grille.

variante

Vous pouvez faire la même chose avec du chocolat blanc et décorer ensuite les bretzels de billes de chocolat au lait ou de billes de sucre multicolores.

truc de cuisinier

Faites fondre le chocolat au bain-marie plutôt que directement dans une casserole, vous maîtriserez mieux sa fonte et il sera plus brillant.

Sablés à la noix de pécan

Pour 30 sablés
Préparation : 15 min
Repos : 30 min
Cuisson : 10 min
Difficulté : * *

- 1 jatte • 1 bol • 1 pinceau
- film alimentaire
- 1 plaque de cuisson

INGRÉDIENTS :

- 300 g de beurre
- 200 g de sucre glace
- 50 g de poudre de noix de pécan ou de noix de pécan hachées grossièrement au couteau
- 500 g de farine – 1 pincée de sel fin – 1/2 sachet de levure chimique
- 1 c. à c. d'extrait de vanille liquide – 2 gros œufs

Mélangez la farine, la levure chimique, le sel, le sucre glace et les noix de pécan. Ajoutez le beurre en dés et sablez l'ensemble du bout des doigts pour obtenir un sable grossier. Faites un puits, mettez-y les 3/4 des œufs battus avec l'extrait de vanille. Mélangez petit à petit les œufs avec la farine puis formez une boule homogène. Réalisez un boudin de pâte de 5 cm de diamètre, filmez-le et laissez-le reposer au frais 30 minutes. Préchauffez le four à 180 °C (th. 6).

Découpez des tranches d'1 cm d'épaisseur dans le boudin de pâte. Disposez-les, assez espacées, sur la plaque de cuisson. Badigeonnez-les au pinceau du reste d'œuf battu et faites cuire 10 minutes.

Sablés à la patate douce

Pour 30 sablés
Préparation : 15 min
Repos : 30 min
Cuisson : 10 min
Difficulté : * *

- 2 jattes • 1 bol • 1 pinceau
- film alimentaire
- 1 plaque de cuisson

INGRÉDIENTS :

- 200 g de beurre pommade
- 200 g de sucre glace
- 100 g de purée de patate douce
- 500 g de farine
- 1 pincée de sel fin
- 1/2 sachet de levure chimique
- 1 c. à c. d'extrait de vanille liquide
- 2 gros œufs

Mélangez la farine, la levure chimique et le sel. Dans une autre jatte, mélangez la purée de patate douce avec le beurre pommade et le sucre glace, ajoutez les 3/4 des œufs battus et l'extrait de vanille. Intégrez petit à petit ce mélange à la farine, puis formez une boule homogène. Réalisez un boudin de pâte de 5 cm de diamètre. Filmez-le et laissez-le reposer au frais 30 minutes. Préchauffez le four à 180 °C (th. 6).

Découpez des tranches d'1 cm d'épaisseur dans le boudin de pâte. Disposez-les, assez espacées, sur la plaque de cuisson. Badigeonnez-les au pinceau du reste d'œuf battu et faites cuire 10 minutes

BISCUITS & CO

Pour 20 étoiles
Préparation : 15 min
Repos : 30 min
Cuisson : 10 min
Difficulté : * *
€ € € €

- 2 jattes
- 1 batteur électrique
- 1 maryse
- 1 spatule
- film alimentaire
- 1 rouleau à pâtisserie
- des emporte-pièces étoiles
- 1 plaque de cuisson
- 1 bol
- 1 pinceau

INGRÉDIENTS :

- 3 blancs d'œufs
- 500 g de poudre d'amandes
- 100 g de farine
- 1 pincée de sel
- 1 cuil. à soupe d'extrait de vanille liquide
- 1 cuil. à café de cannelle en poudre
- 150 g de sucre en poudre
- 1 cuil. à soupe de sucre glace
- 2 cuil. à soupe de jus de citron

Étoiles du Nord

Battez les blancs en meringue avec le sucre. La meringue doit être brillante et ferme. Ajoutez l'extrait de vanille en remuant délicatement à la spatule.

Mélangez la poudre d'amandes, la farine, le sel et la cannelle en poudre. À l'aide d'une maryse, intégrez la poudre d'amandes à la meringue en la versant petit à petit en pluie. Lorsque la pâte est homogène, filmez-la et placez-la 30 minutes au réfrigérateur.

Préchauffez le four à 180 °C (th. 6). Étalez la pâte (elle est un peu collante). Trempez les emporte-pièces dans l'eau froide pour faciliter la découpe. Découpez les étoiles et placez-les sur la plaque de cuisson.

Mélangez le sucre glace et le jus de citron. À l'aide d'un pinceau, badigeonnez le dessus des étoiles de ce mélange. Faites cuire 10 minutes environ.

variante

Vous pouvez ajouter un zeste d'orange blanchi et très finement haché pour donner un peu plus de saveur aux étoiles.

truc de cuisinier

Si vous jugez la pâte trop collante pour être découpée, placez-la à nouveau au réfrigérateur après l'avoir étalée.

BISCUITS & CO

Pour 20 biscuits
Préparation : 25 min
Repos : 1 h
Cuisson : 15 min
Difficulté : * *

- 1 fouet
- 1 plaque à pâtisserie
- film alimentaire
- papier cuisson

INGRÉDIENTS :

- 1 œuf
- 80 g de sucre en poudre
- 1 cuil. à café d'extrait naturel de vanille
- 125 g de farine
- 70 g de beurre demi-sel tempéré
- 100 g de chocolat noir

Cigarettes sablées au chocolat

Battez l'œuf avec le sucre et l'extrait de vanille. Incorporez la farine en pluie, puis le beurre coupé en petits morceaux. Travaillez rapidement la pâte à la main, formez une boule, enveloppez-la dans du film alimentaire et réservez au réfrigérateur pendant 1 heure.

Préchauffez le four à 180 °C (th. 6). Prélevez de petites noix de pâte et faites-les rouler sur le plan de travail légèrement fariné, de manière à obtenir de fins bâtonnets d'environ 10 cm de long. Arrondissez les extrémités.

Recouvrez une plaque à pâtisserie de papier cuisson et déposez-y les bâtonnets. Enfournez pour 15 minutes jusqu'à ce que les biscuits soient dorés.

Faites fondre le chocolat au bain-marie, trempez-y un à un les biscuits, secouez doucement pour retirer l'excédent de chocolat, puis déposez les cigarettes sur une feuille de papier cuisson.

variante

Pour des cigarettes encore plus gourmandes, parsemez-les de noix, de noisettes, de noix de pécan hachées, de noix de coco râpées, de pralines concassées.

truc de cuisinier

Utilisez deux fourchettes pour glacer vos biscuits et secouez-les délicatement pour retirer l'excédent de chocolat.

Navettes marseillaises

Pour 25 navettes
Préparation : 20 min
Repos : 2 h
Cuisson : 15 min
Difficulté : * *

- 1 jatte
- 1 fouet
- 1 tamis
- 1 plaque de cuisson
- papier sulfurisé
- 1 pinceau

INGRÉDIENTS :

- 250 g de farine
- 1 pincée de levure chimique
- 30 g de beurre
- 1 gros œuf
- 125 g de sucre en poudre
- 2 cuil. à soupe d'eau de fleur d'oranger
- 1 cuil. à soupe de lait

Tamisez la farine et la levure chimique. Dans une jatte, fouettez le beurre mou avec le sucre, puis incorporez l'œuf. Ajoutez petit à petit l'eau de fleur d'oranger. Versez la farine en pluie et mélangez.

Divisez la pâte en 25 morceaux. Façonnez de petites barquettes effilées aux extrémités. Appuyez avec votre pouce au centre pour légèrement les incurver.

Recouvrez la plaque de cuisson de papier sulfurisé et déposez-y les navettes en les espaçant suffisamment. Laissez reposer 2 heures pour que la pâte durcisse un peu.

Préchauffez le four à 190 °C (th. 6). Badigeonnez les navettes d'un peu de lait au pinceau. Faites cuire 15 minutes. Laissez refroidir sur une plaque froide.

variante

Vous pouvez remplacer l'eau de fleur d'oranger par de l'extrait de citron.

truc de cuisinier

Il est important de respecter le temps de repos, sinon les navettes vont se fendiller à la cuisson.

Sprits

Pour 24 sprits
Préparation : 15 min
Cuisson : 12 min
Difficulté : * *
€ € € €

- 1 jatte
- 1 bol
- 1 spatule
- 1 poche et 1 douille cannelée n° 12
- 1 plaque de cuisson

INGRÉDIENTS :

- 100 g de beurre
- 100 g de sucre en poudre
- 1 gros œuf
- 2 cuil. à soupe de lait
- 1 cuil. à café d'extrait de vanille liquide
- 250 g de farine
- 1 cuil. à café rase de levure chimique
- 1 douzaine de cerises bigarreau confites

Travaillez le beurre en pommade à la spatule. Ajoutez le sucre en poudre, mélangez bien.

Incorporez l'œuf battu en omelette avec le lait et la vanille. Mélangez bien puis ajoutez la farine et la levure. La pâte doit être assez ferme. Préchauffez le four à 180 °C (th. 6).

Remplissez la poche à douille avec la pâte. Faites des zigzags et des bâtonnets de pâte sur la plaque de cuisson légèrement beurrée.

Déposez 1 demi-cerise confite sur chaque biscuit. Faites cuire 12 minutes jusqu'à ce qu'ils dorent légèrement.

variante

Vous pouvez aromatiser les sprits à l'amande en ajoutant 1/2 cuillerée à café d'extrait d'amande amère.

truc de cuisinier

Si vous avez du mal à faire sortir la pâte de la douille, c'est normal ! Il faut vraiment appuyer très fort pour réaliser les zigzags. Courage !

Pour 8
Préparation : 30 min
Cuisson : 15-20 min
Difficulté : * *
€

- 1 saladier
- 1 économe
- 1 plaque à pâtisserie
- papier sulfurisé

INGRÉDIENTS :

- 300 g de farine
- 100 g de beurre
- 80 g de sucre
- 20 cl de crème fluide
- 1 orange non traitée
- sucre glace
- 1 sachet de levure chimique

BISCUITS & CO

Shortcakes à l'orange

Dans un saladier, mélangez le beurre coupé en petits morceaux, le sucre, la levure et la farine avec vos doigts jusqu'à obtenir une consistance sableuse.

Pressez l'orange et zestez-la finement. Ajoutez le zeste, la crème et suffisamment de jus d'orange pour obtenir une pâte assez fluide. Préchauffez le four à 180 °C (th. 6) et déroulez du papier sulfurisé sur une plaque à pâtisserie.

Prélevez de petites quantités de pâte et formez des petits gâteaux de 5 cm de diamètre et 1 à 2 cm d'épaisseur avec les mains.

Déposez-les sur la plaque et enfournez pour 15 à 20 minutes jusqu'à ce qu'ils soient dorés. Laissez refroidir sur une grille et saupoudrez de sucre glace.

variante

Essayez le shortcake au citron ou à la mandarine.

truc de cuisinier

Vous pouvez accompagner de crème fraîche fouettée avec un peu de jus d'orange, de sucre et de fruits rouges.

Pour 40 fleurs
Préparation : 15 min
Repos : 30 min
Cuisson : 10 min
Difficulté : * *

- 1 saladier
- 1 tamis
- 1 bol
- film alimentaire
- 1 plaque de cuisson
- 1 pinceau

INGRÉDIENTS :

- 250 g de farine
- 1/2 cuil. à café de levure chimique
- 125 g de beurre
- 125 g de sucre glace
- 1 œuf
- 1 pincée de sel
- 1/2 cuil. à café d'extrait de vanille liquide
- pastilles de sucre coloré

BISCUITS & CO

Fleurs à la vanille

Mélangez la farine, la levure chimique, le sel et le sucre glace. Tamisez l'ensemble. Ajoutez le beurre en dés. Sablez l'ensemble du bout des doigts pour obtenir un sable grossier. Battez l'œuf en omelette.

Faites un puits dans la pâte, mettez la moitié de l'œuf battu au centre avec l'extrait de vanille. Intégrez-les petit à petit à la pâte et formez une boule homogène. Aplatissez légèrement la pâte, filmez-la et laissez-la reposer au réfrigérateur 30 minutes.

Préchauffez le four à 160 °C (th. 5). Formez de petites boules de pâte d'1 cm de diamètre environ. Déposez sur la plaque de cuisson 5 boules de pâte de façon à former les pétales de la fleur. Elles doivent être collées les unes aux autres avec un petit espace au centre. Répétez l'opération jusqu'à épuisement de la pâte.

Aplatissez légèrement les fleurs avec le doigt. Badigeonnez-les d'un peu de l'œuf battu restant au pinceau et faites-les cuire 10 minutes environ jusqu'à ce qu'elles soient bien dorées. Laissez refroidir et décorez d'une pastille de sucre coloré pour faire le cœur.

variante

Vous pouvez colorer la pâte avec des colorants alimentaires pour obtenir des fleurs de différentes couleurs. Dans ce cas, ajoutez quelques gouttes de colorant avec la moitié de l'œuf battu dans la pâte.

truc de cuisinier

Si la pâte se réchauffe, vous aurez du mal à faire de petites boules, replacez-la au frais quelques minutes avant de continuer.

Pour 12 biscuits
Préparation : 15 min
Cuisson : 15 min
Repos : 1 h
Difficulté : * *

- 1 saladier
- 1 rouleau à pâtisserie
- 1 emporte-pièce
- 1 plaque de cuisson
- papier sulfurisé
- papier film

INGRÉDIENTS :

Pour la pâte :
- 200 g de farine
- 75 g de poudre de noisettes
- 125 g de beurre – 1 œuf
- 125 g de sucre – 1 pincée de sel
- 1 gousse de vanille

Pour la garniture :
- 100 g de NUTELLA® – 1 œuf

Biscuits fourrés au Nutella®

Coupez la gousse de vanille en 2 dans le sens de la longueur et retirez les graines. Mélangez-les au sucre. Préparez la pâte sablée. Dans un saladier, versez la farine, le sucre, la poudre de noisettes, l'œuf et le sel. Du bout des doigts, amalgamez l'œuf et la farine jusqu'à obtenir un sable de couleur jaune. Liez alors votre pâte avec le beurre en petits morceaux. Travaillez-la jusqu'à ce qu'elle se transforme en un pâton homogène. Filmez et laissez reposer 1 heure au réfrigérateur.

Étalez finement la pâte sur une épaisseur d'1 ou 2 mm. À l'aide d'un emporte-pièce ou d'un petit verre, découpez des cercles de pâte de 3 à 4 cm de diamètre et déposez-les sur une plaque de cuisson recouverte de papier sulfurisé. Posez au centre de la moitié d'entre eux une noisette de NUTELLA®. Battez l'œuf avec un peu d'eau et badigeonnez les biscuits. Scellez-les en recouvrant ceux qui ont du NUTELLA® avec les autres. Enfournez pour 15 minutes à 190 °C (th. 6-7). Les biscuits doivent être bien dorés. Laissez refroidir avant de servir.

Pour 20 shortbreads
Préparation : 20 min
Cuisson : 20 min
Repos : 1 h
Difficulté : * *

- 1 grand saladier
- 1 emporte-pièce ou 1 verre
- 1 plaque de cuisson antiadhésive

INGRÉDIENTS :

- 75 g de NUTELLA®
- 200 g de beurre à température ambiante
- 300 g de farine
- 100 g de sucre
- 1 pincée de sel

Shortbreads au Nutella®

Dans un grand saladier, mélangez la farine, le sucre et le sel. Ajoutez le beurre et mélangez du bout des doigts pour obtenir une pâte sableuse. Ajoutez le NUTELLA® et continuez à pétrir afin d'obtenir une pâte lisse et homogène.

Roulez la pâte en boudin et laissez-la reposer 1 heure au réfrigérateur.

Préchauffez le four à 180 °C (th. 6). Coupez dans la pâte des disques d'1 cm d'épaisseur à l'aide d'un emporte-pièce ou d'un verre et déposez-les sur une plaque de cuisson antiadhésive. Enfournez pour 20 minutes. Les shortbreads doivent être bien dorés.

BISCUITS & CO

Pour 20 palets
Préparation : 10 min
Cuisson : 5 min
Difficulté : * *
€

- 1 petite casserole
- 1 jatte • 2 bols • 1 fouet
- 1 poche et 1 douille de 8 mm
- 1 plaque de cuisson
- 1 petite spatule

INGRÉDIENTS :

- 100 g de beurre mou
- 100 g de sucre glace tamisé
- 2 œufs (à température ambiante)
- 100 g de farine tamisée
- 75 g de raisins secs
- 1 c. à s. de rhum (facultatif)

Palets raisin

Faites chauffer une petite casserole d'eau bouillante. Plongez-y les raisins secs quelques minutes pour qu'ils gonflent bien. Retirez du feu et laissez refroidir. Égouttez les raisins et placez-les dans un bol avec le rhum. Travaillez le beurre mou en pommade avec un fouet. Ajoutez le sucre glace tamisé puis, petit à petit, les œufs battus en omelette. Finissez par la farine et mélangez à nouveau.

Remplissez la poche à douille avec la pâte. Préchauffez le four à 200 °C (th. 6-7). Sur une plaque de cuisson légèrement beurrée, faites des ronds réguliers de 4 cm de diamètre en les espaçant bien. Déposez 3 raisins sur chaque palet. Faites cuire les palets 5 minutes puis décollez-les avec une petite spatule et laissez-les refroidir sur une grille.

Pour 30 tuiles
Préparation : 10 min
Cuisson : 10 min
Difficulté : * *
€ €

- 1 jatte
- 1 bol
- 1 plaque de cuisson
- 1 petite spatule

INGRÉDIENTS :

- 150 g de noix de coco râpée
- 150 g de sucre cristal
- 2 œufs
- 25 g de beurre fondu
- 35 g de farine tamisée

Tuiles coco

Préchauffez le four à 170 °C (th. 5-6). Mélangez la noix de coco et le sucre cristal. Ajoutez les œufs battus en omelette, puis le beurre fondu froid, et enfin la farine tamisée.

Faites des noisettes de pâte à l'aide d'une petite cuillère sur la plaque de cuisson beurrée en les espaçant bien. Étalez-les très finement à l'aide d'une fourchette mouillée d'eau froide. Faites cuire les tuiles 10 minutes environ. Décollez-les avec une petite spatule et laissez-les refroidir sur une grille.

BISCUITS & CO

Pour 20 palmiers
Préparation : 20 min
Cuisson : 15 min
Repos : 1 h
Difficulté : * *
€ € € €

- 1 rouleau à pâtisserie
- 2 casseroles
- 1 plaque de cuisson
- papier sulfurisé

INGRÉDIENTS :

- 150 g de NUTELLA®
- 500 g de pâte feuilletée
- 3 cuil. à soupe de cassonade
- farine

BISCUITS & CO

Palmiers au Nutella®

Étalez la pâte feuilletée en un carré de 2 mm d'épaisseur. Faites fondre au bain-marie le NUTELLA® et étalez-le sur la pâte jusqu'à 3 cm du bord.

Saupoudrez de cassonade et roulez chaque côté vers le centre de façon à obtenir une pâte à 2 boudins. Laissez reposer 1 heure au réfrigérateur.

Préchauffez le four à 180 ° (th. 6). À l'aide d'un couteau légèrement fariné, découpez la pâte en tranches d'1/2 cm d'épaisseur. Posez-les sur une plaque de cuisson garnie de papier sulfurisé.

Enfournez pour 8 minutes. Retournez délicatement les palmiers et laissez cuire encore 6 à 8 minutes. Les palmiers doivent être bien dorés.

variante

Mélangez à la cassonade les graines d'une gousse de vanille et, pour rehausser le goût de noisette, ajoutez aussi une cuillerée à soupe de poudre de noisettes.

truc de cuisinier

Habituellement, les pâtissiers utilisent les chutes et les restes de pâte feuilletée pour confectionner les palmiers, ce qui leur permet de ne pas avoir de perte.

BISCUITS & CO

Cookies
à la banane

Pour 18 cookies
Préparation : 25 min
Cuisson : 15 min
Difficulté : * *

- 1 ou 2 plaques de cuisson antiadhésives
- 2 bols • 1 cuillère
- 1 spatule • 1 grille

INGRÉDIENTS :

- 200 g de farine
- 100 g de flocons d'avoine
- 1 c. à c. rase de levure chimique
- 150 g de beurre demi-sel mou
- 100 g de sucre
- 100 g de sucre roux – 1 œuf
- 1 banane écrasée
- 100 g de bananes séchées

Préchauffez le four à 180 °C (th. 6). Mélangez la farine, les flocons et la levure. À part, mélangez le beurre et les sucres, pendant 2 minutes, jusqu'à obtenir une consistance crémeuse.

Ajoutez l'œuf, la banane écrasée et mélangez. Incorporez le premier mélange, puis les bananes séchées coupées en dés et mélangez.

Avec une grande cuillère, déposez des petits tas de pâte sur la plaque en les espaçant bien et sans les aplatir. Enfournez pour 15 minutes, jusqu'à ce que les cookies soient blonds. Retirez-les de la plaque à l'aide d'une spatule, puis laissez refroidir sur la grille. Faites cuire le restant de la pâte de la même manière.

Cookies
chocolat-café

Pour 20 cookies
Préparation : 25 min
Cuisson : 17 min
Difficulté : * *

- 1 ou 2 plaques de cuisson antiadhésives
- 1 planche • 1 bol
- 1 cuillère • 1 spatule • 1 grille

INGRÉDIENTS :

- 250 g de chocolat (noir, lait, blanc ou un mélange)
- 115 g de beurre demi-sel mou
- 180 g de sucre roux
- 35 g de sucre – 1 œuf
- 220 g de farine
- 2 c. à c. rases de levure chimique
- 1 1/2 c. à c. de café soluble

Préchauffez le four à 150 °C (th. 5). Sur la planche, concassez le chocolat au couteau pour obtenir des pépites. Mélangez le beurre et les sucres, jusqu'à obtenir une consistance crémeuse. Ajoutez l'œuf, remuez. Incorporez la farine et la levure, puis mélangez jusqu'à obtenir une pâte souple. Ajoutez le café, le chocolat et mélangez à nouveau.

Avec une grande cuillère, déposez des petits tas de pâte sur la plaque en les espaçant bien et sans les aplatir. Enfournez pour 17 minutes environ. Les cookies doivent être juste blonds et encore très souples.

Laissez-les tiédir 2 minutes, retirez-les de la plaque à l'aide d'une spatule, puis laissez refroidir sur la grille. Faites cuire le restant de la pâte de la même manière.

Pour 20 rochers
Préparation : 15 min
Cuisson : 15 min
Difficulté : * *

- 1 jatte
- 1 petite casserole
- 1 bol
- papier cuisson
- 1 plaque de cuisson

INGRÉDIENTS :

- 450 g de noix de coco râpée
- 375 g de sucre
- 70 g de farine
- 1/2 sachet de levure chimique
- 25 cl de lait
- 5 œufs
- 1 cuil. à café d'extrait de vanille liquide

Rochers coco

Mélangez dans une jatte la noix de coco, la farine, la levure chimique et le sucre. Faites chauffer le lait sans le faire bouillir. Versez-le dans la jatte. Mélangez bien. Ajoutez enfin les œufs battus et l'extrait de vanille liquide.

Préchauffez le four à 160 °C (th. 5).

Formez des rochers de coco de la grosseur d'une noix et déposez-les sur la plaque du four recouverte de papier cuisson.

Faites cuire 15 minutes jusqu'à ce que les rochers commencent légèrement à dorer.

variante

Après cuisson, vous pouvez tremper les rochers dans du chocolat fondu au bain-marie et vous obtiendrez ainsi des rochers bicolores coco-choco.

truc de cuisinier

Les rochers peuvent être légèrement collants s'ils ne sont pas assez cuits (mais c'est aussi très bon !), dans ce cas, servez-les dans de petites caissettes.

Pour 50 sablés
Préparation : 25 min
Cuisson : 12 min
Difficulté : * *

- 1 saladier
- 1 ou 2 plaques de cuisson antiadhésives
- film étirable
- papier sulfurisé
- 1 pinceau

INGRÉDIENTS :

- 250 g de farine
- 150 g de beurre mou
- 100 g de sucre
- 1 jaune d'œuf
- 1 gousse de vanille
- 1 pincée de sel
- 1 jaune d'œuf pour dorer
- 100 g de sucre cristal

Sablés diamants à la vanille

Fendez la gousse de vanille en 2, grattez les graines à l'aide de la pointe d'un couteau et mettez-les dans un saladier. Ajoutez le sucre, le beurre coupé en dés et le jaune d'œuf. Mélangez à l'aide d'une spatule, jusqu'à obtenir un mélange crémeux. Ajoutez la farine, le sel, et sablez le mélange entre vos mains. Formez une boule, sans trop travailler la pâte.

Sur une surface farinée, formez 2 boudins de pâte de 3 cm de diamètre. Entourez-les de film étirable et mettez-les au frais pendant 30 minutes.

Préchauffez votre four à 180 °C (th. 6). Versez le sucre cristal sur une feuille de papier sulfurisé. Badigeonnez chaque boudin avec le jaune d'œuf, à l'aide d'un pinceau, puis roulez-les dans le sucre. Coupez chaque boudin en tranches de 1 cm d'épaisseur et déposez-les sur une plaque de cuisson.

Enfournez et laissez cuire pendant 12 minutes, jusqu'à ce que les sablés soient blonds. Retirez-les de la plaque de cuisson à l'aide d'une spatule, puis laissez refroidir sur une grille.

MOI
MOI

Cœurs de framboises
sablés

Pour 6
Préparation : 30 min
Repos : 3 h
Cuisson : 12-15 min
Difficulté : * *

- 1 terrine • 1 batteur
- 1 plaque de cuisson
- 1 emporte-pièce rond de 5 cm de diamètre
- 1 emporte-pièce de petite taille (cœur, étoiles, sapin)

INGRÉDIENTS :

- 300 g de farine – 4 jaunes d'œufs
- 150 g de beurre ramolli
- 125 g de sucre glace
- 25 g d'amandes ou de noisettes moulues – 1 gousse de vanille
- 1 c. à c. de levure chimique
- confiture de framboises
- 1 c. à c. de lait – 1 pincée de sel

Travaillez le beurre en crème avec 100 g de sucre glace. Incorporez les amandes, 3 jaunes et la pulpe grattée de la gousse de vanille. Mélangez bien, incorporez la farine tamisée avec la levure et le sel. Mettez la pâte au frais dans un linge, 3 heures.

Remettez la pâte à température ambiante, 30 minutes, puis étalez-la sur 2 mm d'épaisseur. Découpez en disques. Découpez le centre de la moitié des disques en forme de cœur ou un autre sujet au choix.

Badigeonnez les disques pleins de jaune d'œuf détendu avec un peu de lait. Couvrez d'un sablé perforé. Faites cuire sur une plaque tapissée de papier de cuisson, 12-15 minutes, th. 6 (180 °C).

Saupoudrez les sablés froids de sucre glace. Remplissez les creux de confiture.

Doigts de fée
à la pistache

Pour 6
Préparation : 20 min
Cuisson : 2 h
Difficulté : * *

- 1 poêle • 1 bassine à fond rond
- 1 fouet • 1 râpe • 1 bol
- papier sulfurisé
- 1 poche à douille lisse ou cannelée
- 1 ou 2 plaques à pâtisserie
- 1 thermomètre de cuisson

INGRÉDIENTS :

- 5 blancs d'œufs
- 150 g de sucre en poudre
- 125 g de sucre glace
- 100 g de pistaches vertes
- 200 g de chocolat noir ou au lait

Faites légèrement griller les pistaches. Laissez-les refroidir, réduisez-les en poudre. Tamisez la moitié avec le sucre glace. Battez les blancs en neige molle, puis ajoutez le sucre en poudre. La meringue doit être ferme et former des pics sur le fouet. Incorporez le mélange sucre glace - pistaches.

À la douille, déposez la meringue en bâtonnets sur une plaque tapissée de papier sulfurisé. Parsemez de pistaches. Enfournez 2 heures à th. 3 (90 °C). Glissez un manche de cuillère dans la porte pour évacuer la vapeur. Laissez sécher les meringues dans le four éteint.

Râpez le chocolat. Faites-en fondre les 2/3 au bain-marie. Retirez de l'eau, ajoutez le reste de chocolat. Réchauffez à 30-32 °C. Plongez les meringuettes jusqu'à la moitié dans le chocolat. Laissez refroidir sur du papier sulfurisé.

Pour 6 à 8
Préparation : 30 min
Cuisson : 1 h 15 min
Difficulté : * *

- 1 casserole
- 1 terrine
- 1 plaque à pâtisserie
- papier sulfurisé

INGRÉDIENTS :

- 350 g de farine
- 150 g de beurre
- 150 g de noix concassées
- 100 g de cassonade
- 100 g de chocolat pâtissier
- 1 boîte de lait condensé (40 cl)
- 3 œufs
- 30 g de miel
- 20 cl de café très fort
- 1 pincée de sel

Cookies café-caramel

Versez le lait condensé dans une casserole. Laissez bouillir à feu très doux pendant 1 heure environ en mélangeant fréquemment, jusqu'à ce qu'il ait réduit de moitié. Réservez.

Allumez le four à 180 °C (th. 6) et disposez une feuille de papier sulfurisé sur une plaque à pâtisserie. Écrasez le chocolat dans un mortier ou coupez-le en pépites avec un couteau.

Mélangez le beurre et la cassonade dans un grand saladier, puis ajoutez les œufs et remuez. Versez la farine, le miel, le sel, le café et le lait condensé. Ajouter les pépites de chocolat et les noix concassées. Mélangez bien les ingrédients.

Faites des petits tas de pâte légèrement aplatis sur le papier sulfurisé. Faites cuire pendant environ 12 minutes. Laissez refroidir quelques minutes puis détachez-les avec une spatule et laissez-les refroidir complètement sur une grille. Conservez-les dans une boîte hermétique.

variante

Essayez cette recette avec du chocolat blanc et de la vanille.

truc de cuisinier

Surveillez la cuisson et sortez les cookies avant qu'ils brunissent, si la pâte à l'intérieur n'est pas cuite, pas de souci, elle durcira en refroidissant.

brunch

Pour 10 scones
Préparation : 30 min
Cuisson : 15 min
Difficulté : * *

- 1 bol
- 1 emporte-pièce de 5 à 6 cm de diamètre
- 1 plaque à pâtisserie
- papier sulfurisé

INGRÉDIENTS :

- 200 g de farine
- 75 g de beurre
- 60 g de raisins secs
- 2 œufs
- 3 cuil. à soupe de sucre
- 5 cl de lait + 2 cuil. à soupe
- 1 cuil. à café de vanille
- 1 cuil. à soupe de rhum
- 1 sachet de levure chimique
- 1 pincée de sel

Scones

Préchauffez le four à 190 °C (th. 6-7). Faites macérer les raisins secs avec 1 cuillerée à soupe de rhum et 1 cuillerée à soupe d'eau. Mélangez la farine, la levure, la vanille, le sel, le sucre et le lait. Incorporez 1 œuf battu et le beurre mou. Ajoutez les raisins secs et mélangez bien.

Abaissez la pâte sur une surface farinée et découpez des disques à l'aide de l'emporte-pièce. Déposez-les sur une plaque chemisée de papier sulfurisé.

Battez 1 œuf avec 2 cuillerées à soupe de lait. Badigeonnez les disques de pâte avec ce mélange.

Enfournez pour 15 minutes. Dégustez chaud ou tiède avec de la crème fraîche bien épaisse ou de la confiture.

Pour 4 à 5
Préparation : 10 min
Cuisson : 15 min
Difficulté : * *

- 1 poêle
- 2 assiettes creuses

INGRÉDIENTS :

- 10 tranches de pain de mie ou de brioche
- 25 cl de lait
- 3 œufs
- 2 cuil. à soupe d'huile ou 30 g de beurre
- sel – poivre

French toast

Versez le lait dans une assiette creuse et les œufs battus dans une autre. Trempez successivement les tranches de pain dans le lait puis dans les œufs.

Faites chauffer l'huile ou le beurre dans la poêle. Faites revenir les tranches de pain pendant 1 minute sur chaque face.

Vous pouvez servir le pain perdu salé et poivré, ou encore accompagné de miel, de confiture, de sirop d'érable ou de compote… Dégustez à l'américaine avec des saucisses poêlées et du sirop d'érable.

BRUNCH

Brioches au Nutella®

Pour 8 brioches
Préparation : 40 min
Repos : 3 h
Cuisson : 40 min
Difficulté : * *
€ € € €

- 1 grand saladier
- 1 rouleau à pâtisserie
- moules à brioches

INGRÉDIENTS :

- 250 g de farine
- 100 g de NUTELLA®
- 80 g de beurre
- 40 g de sucre
- 2 œufs
- 10 g de levure de boulanger
- 3 cuil. à soupe de lait entier
- 2 pincées de sel

Dans un grand saladier, commencez par délier la levure dans le lait chaud. Ajoutez la farine, le sel, le sucre et les œufs. Mélangez et pétrissez pendant 5 minutes. La pâte étant collante, intégrez le beurre et continuez à pétrir : étirez et écrasez la pâte jusqu'à ce qu'elle ne colle plus au saladier. Au bout de 15 à 20 minutes, si elle est toujours très collante, ajoutez petit à petit un peu de farine.

Laissez reposer 2 heures sous un torchon humide. Pétrissez de nouveau la pâte. Séparez-la en 8 pâtons, étalez-les et répartissez le NUTELLA® au centre de chacun d'eux en un long boudin. Roulez la pâte afin qu'elle le recouvre bien.

Laissez à nouveau reposer 1 heure, le temps que la pâte double de volume, avant d'enfourner pour 35 à 40 minutes à 180 °C (th. 6). La pâte doit dorer et gonfler.

Sortez les brioches du four et laissez refroidir.

truc de cuisinier

Vous pouvez ajouter le NUTELLA® directement dans la pâte. Vous pouvez aussi dorer les brioches au jaune d'œuf.

BRUNCH

Pour 6
Préparation : 15 min
Cuisson : 40 min
Difficulté : * *
€ € € €

- 1 saladier
- 1 fouet
- 1 moule à cake

INGRÉDIENTS :

- 3 œufs
- 1 yaourt
- 3 pots (de yaourt) de farine
- 2 pots de sucre
- 1/2 pot d'huile
- 1/2 paquet de levure
- beurre
- farine pour le moule

Gâteau au yaourt

Préchauffez le four à 160 °C (th. 5-6). Dans un saladier, battez le yaourt avec les œufs et le sucre, puis la farine, la levure et l'huile.

Beurrez et farinez le moule à cake.

Versez la pâte dans le moule. Faites cuire au four pendant 40 minutes environ.

Vérifiez la cuisson avec la lame d'un couteau, elle doit ressortir sèche.

variante

Remplacez la moitié de la farine par de la farine de blé noir (ou sarrasin).

truc de cuisinier

Imbibez le gâteau avec un peu de sirop de citron dilué afin de ne pas avoir une croûte sèche.

BRUNCH

Pour 12 muffins
Préparation : 15 min
Cuisson : 20 min
Difficulté : * *

- 1 moule à muffins en métal
- 12 caissettes en papier
- 1 planche
- 2 bols
- 1 grande cuillère
- 1 grille

INGRÉDIENTS :

- 20 cl de lait frais entier ou demi-écrémé
- 50 g de flocons d'avoine + 20 g pour le décor
- 150 g d'abricots secs bien moelleux
- 200 g de farine
- 3 cuil. à café rases de levure chimique
- 100 g de cassonade
- 2 pincées de sel
- 2 œufs
- 75 g de beurre fondu

Muffins abricots et flocons d'avoine

Disposez les caissettes en papier dans le moule à muffins. Préchauffez le four à 180 °C (th. 6).

Versez le lait dans un bol, ajoutez les flocons d'avoine, mélangez et laissez reposer. Coupez les abricots secs en dés.

Dans l'autre bol, mélangez la farine, la levure, le sucre, le sel et les dés d'abricots. Versez le lait et les flocons d'avoine, les œufs et le beurre fondu sur les éléments secs. Mélangez à l'aide d'une grande cuillère, juste assez pour incorporer la farine.

Remplissez les caissettes aux 3/4, en vous aidant d'une grande cuillère ou d'une cuillère à glace. Parsemez le dessus de chaque muffin avec les flocons d'avoine restants. Enfournez pour 20 minutes. Vérifiez la cuisson avec la lame d'un couteau, elle doit ressortir sèche. Sortez les caissettes du moule à muffins, puis faites-les refroidir sur la grille.

variante

Pour cette recette, vous pouvez également utiliser des pommes. Prenez soin de les peler, de retirer le cœur et de les couper en dés.

truc de cuisinier

Les flocons d'avoine apportent du moelleux aux muffins.

Pour 12 barres
Préparation : 10 min
Cuisson : 15 min
Repos : 4 h
Difficulté : *

Barres de céréales
au chocolat

Préchauffez le four à 180 °C (th. 6). Versez le muesli bio dans un saladier. Faites chauffer le miel et l'huile dans une casserole. Versez sur le muesli, mélangez bien. Répartissez dans les empreintes d'un moule à mini-cakes et enfournez pour 15 minutes. Sortez le moule du four, laissez refroidir et démoulez les barres.

Hachez le chocolat et faites-le fondre au bain-marie. Trempez à moitié les barres dans le chocolat fondu, secouez pour retirer l'excédent, déposez sur du papier cuisson et laissez prendre au frais pendant 4 heures.

- 1 moule à mini-cakes
- papier cuisson

INGRÉDIENTS :

- 240 g de muesli bio
- 180 g de chocolat noir
- 70 g de miel liquide
- 4 cl d'huile

Pour 4
Préparation : 10 min
Difficulté : *

Muesli tout bio
aux fruits secs et chocolat

Hachez le chocolat noir. Coupez les pommes séchées en petits morceaux. Concassez les noisettes et les amandes.

Mélangez tous les ingrédients.

Servez avec du yaourt fouetté avec un peu d'eau de fleur d'oranger et un filet de miel.

- 1 mortier ou 1 mixeur

INGRÉDIENTS :

- 50 g de chocolat noir bio
- 20 g de pommes séchées bio
- 30 g de noisettes émondées bio
- 30 g d'amandes émondées bio
- 200 g de flocons d'avoine bio
- 20 g de graines de tournesol bio
- 10 g de graines de sésame bio
- 30 g de raisins secs bio
- yaourt, fleur d'oranger et miel pour accompagner

Pour 6 bagels
Préparation : 30 min
Repos : 2 h 10
Cuisson : 20 min
Difficulté : * *

€ € € €

- 1 récipient creux
- film alimentaire
- papier cuisson
- 1 écumoire

INGRÉDIENTS :

- 500 g de farine
- 1 sachet de levure sèche de boulanger
- 1 cuil. à soupe de sucre en poudre
- 25 cl de lait tiède
- 12 g de sel
- 20 g de beurre mou
- 1 cuil. à soupe de miel liquide
- 1 cuil. à soupe de bicarbonate de soude
- 1 œuf
- 150 g de chocolat noir

Bagels maison

Délayez la levure dans 6 cl d'eau tiède avec 1 pincée de sucre. Mélangez la farine, le sel, le lait et la levure, pétrissez pendant quelques instants, puis incorporez le beurre coupé en morceaux. Pétrissez à nouveau pendant une dizaine de minutes jusqu'à ce que la pâte soit lisse et élastique.

Placez-la dans un récipient creux, filmez-la et laissez gonfler à température ambiante pendant 2 heures jusqu'à ce que la pâte double de volume.

Rompez la pâte, pétrissez pour l'assouplir. Séparez-la en 6 parts et façonnez-les en boules régulières. Faites un trou au centre avec le pouce, élargissez-le jusqu'à 3 cm de diamètre.

au chocolat

Déposez les bagels sur du papier cuisson, couvrez-les de film alimentaire, laissez reposer 10 minutes. Préchauffez le four à 240 °C (th. 8).

Faites chauffer 3 litres d'eau, le miel et le bicarbonate dans une casserole. Lorsque l'eau frémit, plongez-y les bagels 3 par 3 pendant 2 minutes en les retournant à mi-cuisson. Égouttez-les avec une écumoire.

Battez l'œuf avec 2 cuillerées à soupe d'eau froide et badigeonnez-en les bagels. Enfournez-les pour 5 minutes, puis baissez la température du four à 210 °C (th. 7) et prolongez la cuisson de 10 minutes jusqu'à ce que les bagels soient dorés.

Faites fondre le chocolat au bain-marie, plongez la face supérieure des bagels dans le chocolat fondu.

variante

Pour une version salée, parsemez les bagels de graines de sésame ou de pavot avant de les enfourner.

truc de cuisinier

Les bagels doivent rester à la surface lorsque vous les plongez dans l'eau. Si ce n'est pas le cas, prolongez le temps de repos.

Pour 6 à 8
Préparation : 20 min
Cuisson : 35 à 40 min
Difficulté : * *
€

- 1 saladier
- 1 moule à cake

INGRÉDIENTS :

- 300 g de farine
- 5 grosses carottes épluchées et râpées
- 125 g de noix concassées
- 60 cl d'huile végétale
- 4 œufs
- 16 cuil. à soupe de miel
- 2 cuil. à café de cannelle en poudre
- 2 sachets de levure

Carrot cake

Battez les œufs avec l'huile dans un saladier. Ajoutez la farine, le miel et mélangez bien. Incorporez le reste des ingrédients.

Préchauffez le four à 200 °C (th. 6-7) et graissez un grand moule à cake.

Faites cuire 35 à 40 minutes. Il faut qu'un cure-dent planté au cœur ressorte parfaitement propre.

Démoulez sur une grille et laissez refroidir.

variante

Préparez un glaçage avec 1 blanc d'œuf battu en neige, 100 g de sucre glace et 1 cuillerée à soupe de jus de citron.

truc de cuisinier

Le carrot cake se conserve très bien dans une boîte hermétique. On peut aussi le congeler, tranché ou pas.

Pour 12 muffins
Préparation : 20 min
Cuisson : 15 min
Difficulté : * *

- 1 terrine
- 1 bol
- 12 moules à muffins

INGRÉDIENTS :

- 400 g de farine
- 175 g de yaourt nature
- 150 g de baies noires (mûres, myrtilles...)
- 175 g de sirop d'érable
- 40 de beurre
- 1 gros œuf, légèrement battu
- 1 sachet de levure en poudre
- 1/2 cuil. à café de bicarbonate de soude
- 1 pincée de sel

BRUNCH

Muffins aux baies noires et au sirop d'érable

Préchauffez le four à 180 °C (th. 6). Beurrez 12 moules à muffins ou garnissez-les de caissettes en papier. Dans une terrine, mélangez bien la farine, la levure, le bicarbonate de soude et le sel. Ajouter les baies.

Dans un petit bol, mélangez le sirop d'érable, le yaourt nature, le beurre fondu et l'œuf.

Versez le mélange au sirop d'érable sur les ingrédients secs et remuez juste assez pour bien les humecter. Ne mélangez pas trop.

Répartissez la pâte dans les moules à muffins, en les remplissant aux 2/3. Faites cuire les muffins au four environ 15 minutes jusqu'à ce qu'ils soient fermes au toucher et que le dessus soit bien doré.

variante

Remplacez les baies noires par des framboises ou des groseilles.

truc de cuisinier

Les moules en silicone sont parfaits pour un démoulage réussi.

Pour 6 à 8 muffins
Préparation : 15 min
Cuisson : 20 min
Difficulté : * *

- 1 terrine
- 1 bol
- 1 tamis
- 1 fouet
- 6-8 moules à muffins

INGRÉDIENTS :

- 250 g de farine
- 150 g de miel
- 75 g de cacao
- 1,5 banane en purée
- 12 cl de lait
- 1 œuf à température ambiante
- 2 cuil. à soupe de margarine (25 g)
- 2 cuil. à café de vinaigre
- 1/2 cuil. à café de vanille
- 1 cuil. à café de bicarbonate de soude
- 1 pincée de sel

Muffins choco-banane

Préchauffez le four à 190 °C (th. 6-7). Mélangez le lait et le vinaigre dans un bol. Dans une terrine, battez la margarine en crème avec le miel.

Ajoutez l'œuf et la vanille, mélangez. Écrasez la banane et demi en purée et ajoutez-la. Mélangez.

Tamisez ensemble les ingrédients secs et ajoutez-les au mélange en alternant avec le lait vinaigré.

Versez la pâte dans de grands moules à muffins et enfournez 20 minutes environ. Vérifiez la cuisson en piquant un cure-dent au centre d'un muffin, il doit en ressortir propre.

variante

Remplacez les bananes par des poires ou des pommes légèrement cuites ou de la compote non sucrée.

truc de cuisinier

Conservez les muffins dans une boîte hermétique ou bien enveloppés dans du papier.

Pour 6 à 8
Préparation : 30 min
Cuisson : 1 h 15
Repos : 1 h
Réfrigération : 13 h
Difficulté : * *

- 1 saladier
- 1 fouet
- 1 moule à fond amovible
- papier d'aluminium

INGRÉDIENTS :

Pour la pâte à biscuit :
- 100 g de farine
- 80 g de beurre
- 40 g de sucre
- 1 œuf
- 1 cuil. à soupe de zeste de citron râpé
- 1 pincée de sel

BRUNCH

Pour la garniture :
- 500 g de Kiri®
- 200 g de sucre
- 250 g de fromage blanc à 40 % de matière grasse
- 5 œufs
- 6 cuil. à soupe de crème fraîche épaisse
- 2 cuil. à soupe de farine
- 1 cuil. soupe de zeste de citron râpé
- 1 cuil. soupe de zeste d'orange râpé

Cheesecake
New York style

Dans un saladier, mélangez la farine, le sel et le sucre avec le zeste de citron. Ajoutez l'œuf et le beurre coupé en morceaux. Travaillez les ingrédients pour les assembler en une grosse boule. Enveloppez-la dans du papier d'aluminium et mettez-la au frais pendant 1 heure.

Préchauffez le four à 200 °C (th. 6-7).
Étalez la moitié de la pâte et garnissez-en le fond amovible d'un moule préalablement graissé. Enfournez pour 15 minutes environ jusqu'à ce que la croûte soit dorée. Retirez du four, laissez refroidir et abaissez le reste de la pâte en bandes de façon à pouvoir tapisser les parois graissées du moule.

Dans un saladier, battez les deux fromages avec la crème fraîche et les zestes. Incorporez la farine et le sucre. Ajoutez les œufs 1 par 1 en mélangeant à chaque fois. Versez la crème sur le fond et enfournez 10 minutes, puis baissez la température à 150 °C (th. 5) et laissez cuire encore 50 minutes.

Éteignez le four et laissez le cheesecake à l'intérieur pendant 1 heure, puis laissez au réfrigérateur pendant 12 heures.

variante

Vous pouvez utiliser du *cream cheese* de la marque Philadelphia® que vous trouverez dans les épiceries anglo-saxonnes et dans certains supermarchés, ou bien du Saint-Môret®.

truc de cuisinier

Pour aller plus vite, utilisez des biscuits de type petits-beurre mixés avec du beurre.

Pour 6 à 8
Préparation 1 h 30
Repos : 45 min
Cuisson : 40 min
Difficulté : * *

- 1 saladier
- 1 poêle
- 1 râpe
- 1 plaque à pâtisserie

INGRÉDIENTS :

- 500 g de farine d'épeautre
- 90 g de beurre
- 70 g de sucre, de miel ou de mélasse
- 40 g de levain
- 20 cl de lait
- 2 ou 3 cuil. à soupe de lait ou de crème liquide
- 1 jaune d'œuf
- 1/2 cuil. à café de sel

Pour la farce :

- 500 g de pommes
- 50 g de pignons de pin, de noix hachées ou un mélange des deux
- 30 g de beurre
- 1 œuf
- 2 cuil. à soupe de sucre
- le zeste d'1 citron
- 1 cuil. à café de cannelle

BRUNCH

Pain roulé à la pomme

Dans un saladier, mélangez le lait, le levain, le sucre, le jaune d'œuf et le sel. Incorporez la farine et ajoutez le beurre ramolli. Pétrissez tous les ingrédients jusqu'à obtenir une pâte molle. Au besoin, ajoutez un peu de lait ou un peu de farine. Couvrez la pâte et laissez-la lever pendant 30 minutes. Elle doit doubler de volume.

Épluchez les pommes, épépinez-les et râpez-les grossièrement. Hachez les noix ou les pignons. Faites chauffer le beurre et faites-y revenir 1 minute les noix ou les pignons, puis ajoutez les pommes et continuez la cuisson pendant 2 minutes en mélangeant.

Laissez refroidir. Ajoutez le zeste de citron, l'œuf, le sucre et la cannelle et mélangez. Pétrissez la pâte pendant 1 minute, puis étalez-la sur une plaque à pâtisserie graissée. Disposez la farce au milieu. Formez un rouleau en repliant les extrémités de façon à bien envelopper la farce et badigeonnez-le de crème liquide ou de lait. Laissez reposer 15 minutes.

Préchauffez le four à 180 °C (th. 6) et faites cuire pendant environ 40 minutes jusqu'à ce que le pain soit doré. Laissez refroidir sur une grille.

variante

Remplacez les pommes par des poires, de l'ananas, etc.

truc de cuisinier

Ce pain, comme tous les pains aux fruits, reste moelleux durant 3 à 4 jours grâce à l'eau contenue dans les fruits.

Pour 4
Préparation : 25 min
Réfrigération : 1 h
Cuisson : 22 min
Difficulté : * *

- papier sulfurisé
- film alimentaire
- 1 cercle de 16 cm de diamètre
- 1 rouleau
- 1 pinceau

INGRÉDIENTS :

Pour la pâte :

- 100 g de beurre demi-sel ramolli
- 60 g de sucre cassonade
- 50 g de flocons d'avoine
- 50 g de poudre d'amande
- 1 jaune d'œuf
- 100 g de farine
- 30 g de pistaches émondées natures
- 20 g de canneberges séchées

- 1 œuf
- 4 cuil. à soupe de confiture de mûres
- 1 cuil. à soupe de lait

Chaussons aux flocons d'avoine, fruits secs et mûres

Préparez la pâte : battez le beurre et le sucre jusqu'à obtenir un mélange homogène. Ajoutez la poudre d'amande, les flocons d'avoine, le jaune d'œuf, la farine, les pistaches et les canneberges en remuant bien entre chaque ajout.

Sur un plan de travail fariné, formez une boule avec la pâte. Filmez-la et placez-la au frais 1 heure. Préchauffez le four à 180-200 °C (th. 6-7).

Divisez la pâte en 4 parts. Placez-les sur 4 carrés de papier sulfurisé. Étalez chacun entre 2 feuilles de papier, retirez le papier du dessus, formez 4 ronds à l'aide d'un cercle. Répartissez la confiture jusqu'à 1 cm du bord. Humidifiez le pourtour avec un peu d'eau, refermez en deux en vous aidant du papier.

Scellez les bords, striez-les délicatement à l'aide d'une fourchette. Mélangez l'œuf et le lait, badigeonnez-en les chaussons. Percez un trou sur le dessus.

Enfournez les chaussons sur une plaque avec le papier pour 20 à 22 minutes. S'ils dorent trop vite, couvrez-les de papier aluminium.

variante

Remplacez les pistaches et les canneberges par des noisettes, des amandes émondées et/ou des raisins secs.

truc de cuisinier

Choisissez une confiture assez épaisse qui ne se liquéfiera pas totalement à la cuisson. N'en garnissez pas trop les chaussons, sinon la confiture pourrait déborder.

Pour 4
Préparation : 5 min
Cuisson : 5 min
Difficulté : *
€ € € €

- 1 poêle
- 1 toasteur

INGRÉDIENTS :

- 4 tranches de pain viennois
- 200 g de ricotta
- 4 cuil. à soupe de miel
- 4 cuil. à soupe de pistaches nature

Tartine à la ricotta
et aux pistaches

Mélangez la ricotta avec le miel. Puis concassez les pistaches.

Faites griller les pistaches concassées, à sec dans une poêle à revêtement antiadhésif.

Passez le pain au toasteur. Tartinez les tranches de pain de ricotta au miel et parsemez de pistaches.

variante

Remplacez le miel par du sirop d'érable, les pistaches par des noix de Pécan.

truc de cuisinier

Choisissez pour cette recette du miel liquide de lavande ou d'acacia.

Pour 1 cake
Préparation : 20 min
Cuisson : 55 min
Difficulté : * *

- 1 moule à cake
- 2 bols
- 1 saladier

INGRÉDIENTS :

- 200 g de raisins secs
- 100 g d'écorces d'orange confites coupées en dés de 5 mm
- 4 cuil. à soupe de rhum
- 175 g de beurre demi-sel mou
- 150 g de sucre roux
- 1 cuil. à soupe de miel liquide
- 3 œufs
- 225 g de farine à levure incorporée ou 225 g de farine et 1 sachet de levure chimique (11 g)
- 1 pointe de couteau de quatre-épices

Cake au miel et aux fruits confits

Mettez les raisins et les écorces d'orange dans un bol avec le rhum. Mélangez et laissez reposer pendant une heure.

Préchauffez votre four à 180 °C (th. 6). Beurrez un moule à cake et mettez-le au frais.

Mélangez le beurre, le sucre et le miel dans un saladier, jusqu'à ce que le mélange soit crémeux. Battez très légèrement les œufs, ajoutez-les progressivement au mélange précédent, tout en remuant. Ajoutez la farine (et éventuellement la levure), les épices, et mélangez bien. Ajoutez les raisins, les écorces d'orange avec leur jus, et mélangez bien.

Versez dans le moule à cake, lissez la surface et enfournez pour 15 minutes. Au bout de 15 minutes de cuisson, baissez la température de votre four à 150 °C (th. 5) et poursuivez la cuisson pendant 40 minutes environ. Une lame de couteau insérée au centre du cake doit ressortir sèche. Laissez tiédir, puis démoulez le cake sur une grille.

Pour 8 bretzels moyens
Préparation : 35 min
Cuisson : 25 min
Repos : 1 h 30
Difficulté : * *
€ € € €

- 1 spatule
- 1 plaque à pâtisserie
- 1 écumoire
- papier cuisson
- film alimentaire

INGRÉDIENTS :

- 7 g de levure fraîche de boulanger
- 8 cl de lait tiède
- 250 g de farine
- 1 cuil. à café de sel fin
- 30 g de beurre ramolli
- 40 g de bicarbonate de soude
- 1 cuil. à café de gros sel
- 1 cuil. à café de graines de sésame
- 1 cuil. à café de graines de pavot

BRUNCH

Bretzels

Délayez la levure dans le lait tiède. Mélangez la farine et le sel, formez un puits et versez-y la levure et 15 cl d'eau. Mélangez à la spatule, puis incorporez le beurre coupé en parcelles. Pétrissez à la main jusqu'à ce que la pâte soit lisse et non collante. Formez une boule, placez-la dans un saladier, couvrez de film alimentaire, laissez lever 1 heure 30 à température ambiante.

Préchauffez le four à 210 °C (th. 7). Rompez la pâte et pétrissez à nouveau 2 à 3 minutes. Divisez-la en 8 parts égales. Façonnez des boudins de 40 cm de long environ en les roulant sur le plan de travail. Formez une boucle, enroulez les pans une ou deux fois l'un sur l'autre, puis remontez les extrémités et soudez-les sur le haut de la boucle.

Recouvrez une plaque à pâtisserie de papier cuisson. Faites chauffer 1 litre d'eau additionné de bicarbonate de soude. Quand l'eau frémit, plongez-y un à un les bretzels, récupérez-les avec une écumoire lorsqu'ils remontent à la surface et déposez-les sur la plaque.

Saupoudrez-les de gros sel, de graines de pavot et de graines de sésame. Enfournez pour 15 minutes jusqu'à ce que les bretzels soient bien dorés.

variante

Pour de gros bretzels, divisez la pâte en 4 et formez des boudins de 60 cm de long.

truc de cuisinier

Pour obtenir des bretzels réguliers, roulez-les en deux fois, d'abord sur la moitié de la longueur, pour permettre à la pâte de se détendre entre-temps et faciliter le façonnage.

BRUNCH

Pancakes

Pour 15 pancakes
Préparation : 15 min
Repos : 30 min
Cuisson : 3 min
Difficulté : * *

- 2 bols
- 1 crêpière
- 1 spatule
- 1 batteur

INGRÉDIENTS :

- 4 œufs – 30 cl de lait entier ou demi-écrémé
- 300 g de farine
- 2 c. à c. rases de levure chimique
- 4 c. à s. rases de sucre
- 2 pincées de sel – huile

Séparez les blancs des jaunes. Mélangez les jaunes avec le lait. Ajoutez la farine, la levure, le sucre et le sel et remuez jusqu'à obtenir une pâte lisse. Battez les blancs en neige, puis incorporez-les à la pâte. Couvrez et laissez reposer 30 minutes au frais.

Chauffez et graissez une crêpière avec un peu d'huile. Déposez 2 à 3 petites louches de pâte dans la crêpière en les espaçant. Dès que des petites bulles apparaissent à la surface des pancakes, retournez-les. Poursuivez la cuisson pendant encore un peu moins d'1 minute. Déposez-les sur une assiette. Poursuivez la cuisson jusqu'à épuisement de la pâte.

Servez chaud avec du sirop d'érable.

Pancakes ricotta
et zestes d'orange

Pour 15 pancakes
Préparation : 15 min
Repos : 30 min
Cuisson : 3 min
Difficulté : * *

- 2 bols
- 1 crêpière
- 1 spatule
- 1 batteur

INGRÉDIENTS :

- 4 œufs – 30 cl de lait entier ou demi-écrémé
- 250 g de ricotta
- le zeste d'1 orange
- 250 g de farine
- 2 c. à c. rases de levure chimique
- 4 c. à s. rases de sucre
- 2 pincées de sel – huile

Séparez les blancs des jaunes. Mélangez les jaunes avec le lait, la ricotta et les zestes d'orange. Ajoutez la farine, la levure, le sucre et le sel et remuez jusqu'à obtenir une pâte lisse. Battez les blancs en neige, puis incorporez-les à la pâte. Couvrez et laissez reposer 30 minutes au frais.

Chauffez et graissez une crêpière avec un peu d'huile. Déposez 2 à 3 petites louches de pâte dans la crêpière en les espaçant. Dès que des petites bulles apparaissent à la surface des pancakes, retournez-les. Poursuivez la cuisson pendant encore un peu moins d'1 minute. Déposez-les sur une assiette. Poursuivez la cuisson jusqu'à l'épuisement de la pâte.

Servez chaud avec du sirop d'érable.

BRUNCH

Pour 4
Préparation : 10 min
Cuisson : 2 min
Réfrigération : 1 h
Difficulté : *
€ € € €

- 1 poêle
- 1 saladier
- 4 verrines

INGRÉDIENTS :

- 5 yaourts nature
- 4 cuil. à soupe de gelée de figue
- 2 cuil. à soupe de miel
- 2 cuil. à soupe de pignons de pin

Yaourt au miel, aux figues et aux pignons grillés

Faites chauffer une poêle sans matière grasse. Déposez-y les pignons de pin. Faites-les colorer et torréfier sans excès en les remuant régulièrement.

Versez puis mélangez délicatement les yaourts dans un saladier. Remplissez 4 verrines de yaourt jusqu'à mi-hauteur. Ajoutez une couche de gelée de figue. Complétez avec le reste de yaourt.

Laissez refroidir 1 heure.

Terminez le décor des verrines en les nappant de miel puis en les parsemant de pignons de pin torréfiés.

Pour 4
Préparation : 20 min
Cuisson : 5 min
Réfrigération : 2 h
Difficulté : *
€ € € €

- 1 fouet électrique
- 2 saladiers
- 4 verrines

INGRÉDIENTS :

- 250 g de fraises
- 150 g de fromage blanc
- 40 g de sucre
- 2 œufs
- 10 cl de coulis de fraises
- 1 cuil. à soupe de vanille liquide
- 1/2 citron
- quelques feuilles de menthe

Crèmes de fromage blanc aux fraises

Découpez 8 fraises en 2. Disposez-en 4 contre la paroi des verrines. Découpez le reste en petits dés. Séparez les jaunes des blancs d'œufs.

Dans un saladier, fouettez vigoureusement les jaunes avec le sucre et la vanille liquide puis incorporez le fromage blanc.

Dans un second saladier versez les 2 blancs et quelques gouttes de jus de citron. Montez-les en neige avec un fouet électrique. Incorporez délicatement ces blancs puis les dés de fraises au précédent mélange.

Répartissez cette crème de fromage blanc dans les verrines en faisant attention de ne pas décoller les fraises de la paroi.

Laissez refroidir au moins pendant 2 heures. Terminez le décor des verrines avec une petite couche de coulis de fraises et 1 feuille de menthe.

BRUNCH

English muffins

Pour 12 muffins
Préparation : 30 à 40 min
Repos : 1 h 10
Cuisson : 14 min
Difficulté : * *
€

- 2 bols
- 1 poêle
- 1 torchon
- 1 planche
- 1 grande cuillère
- 1 emporte-pièce de 8 cm de diamètre

INGRÉDIENTS :

- 27,5 cl de lait tiède
- 1 cuil. à café bombée de sucre
- 450 g de farine
- 1 sachet de levure sèche de boulanger (5 g)
- 1 cuil. à café rase de sel
- beurre pour la poêle

Mélangez la moitié du lait tiède, le sucre et la levure dans un bol, puis laissez reposer à température ambiante pendant 10 minutes. Dans l'autre bol, versez le sel et la farine. Formez un puits, puis versez la préparation précédente. Ramenez la farine petit à petit vers le centre, puis versez le restant de lait tiède. Pétrissez pendant 10 minutes dans le bol ou sur une surface de travail. La pâte doit être souple et non collante. Couvrez le bol d'un torchon et laissez lever environ 45 minutes. La pâte doit doubler de volume.

À la fin de la levée, posez le pâton sur une surface farinée, puis évacuez l'air en appuyant avec votre poing. Étalez la pâte sur une épaisseur d'1 cm, puis détaillez des cercles. Rassemblez les chutes en une boule, étalez-la et recommencez l'opération. Mettez les cercles sur une planche et laissez à nouveau lever 15 minutes.

Faites chauffer la poêle avec un peu de beurre, sur feu moyen.

Ajoutez les muffins (5 par 5), puis aplatissez-les légèrement à la main. Faites-les cuire 7 minutes, retournez-les, aplatissez-les légèrement avec le dos d'une grande cuillère et poursuivez la cuisson pendant 7 minutes. Ils doivent être légèrement blonds et sonner creux lorsque vous tapez dessus avec la pointe d'un couteau.

Servez-les tièdes, coupés en 2 et beurrés. Conservez le reste dans une boîte en métal. Au moment de servir, coupez-les en 2, puis faites-les griller au grille-pain.

variante

Vous pouvez réaliser cette recette avec une machine à pain. Dans ce cas, mettez tous les ingrédients dans la cuve, dans l'ordre préconisé dans la notice et choisissez le programme « pain blanc avec levée seule ».

truc de cuisiner

N'hésitez pas à ajouter davantage de farine ou d'eau au début du pétrissage, chaque farine ayant un pouvoir d'absorption différent.

Pour 12 donuts
Préparation : 30 min
Repos : 1 h
Cuisson : 20 min
Difficulté : * *
€ € € €

• 1 sauteuse • 1 fouet
• 1 emporte-pièce
• 1 sac en papier • film étirable
• papier absorbant

INGRÉDIENTS :

- 250 g de farine – 50 g de cassonade
- 50 g de sucre cristallisé – 100 g de sucre en poudre – 40 g de beurre
- 20 cl de lait – 1 œuf – 1/2 c. à c. d'extrait de vanille – 1 c. à s. de levure en poudre – 2 c. à c. de cannelle en poudre (facultatif)
- 1 pincée de sel – huile pour friture

Donuts

Battez l'œuf avec la cassonade et le sucre cristallisé pendant 5 minutes. Ajoutez le beurre fondu et l'extrait de vanille, puis la farine, la levure et le sel.

Mélangez jusqu'à obtenir une pâte homogène et non collante en utilisant le lait si besoin. Enroulez la pâte dans un film plastique fariné et laissez reposer 1 heure environ.

Faites chauffer à feu moyen l'huile dans la sauteuse (environ 7 cm). Abaissez la pâte sur 1 cm et coupez des disques avec l'emporte-pièce. Vous pouvez les trouer au centre avec le goulot d'une bouteille ou un petit verre. Faites-les cuire au fur et à mesure pendant 2 minutes environ sur chaque face. Mettez-les sur une grille recouverte de papier absorbant. Mélangez le sucre en poudre et la cannelle, si vous souhaitez en utiliser, dans un sac en papier. Enfermez-y les beignets égouttés et secouez pour les enrober. Remettez-les sur la grille et répétez l'opération jusqu'à épuisement de la pâte. Dégustez chaud.

Pour 8 à 10 rolls
Préparation : 30 min
Cuisson : 30 min
Difficulté : * *
€ € € €

• 1 terrine • 1 bol • 1 terrine
• 1 bol • 1 rouleau à pâtisserie
• 1 fouet • 1 plaque à pâtisserie
• papier sulfurisé

INGRÉDIENTS :

- 300 g de farine – 100 g de beurre – 25 cl de lait – 2 jaunes d'œufs
- 3 c. à s. de sucre – 1 c. à c. de cannelle en poudre – 1/2 c. à c. de vanille en poudre – 1 sachet de levure – 1 petite pincée de sel
- Pour garnir : 3 c. à s. de cassonade
- 1 c. à s. de beurre fondu
- 1 c. à c. de cannelle en poudre
- Pour glacer : 50 g de fromage à tartiner – 2 c. à s. de sucre glace

Cinnamon Rolls

Dans une terrine, mélangez la farine, la levure, le sucre, la vanille, le sel et la cannelle. Fouettez les jaunes d'œufs avec le lait et le beurre fondu dans un bol.

Incorporez-les au mélange puis travaillez les ingrédients en pâte. Abaissez la pâte sur un plan de travail fariné pour obtenir un rectangle d'environ 25 x 30 cm.

Mélangez les ingrédients de la garniture et étalez-les sur la pâte. Roulez-la, puis coupez-la en dix tranches.

Préchauffez le four à 180 °C (th. 6) et recouvrez une plaque à pâtisserie d'une feuille de papier sulfurisé. Déposez les rolls et badigeonnez-les d'un peu de lait. Faites cuire près de 30 minutes. Dans un bol, mélangez le fromage à tartiner avec le sucre glace et ajoutez 2 cuillerées à soupe d'eau très chaude. Une fois les rolls refroidis, couvrez-les avec le glaçage.

Pour 4
Préparation : 10 min
Cuisson : 7 min
Difficulté : *

• 1 plat à four

INGRÉDIENTS :

- 4 tranches de pain brioché
- 100 g de beurre + 20 g pour le plat
- 4 cuil. à soupe de sucre cristallisé
- 24 fraises mara des bois

BRUNCH

Tartine de fraises cristallisées

Préchauffez le four, th. 7 (210 °C). Beurrez un plat à four.

Beurrez les tranches de pain brioché, puis saupoudrez-les avec la moitié du sucre. Déposez-les dans le plat et enfournez. Laissez cuire pendant 5 minutes.

Lavez les fraises, essuyez-les délicatement et équeutez-les. Coupez-les en deux si elles sont grosses.

Déposez les fraises sur les tranches de pain, saupoudrez-les avec le reste de sucre et passez sous le gril pendant 2 minutes. Laissez tiédir avant de servir.

variante

Remplacez les fraises par des figues.

truc de cuisinier

Pour que les fraises ne se gorgent pas d'eau, il est important de les équeuter après les avoir rincées, et non avant.

Pour 10
Préparation : 25 min
Cuisson : 45 min
Difficulté : * *
€ € € €

- 1 moule à gâteau de 23 cm de diamètre
- 1 grand bol
- 1 grille

INGRÉDIENTS :

- 125 g de beurre mou
- 125 g de sucre de canne roux
- 4 œufs
- 200 g de farine
- 2 c. à c. rases de levure chimique
- 2 pincées de sel
- 1 c. à c. rase de quatre-épices
- 2 c. à s. de lait entier ou demi-écrémé
- 25 g de poudre d'amandes
- 175 g de raisins secs
- 175 g de raisins blonds
- 100 g d'écorces d'oranges amères
- le zeste d'1 orange
- le zeste d'1 citron
- 50 g d'amandes entières mondées pour le décor
- beurre pour le moule

Dundee cake

Beurrez le moule, puis mettez-le au frais. Préchauffez le four à 180 °C (th. 6) ou à 165 °C (chaleur tournante).

Dans un grand bol, mélangez le beurre et le sucre jusqu'à obtenir une consistance crémeuse. Incorporez les œufs un par un, puis la farine, la levure, le sel, le quatre-épices, le lait et mélangez. La pâte doit être relativement épaisse.

Ajoutez la poudre d'amandes, les raisins, les écorces, les zestes et mélangez à nouveau. Versez la pâte dans le moule et lissez la surface. Enfournez pour 15 minutes.

Déposez les amandes sur la surface du gâteau, baissez la température du four à 150 °C (th. 5) et poursuivez la cuisson pendant 30 minutes. Vérifiez la cuisson avec la lame d'un couteau, elle doit ressortir sèche. Laissez tiédir pendant 30 minutes, puis démoulez sur la grille.

variante

Soyez créatif : utilisez d'autres fruits secs comme des cranberries séchées, des abricots secs ou des figues séchées bien moelleuses. À la place des amandes entières, vous pouvez utiliser des amandes effilées.

truc de cuisinier

Ne mettez pas les amandes au début de la cuisson afin qu'elles ne s'enfoncent pas dans la pâte.

Bread & butter

Pour 4
Préparation : 20 min
Cuisson : 45 min
Repos : 30 min
Difficulté : * *
€

- 1 casserole
- 1 bol
- 1 fouet
- 1 moule à gratin

INGRÉDIENTS :

- 10 tranches de pain de mie
- 50 g de raisins secs
- 50 g de beurre
- 40 cl de crème fraîche
- 40 cl de lait
- 3 œufs
- 3 cuil. à soupe de sucre en poudre
- 1/2 cuil. à café de noix de muscade râpée
- 1/2 cuil. à café de cannelle en poudre
- 1 cuil. à café d'extrait de vanille

BRUNCH

Beurrez un moule à gratin. Coupez les tranches de pain en diagonale pour former 2 triangles. Beurrez-les d'un seul côté. Alignez les triangles dans le plat, côté beurré vers le haut. Parsemez de raisins secs et saupoudrez d'un peu de noix de muscade et de cannelle. Répétez l'opération avec une seconde couche de pain et en terminant par les raisins secs.

Faites chauffer la crème et le lait, sans laisser bouillir. Ajoutez l'extrait de vanille. Dans un bol, battez les œufs avec 2 cuillerées à soupe de sucre et versez-les dans le lait.

Versez l'appareil sur le pain et laissez-le s'imprégner de lait pendant 30 minutes. Enfoncez les coins qui dépassent si nécessaire.

Préchauffez le four à 180 °C (th. 6). Saupoudrez du reste de sucre, puis enfournez le *bread and butter* pendant 45 minutes, jusqu'à ce qu'il soit bien doré.

variante

Utilisez n'importe quel pain de votre choix à la place du pain de mie. Vous pouvez aussi remplacer le sucre dont vous saupoudrez votre *bread and butter* par de la confiture d'abricot fluidifiée, du miel ou encore du sirop de sucre.

truc de cuisinier

Ne jetez plus votre pain, même rassis !

Cookies aux flocons d'avoine

Pour 6
Préparation : 20 min
Cuisson : 12 min
Difficulté : * *

- 1 mixeur
- 1 saladier
- 2 plaques à pâtisserie

INGRÉDIENTS :

- 250 g de pépites de chocolat
- 125 g de farine
- 125 g de beurre
- 100 g de flocons d'avoine
- 100 g de sucre
- 2 œufs
- 2 cuil. à soupe de sirop d'érable
- 1 cuil. à café d'essence de vanille
- 1 sachet de levure chimique
- 1 pincée de sel

Préchauffez le four à 180 °C (th. 6) et beurrez deux plaques à pâtisserie. Dans un saladier, mélangez la farine, la levure, les flocons d'avoine, le sel et les pépites de chocolat. Réservez.

Dans le bol d'un mixeur, mettez le beurre ramolli, les œufs, le sucre, le sirop d'érable et l'essence de vanille puis mixez.

Ajoutez délicatement les ingrédients secs à la préparation liquide et mélangez.

Déposez la préparation à l'aide d'une cuillère sur les plaques à pâtisserie beurrées. Faites cuire au four 12 minutes. Laissez refroidir 5 minutes avant de retirer les biscuits de la plaque. Servez tiède.

Cookies aux céréales chocolatées

Pour 4
Préparation : 5 min
Cuisson : 10 min
Difficulté : * *

- 1 terrine
- 1 plaque à pâtisserie

INGRÉDIENTS :

- 50 g de sucre en poudre
- 1 sachet de sucre vanillé
- 1 œuf
- 1 pincée de sel
- 60 g de beurre ramolli
- 150 g de céréales chocolatées

Préchauffez le four à 190 °C (th. 6-7) et beurrez une grande plaque à pâtisserie. Mélangez délicatement tous les ingrédients dans une grande terrine.

Disposez la préparation en petits tas espacés sur la plaque beurrée. Faites cuire pendant 8 à 10 minutes. Laissez refroidir 5 minutes avant de retirer les biscuits de la plaque.

Mini-croque-monsieur au Nutella® et à la framboise

Pour 6-8 parts
Préparation : 15 min
Cuisson : 10 min
Difficulté : *
€ € € €

- 1 poêle
- papier absorbant

INGRÉDIENTS :

- 6 tranches de brioche finement coupées
- 150 g de framboises
- 100 g de NUTELLA®
- 25 g de beurre demi-sel
- 25 g de cassonade

Étalez le NUTELLA® sur les tranches de brioche. Disposez des framboises sur la moitié d'entre elles. Recouvrez avec l'autre moitié et appuyez fortement afin d'écraser un peu les fruits.

Dans une poêle, faites fondre le beurre avec la cassonade et faites dorer à feu moyen les tranches de brioche pendant 4 à 5 minutes de chaque côté.

Retirez-les de la poêle et, à l'aide d'un couteau, coupez-les en 4 parts égales. Posez-les sur du papier absorbant et servez aussitôt.

Pain perdu au Nutella®

Pour 6-8 parts
Préparation : 10 min
Cuisson : 5 min
Difficulté : *
€ € € €

- 1 bol
- 1 casserole
- 1 poêle

INGRÉDIENTS :

- 100 g de NUTELLA®
- 6 tranches épaisses de brioche un peu rassise
- 1 œuf
- 1 pincée d'épices à pain d'épices
- 5 cl de lait entier
- 1 noix de beurre
- 1 cuil. à soupe d'huile végétale

Faites fondre au bain-marie le NUTELLA®.

Dans un bol, cassez et battez l'œuf. Ajoutez les épices et le lait, mélangez à nouveau. Mettez les tranches de brioche dans un petit plat et recouvrez-les d'œuf battu.

Dans une poêle, faites fondre le beurre avec l'huile et, lorsque le mélange est bien chaud, laissez cuire 1 à 2 minutes les tranches de brioche de chaque côté. Répartissez-les sur des assiettes et décorez avec des serpentins de NUTELLA®. Servez aussitôt.

Pour 8-10
Préparation : 20 min
Cuisson : 1 h
Réfrigération : 12 h
Difficulté : * *

- 1 moule à charnière de 20 cm de diamètre environ et 7 cm de haut
- 2 bols
- 1 fouet
- 1 spatule

INGRÉDIENTS :

- 300 g de Sprits
- 80 g de beurre fondu
- 80 g de cassonade
- 400 g de ricotta
- 500 g de Saint-Môret®
- 1 cuil. à soupe de crème fraîche
- 200 g de sucre
- 1 cuil. à soupe de fécule de maïs
- 1 cuil. à soupe d'extrait de vanille liquide
- 5 œufs
- 250 g de fruits rouges (framboises, fraises, groseilles...)

Cheesecake aux fruits rouges

Préchauffez le four à 180 °C (th. 6). Réduisez les biscuits en un sable épais, ajoutez le beurre, la cassonade. Mélangez pour obtenir une pâte sableuse. Répartissez cette pâte sur le fond du moule en remontant sur les parois et tassez bien. Faites cuire 10 minutes au four puis laissez refroidir.

Fouettez la ricotta et le Saint-Môret® ensemble pour qu'ils deviennent bien onctueux. Ajoutez la crème fraîche, le sucre, la fécule de maïs et l'extrait de vanille liquide, en fouettant. Incorporez ensuite les œufs un à un à la spatule.

Rincez les fruits. Ajoutez-les à la crème. Mélangez bien et versez sur le fond de pâte précuit. Faites cuire 50 à 55 minutes jusqu'à ce que les bords soient bien cuits et le centre encore un peu moelleux. Laissez refroidir le cheesecake hors du four, puis au réfrigérateur pendant 12 heures.

Avant de servir, démoulez en faisant le tour du moule avec un petit couteau fin. Dégustez aussitôt avec un coulis de fruits rouges.

variante

Vous pouvez également aromatiser la crème avec 15 cl de coulis de framboises avant d'ajouter les fruits.

truc de cuisinier

N'oubliez pas la fécule de maïs, car les fruits rouges vont rendre du jus, et le cheesecake sera trop mou si vous l'oubliez !

Pour 8
Préparation : 15 min
Cuisson : 30 min
Difficulté : * *

- 1 moule à cake
- 1 grand bol
- 1 casserole
- 1 pinceau
- 1 grille

INGRÉDIENTS :

- 150 g de sucre
- 100 g de beurre mou
- le zeste d'1 citron
- 2 œufs
- 175 g de farine
- 2 cuil. à café rases de levure chimique
- 4 cuil. à soupe de jus de citron
- 2 pincées de sel

<u>Pour le glaçage :</u>
- le jus d'1 citron
- 100 g de sucre

Cake au citron

Beurrez votre moule, puis mettez-le au frais. Préchauffez le four à 180 °C (th. 6) ou à 165 °C (chaleur tournante).

Dans le grand bol, mélangez le sucre, le beurre et le zeste, jusqu'à obtenir une consistance crémeuse. Ajoutez les œufs légèrement battus et mélangez. Ajoutez la farine, la levure, le jus de citron, le sel et remuez juste assez pour incorporer la farine.

Versez cette pâte dans le moule à cake beurré, puis lissez la surface. Enfournez pendant 30 minutes environ. Vérifiez la cuisson avec la lame d'un couteau, elle doit ressortir sèche.

Juste avant la fin de la cuisson, mélangez le jus de citron et le sucre dans la casserole, puis portez à ébullition. Dès la sortie du four, recouvrez toute la surface du cake avec le jus de citron sucré, à l'aide d'un pinceau. Laissez tiédir pendant 15 minutes, puis démoulez sur la grille.

variante

Ajoutez des graines de pavot dans ce gâteau (1 grosse cuillerée à soupe).

truc de cuisinier

Il est important de ne pas trop mélanger la pâte une fois que vous avez incorporé la farine, la texture du gâteau deviendrait trop élastique.

Pour 4
Préparation : 10 min
Cuisson : 10 min
Difficulté : *

• 1 appareil à croque

INGRÉDIENTS :

- 8 tranches de brioche
- 200 g de framboises
- 8 carrés de chocolat blanc
- 4 cuil. à soupe d'amandes effilées
- 4 cuil. à soupe de sucre cristallisé
- 40 g de beurre

Croque framboises, amandes et chocolat blanc

Beurrez les deux faces des tranches de brioche, saupoudrez-les de sucre cristallisé.

Déposez sur une tranche des framboises, ajoutez au centre deux carrés de chocolat blanc, saupoudrez d'amandes effilées et recouvrez avec une autre tranche de brioche. Procédez de la même façon pour monter les trois autres croques.

Faites cuire dans l'appareil à croque pendant quelques minutes. La brioche doit être bien dorée.

Pour 4
Préparation : 5 min
Difficulté : *

• 1 toasteur

INGRÉDIENTS :

- 4 grandes tranches de pain de campagne
- 4 cuil. à café de confiture de cerises noires
- 1 chèvre frais
- 2 cuil. à soupe de graines de pavot
- poivre

Tartine de chèvre aux cerises noires

Toastez les tranches de pain.

Tartinez-les de fromage frais, poivrez généreusement et disposez au milieu 1 cuillerée à café de confiture.

Parsemez de graines de pavot.

BRUNCH

Pour 6 gaufres
Préparation : 25 min
Repos : 1 h
Cuisson : 20 min
Difficulté : * *

- 1 casserole
- 1 bol
- 1 saladier
- 1 gaufrier

INGRÉDIENTS :

Pour les gaufres :
- 75 g de brisures de marrons glacés
- 250 g de farine
- 25 cl de lait frais entier
- 3 œufs
- 100 g de beurre fondu
- 12 g de levure de boulanger
- 15 g de sucre
- 1 gousse de vanille
- 1 pincée de sel

Pour la chantilly :
- 15 cl de crème liquide
- 50 g de NUTELLA®
- 1 c. à s. de sucre glace

Gaufres au Nutella® et marrons glacés

Dans une casserole, mettez la crème, le NUTELLA® et le sucre glace. Mélangez sur feu doux jusqu'à ce que vous obteniez une crème homogène. Laissez reposer au réfrigérateur pendant 1 heure. Juste avant de servir, montez en chantilly épaisse, à l'aide d'un batteur, la crème au NUTELLA®.

Coupez la gousse de vanille en 2. Retirez les graines se trouvant à l'intérieur à l'aide de la pointe d'un couteau et mélangez-les au sucre.

Mélangez la levure avec le sucre et le lait. Battez les œufs en omelette. Dans un saladier, versez la farine, le sel, puis, sans cesser de fouetter, le lait tiédi et les œufs. Ajoutez enfin le beurre fondu. Liez et laissez reposer pendant 1 heure.

Fouettez de nouveau la pâte après avoir ajouté les brisures de marrons. Graissez le gaufrier pour chaque gaufre. Versez une petite louche de pâte, refermez le gaufrier et laissez cuire jusqu'à ce qu'il n'y ait presque plus de volutes de vapeur qui s'échappent. Comptez 3 à 4 minutes de cuisson environ par gaufre. Servez-les avec la chantilly au NUTELLA®.

truc de cuisinier

Entre chaque cuisson de gaufre, n'hésitez pas à légèrement graisser votre gaufrier.

BRUNCH

Pour 12 muffins
Préparation : 15 min
Cuisson : 20 à 25 min
Difficulté : * *
€ € € €

Muffins chocolat
et noix de pécan

- 1 moule à muffins en métal
- 12 caissettes en papier
- 1 planche
- 1 cuillère
- 2 bols
- 1 grille

INGRÉDIENTS :

- 150 g de chocolat noir
- 50 g de cerneaux de noix de pécan
- 300 g de farine
- 1 sachet de levure chimique
- 125 g de sucre
- 2 pincées de sel
- 2 c. à s. de cacao en poudre non sucré
- 25 cl de lait entier ou demi-écrémé
- 2 œufs
- 75 g de beurre fondu

Disposez les caissettes en papier dans le moule à muffins. Préchauffez le four à 180 °C (th. 6).

Sur la planche, concassez le chocolat à l'aide d'un couteau, afin d'obtenir des morceaux irréguliers qui vous serviront de pépites. Coupez les cerneaux de noix de pécan en 2.

Dans un bol, mélangez la farine, la levure, le sucre, le sel, le cacao, le chocolat et les noix. Dans l'autre bol, mélangez le lait, les œufs et le beurre fondu. Réunissez les éléments secs et liquides et remuez juste assez pour incorporer la farine.

Remplissez les caissettes aux 3/4, en vous aidant d'une grande cuillère ou d'une cuillère à glace. Enfournez pour 20 à 25 minutes. Vérifiez la cuisson avec la lame d'un couteau, elle doit ressortir sèche. Sortez les caissettes du moule à muffins, puis faites-les refroidir sur la grille.

variante

Cette recette peut se décliner selon le contenu de vos placards, en ne mettant par exemple que du chocolat (noir, lait ou blanc) ou en utilisant d'autres types de fruits secs (amandes, noisettes, etc.).

truc de cuisinier

Il est vraiment important de mélanger très grossièrement les éléments secs avec les liquides. La pâte va être pleine de grumeaux, c'est normal et c'est ce qui va donner cette texture particulière aux muffins.

Pour 4
Préparation : 10 min
Cuisson : 30 min
Difficulté : *

- 1 casserole
- 1 poêle
- 1 plat à four

INGRÉDIENTS :

- 8 tranches de brioche
- 8 pommes reinettes
- 50 g de beurre
- 2 œufs
- 6 cl de calvados
- 4 cuil. à soupe de crème épaisse
- 4 cuil. à soupe de sucre cristallisé

BRUNCH

Croque pommes à la crème

Épluchez les pommes, coupez-les en fines lamelles. Faites fondre la moitié du beurre dans une casserole, ajoutez les pommes et faites-les cuire à feu doux pendant 15 minutes en les retournant régulièrement. Écrasez-les grossièrement à la fourchette.

Battez les œufs en omelette avec le calvados. Faites fondre le reste de beurre dans une poêle. Plongez les 8 tranches de brioche dans les œufs battus et faites-les dorer à la poêle pendant 5 minutes.

Déposez-les dans un plat à four. Tartinez 4 tranches de brioche de compote, recouvrez-les avec les tranches de brioche restantes.

Versez la crème sur les croques, saupoudrez de sucre cristallisé, et passez sous le gril pendant 5 minutes, jusqu'à ce que le dessus soit caramélisé. Servez chaud ou tiède.

variante

Remplacez les pommes par des poires.

truc de cuisinier

Si les pommes attachent pendant la cuisson, arrosez-les d'1 cuillerée à soupe d'eau chaude.

BRUNCH

pause sucrée

Pour 8
Préparation : 30 min
Cuisson : 20 min
Réfrigération : 3 h
Difficulté : * *

- 1 moule carré de 23 cm de côté
- 2 grands bols
- 1 casserole
- 1 fouet
- 1 spatule

INGRÉDIENTS :

- 225 g de farine
- 65 g de sucre de canne blond
- 150 g de beurre demi-sel mou
- huile pour le moule

Pour la crème au citron :

- 18 cl de jus de citron
- le zeste d'1 citron
- 60 g de sucre
- 3 œufs
- 180 g de chocolat blanc

PAUSE SUCRÉE

Carrés au citron

Préchauffez le four à 180 °C (th. 6) ou à 165 °C (chaleur tournante). Huilez votre moule. Commencez par préparer la base. Dans un grand bol, mélangez la farine et le sucre. Ajoutez le beurre coupé en dés et incorporez-le du bout des doigts au mélange.

Versez cette pâte dans le moule, puis pressez-la doucement avec vos doigts, afin de l'étaler de manière uniforme. Enfournez pour 12 à 15 minutes, jusqu'à ce que la pâte soit blonde. Laissez refroidir.

Pendant ce temps, préparez la crème au citron. Versez le jus de citron, le zeste, le sucre et les œufs dans la casserole, puis mélangez. Faites fondre le chocolat blanc coupé en morceaux dans un grand bol, soit au bain-marie, soit au micro-ondes (puissance 500 W). Faites chauffer la crème au citron sur feu doux à moyen, jusqu'à ce que la crème épaississe, tout en fouettant assez régulièrement.

Versez la crème sur le chocolat blanc fondu en 3 fois en mélangeant énergiquement, à l'aide d'une spatule. La crème doit être bien lisse. Versez-la sur la pâte refroidie, puis lissez la surface. Mettez le moule au frais pendant au moins 3 heures. Coupez en carrés et servez.

variante

Vous pouvez transformer ce classique américain en un classique français en mettant la garniture au citron sur une pâte sablée cuite à blanc.

truc de cuisinier

Pour le chocolat blanc, optez pour des marques comme Valrhona®, Cluizel®, Barry® ou Nestlé® dessert.

PAUSE SUCRÉE

Pour 18 florentins
Préparation : 1 h
Cuisson : 6-7 min
Difficulté : * * *
€ € € €

- 1 petite casserole
- 1 jatte
- 2 plaques à pâtisserie
- du papier sulfurisé ou de la toile siliconée

INGRÉDIENTS :

- 40 g d'écorces d'orange confites
- 30 g de cédrat confit
- 20 g de gingembre confit moelleux
- 30 g de cerises amarena
- 100 g d'amandes effilées
- 50 g de farine
- 50 g de beurre
- 70 g de crème fraîche épaisse
- 100 g de miel
- 50 g de sucre de canne blond
- 250 g de chocolat noir à 70 % de cacao, haché ou en pistoles

Florentins

Coupez tous les fruits confits en petits dés. Réunissez-les dans un bol et mélangez-les à la farine. Mettez dans une petite casserole le beurre, la crème, le miel et le sucre. Portez à ébullition. Laissez bouillonner le mélange pendant 3 à 4 minutes en remuant régulièrement, jusqu'à ce qu'il dégage le parfum caractéristique du beurre noisette. Retirez alors du feu et incorporez les fruits confits et la farine. Ajoutez ensuite les amandes et mélangez délicatement pour ne pas les briser. Préchauffez le four à 180 °C (th. 6). Formez des tas de pâte sur les plaques recouvertes de papier sulfurisé ou de toile siliconée, puis aplatissez-les en disques d'environ 1/2 cm d'épaisseur. Veillez à bien les espacer, car ils s'étaleront considérablement à la cuisson. Enfournez chaque plaque pour 6-7 minutes. Les disques sont alors dorés. Façonnez-les en cercles réguliers pendant qu'ils sont encore mous, puis laissez-les durcir et refroidir complètement. Faites fondre le chocolat au bain-marie, puis laissez-le refroidir un peu : il est prêt à être utilisé si, en mettant une goutte sur une spatule, elle durcit et devient croquante. Nappez la face lisse des florentins de chocolat et tracez des zigzags à l'aide d'une fourchette. Laissez le glaçage durcir à l'air libre, puis placez les florentins au réfrigérateur pour qu'ils deviennent bien croquants.

variante

Pour cette recette, vous pouvez choisir un miel de caractère en évitant toutefois les goûts trop puissants comme le châtaignier.

truc de cuisinier

Il n'est pas indispensable que vos florentins soient parfaitement ronds. Vous pouvez cuire la pâte en plaques et la casser ensuite en morceaux irréguliers.

PAUSE SUCRÉE

Macarons d'Amiens

Pour 30 macarons
Préparation : 20 min
Repos : 12 h
Cuisson : 15 min
Difficulté : * *
€ € € €

- film alimentaire
- 1 jatte
- 1 plaque de cuisson
- papier sulfurisé

INGRÉDIENTS :

- 250 g de poudre d'amandes
- 200 g de sucre en poudre
- 20 g de miel
- 20 g de confiture d'abricots sans morceaux
- 1/2 cuil. à café d'extrait de vanille
- 1 goutte d'essence d'amande amère
- 2 blancs d'œufs (70 g)

Mélangez tous les ingrédients, sauf les blancs d'œufs. Détendez légèrement les blancs à la fourchette puis incorporez-les petit à petit. La pâte doit avoir la consistance d'une pâte d'amandes, et pouvoir être façonnée sans s'étaler.

Faites avec la pâte un rouleau de 4 cm de diamètre, emballez-le dans un film et placez 12 heures au réfrigérateur.

Préchauffez le four à 150 °C (th. 5). Tapissez une plaque de cuisson avec un papier sulfurisé. Déballez le rouleau de pâte et coupez-le en tranches de 1 cm d'épaisseur. Déposez-les au fur et à mesure sur la plaque.

Faites-les cuire pendant 15 minutes, jusqu'à ce qu'ils soient dorés. Décollez-les avec une spatule et laissez-les refroidir sur une grille.

variante

Atypiques, ces macarons existent depuis le XVIe siècle. À la place de la confiture d'abricots, vous pouvez utiliser de la gelée de pomme ou de coing.

truc de cuisinier

Il n'est pas toujours nécessaire de mettre la totalité des blancs d'œufs. Après avoir mis le premier, ajoutez le reste peu à peu. Quand la pâte ressemble à une pâte d'amandes souple, elle est prête.

Pour 20 tuiles
Préparation : 10 min
Cuisson : 10 min
Difficulté : * *

Tuiles aux amandes

- 1 tamis
- 1 jatte • 1 bol
- 1 plaque de cuisson
- 1 pelle à pâtisserie
- 1 rouleau à pâtisserie ou 1 bouteille en verre

INGRÉDIENTS :

- 200 g d'amandes effilées
- 170 g de sucre glace
- 65 g de farine tamisée
- 2 œufs + 2 blancs
- 1 c. à c. d'extrait de vanille liquide
- 50 g de beurre fondu

Mélangez les amandes effilées avec le sucre glace. Ajoutez ensuite les blancs d'œufs et les œufs entiers battus, puis l'extrait de vanille liquide. Mélangez l'ensemble pour obtenir une pâte homogène. Ajoutez enfin la farine tamisée, puis le beurre fondu, mélangez bien.

Préchauffez le four à 200 °C (th. 6-7). Beurrez légèrement la plaque de cuisson. Faites de petites boules de pâte à la petite cuillère. Aplatissez-les à l'aide d'une fourchette mouillée avec de l'eau froide. Les tuiles doivent être très fines. Faites-les cuire 10 minutes. Décollez-les rapidement avec une pelle à pâtisserie et placez-les sur un rouleau à pâtisserie ou une bouteille pour qu'elles prennent la forme de tuiles en refroidissant.

Pour 20 cigarettes
Préparation : 15 min
Cuisson : 5 min
Difficulté : * *

Cigarettes russes

- 1 jatte • 1 bol
- 1 fouet
- 1 plaque de cuisson
- 1 petite spatule

INGRÉDIENTS :

- 100 g de beurre mou
- 100 g de sucre glace tamisé
- 2 œufs (à température ambiante)
- 100 g de farine tamisée

Travaillez le beurre mou en pommade avec un fouet. Ajoutez le sucre glace tamisé puis, petit à petit, les œufs battus en omelette. Finissez par la farine et mélangez à nouveau.

Préchauffez le four à 200 °C (th. 6-7). Sur une plaque de cuisson légèrement beurrée, faites des ronds très fins et réguliers de 8 cm de diamètre à l'aide d'une cuillère en les espaçant bien. Faites cuire les palets 5 minutes, puis décollez-les avec une petite spatule et roulez immédiatement les palets sur eux-mêmes en cigarettes. Laissez-les refroidir sur une grille.

Pour 10 financiers
Préparation : 20 min
Cuisson : 15 min
Difficulté : * *

- 1 petite casserole
- 1 jatte
- 1 moule à financiers en silicone

INGRÉDIENTS :

- 3 blancs d'œufs
- 55 g de sucre glace
- 60 g de poudre d'amandes
- 40 g de farine tamisée
- 100 g de beurre
- 10 griottes à l'eau-de-vie

Mini-financiers aux griottes

Dans une petite casserole, faites fondre le beurre à feu doux. Laissez-le cuire jusqu'à ce qu'il prenne une jolie couleur noisette. Retirez-le du feu et laissez refroidir complètement.

Battez les blancs d'œufs avec le sucre glace, la poudre d'amandes et la farine tamisée. Le mélange doit être bien homogène.

Ajoutez le beurre noisette froid petit à petit. Préchauffez le four à 200 °C (th. 6-7).

Remplissez les moules aux 2/3, placez une griotte sur chaque financier. Faites cuire 15 minutes jusqu'à ce que les financiers soient joliment dorés.

variante

Vous pouvez ajouter 1 cuillerée de pâte de pistache à la pâte pour l'aromatiser. Le mariage pistache-griotte est délicieux.

truc de cuisinier

Il faut bien sécher les griottes dans du papier absorbant avant de les placer sur les financiers.

Petits moelleux
aux abricots et aux amandes

Pour 12 moelleux
Préparation : 20 min
Cuisson : 17 min
Difficulté : * *

- 2 bols • 1 jatte
- 1 batteur électrique
- 12 caissettes ou moules à muffin

INGRÉDIENTS :

- 80 g de chocolat au lait
- 80 g de beurre mou
- 60 g de farine
- 80 g de sucre glace
- 80 g d'amandes en poudre
- 4 blancs d'œufs
- 20 g de sucre semoule
- 1 boîte d'abricots au sirop
- 15 g d'amandes effilées

Faites fondre le chocolat au micro-ondes ou au bain-marie. Incorporez le beurre et remuez jusqu'à ce qu'il soit entièrement fondu. Mélangez la farine, la poudre d'amandes et le sucre glace. Battez les blancs en neige et serrez-les avec le sucre semoule. Incorporez la farine sucrée en soulevant délicatement le mélange. Ajoutez ensuite le chocolat au beurre.

Préchauffez le four à 220 °C (th.7-8). Égouttez les oreillons d'abricots. Si vous utilisez des caissettes en papier, placez-les dans des moules à muffin. Sinon, beurrez des moules et farinez-les. Mettez 1 cuillerée à soupe de pâte au fond de chaque caissette. Posez dessus 1 oreillon d'abricot coupé en quatre et recouvrez de pâte. Parsemez d'amandes effilées. Faites cuire les petits gâteaux au four pendant 17 minutes. Dégustez-les à température ambiante.

Petits moelleux
au thym et au citron

Pour 10 moelleux
Préparation : 20 min
Cuisson : 17 min
Difficulté : * *

- 1 bol • 1 jatte
- 1 batteur électrique
- 10 caissettes ou moules à muffin

INGRÉDIENTS :

- 100 g de chocolat noir à 70 % de cacao – 100 g de beurre mou
- 70 g de sucre de canne brun
- 4 œufs – 1 petite c. à s. de miel
- 20 g de farine
- 20 g de fécule de pomme de terre
- le zeste d'1 citron bio
- 3 branches de thym frais

Faites fondre le chocolat au micro-ondes ou au bain-marie. Incorporez le beurre et remuez jusqu'à ce que le mélange soit lisse et brillant. Blanchissez les œufs avec le sucre. Ajoutez le miel et le chocolat fondu. Mélangez parfaitement, puis incorporez la farine et la fécule. Hachez finement le zeste de citron. Lavez, séchez et effeuillez le thym. Ajoutez ces ingrédients à la pâte.

Préchauffez le four à 210 °C (th. 7). Beurrez et farinez les moules. Remplissez-les de pâte. Enfournez et laissez cuire pendant 15 à 17 minutes (12 minutes pour des mini-moules). Dégustez ces petits gâteaux tièdes ou à température ambiante.

Pour 20 amaretti
Préparation : 10 min
Repos : 10 min
Cuisson : 10 min
Difficulté : * *

- 1 jatte
- 1 tamis
- papier sulfurisé
- 1 plaque de cuisson
- 1 poche et 1 douille n° 8

INGRÉDIENTS :

- 100 g de poudre d'amandes
- 120 g de sucre glace
- 3 blancs d'œufs
- 1 cuil. à café d'extrait d'amande amère
- 20 g de sucre semoule

Amaretti

Tamisez ensemble la poudre d'amandes et 100 g de sucre glace.

Ajoutez le sucre en poudre et incorporez petit à petit les blancs d'œufs. Ajoutez enfin l'extrait d'amande amère.

Placez une feuille de papier sulfurisé sur la plaque de cuisson. Remplissez la poche à douille et façonnez des amaretti. Espacez-les bien.

Préchauffez le four à 200 °C (th. 6-7).

Saupoudrez abondamment les amaretti de sucre glace. Laissez sécher une dizaine de minutes et saupoudrez-les à nouveau. Faites cuire 10 minutes.

variante

Vous pouvez remplacer la moitié de la poudre d'amandes par de la poudre de noisettes.

truc de cuisinier

Pour que les amaretti se décollent facilement de la feuille de cuisson à la sortie du four, versez 1/2 verre d'eau entre la plaque et le papier cuisson. La chaleur va décoller les biscuits.

Pour 70-80 petits fours
Préparation : 30 min
Prise : 2 h
Difficulté : * *

- 2 casseroles
- 2 bols
- 1 jatte
- 1 batteur électrique
- 1 poche à douille cannelée

INGRÉDIENTS :

- 70-80 petites caissettes en chocolat
- 50 g de sucre semoule
- 280 g de crème fleurette
- 70 g de chocolat noir à 70 % de cacao
- 5 g de gélatine (5 feuilles)
- 30 g de copeaux de chocolat

Petits fours chocolat-caramel

Faites chauffer 80 g de crème en arrêtant juste avant l'ébullition. Placez une petite casserole sur le feu et saupoudrez-en le fond d'1 cuillerée à soupe de sucre. Dès qu'il est fondu, saupoudrez à nouveau et ainsi de suite, jusqu'à ce que tout le sucre soit fondu. Ne remuez à aucun moment. Le caramel peut fumer, mais pas mousser. Retirez du feu et incorporez petit à petit la crème chaude en prenant garde aux projections.

Faites tremper les feuilles de gélatine pendant 10 minutes dans un bol d'eau. Faites fondre le chocolat au bain-marie ou au micro-ondes, puis mélangez-le avec le caramel. Incorporez la gélatine essorée et mélangez pour la dissoudre parfaitement. Amenez à température ambiante en veillant à ne pas laisser trop figer la préparation. Fouettez les 200 g de crème restants dans une jatte préalablement refroidie au congélateur. Incorporez ensuite délicatement le mélange chocolat-caramel.

Garnissez les caissettes de mousse chocolat-caramel à l'aide d'une poche munie d'une douille cannelée. Parsemez-les de copeaux de chocolat et laissez prendre au frais pendant 2 heures.

variante

Vous pouvez déposer une griottine dans chaque caissette et la recouvrir de la mousse que vous aurez réalisée sans caramel.

truc de cuisinier

N'incorporez jamais de crème froide dans le caramel, car les projections seraient trop importantes.

Pour 6
Préparation : 30 min
Cuisson : environ 50 min
Repos : 24 h
Difficulté : * *
€ € € €

- 1 casserole en matériau épais
- 1 terrine
- 1 grille
- 1 aiguille à brider
- papier sulfurisé

INGRÉDIENTS :

- 2 grosses oranges bio à peau épaisse
- 2 citrons non traités
- 600 g de sucre en poudre
- 100 g de chocolat noir à 56 %
- 100 g de chocolat au lait
- sel

Orangettes et citronettes

Brossez, lavez et séchez les fruits. Incisez les écorces de haut en bas, en quartiers, jusqu'à la pulpe, détachez-les de la chair. Égalisez les extrémités. Grattez le duvet blanc. Portez-les à ébullition dans de l'eau froide légèrement salée, puis rafraîchissez-les. Recommencez 3 fois cette opération sans saler la dernière eau. Séchez les écorces dans un linge. Portez 50 cl d'eau froide avec le sucre à frémissements. Lorsque le sirop est clair, ajoutez les zestes, couvrez à demi, laissez cuire sur feu doux, jusqu'à ce qu'il soit réduit des 3/4 et les lanières translucides. Versez dans une terrine. Laissez reposer 12 heures. Égouttez et découpez les écorces en lanières de 4 mm d'épaisseur. Laissez-les sécher sur une grille, 12 heures, à température ambiante. Faites fondre le chocolat noir et lissez-le. Piquez les lanières d'orange sur une aiguille à brider. Plongez-les dans le chocolat. Égouttez-les. Alignez-les sur une feuille de papier sulfurisé. Laissez durcir à température ambiante. Procédez de la même manière avec les lanières de citron en utilisant le chocolat au lait.

variante

Les lanières de citron s'enrobent aussi de chocolat blanc.

truc de cuisinier

Veillez à ce que les orangettes et les citronettes soient bien immergées dans le sirop pendant la macération. Choisissez un récipient de taille adaptée. Avant de tremper les lanières dans le chocolat, vérifiez qu'elles sont bien sèches et ne collent plus aux doigts. Sinon, attendez 1 ou 2 heures de plus ou passez-les à four doux, 5 minutes.

Madeleines à l'anis vert

Pour 12 madeleines
Préparation : 15 min
Cuisson : 15 min
Difficulté : * *

€

- 1 casserole
- 1 bol • 1 saladier
- 1 tamis
- 1 fouet
- 1 moule pour 12 madeleines

INGRÉDIENTS :

- 75 g de beurre
- 125 g de farine
- 2 œufs
- 3 c. à s. de lait
- 2 c. à s. de graines d'anis vert
- 100 g de sucre
- 1/2 sachet de levure chimique
- sel

Préchauffez le four à 240 °C (th. 8). Faites fondre le beurre dans une casserole jusqu'à ce qu'il devienne noisette, puis laissez-le refroidir au réfrigérateur. Tamisez ensemble la farine et la levure chimique. Battez les œufs avec le sucre, puis ajoutez le lait, une pincée de sel et les graines d'anis. Ajoutez la farine et la levure chimique en continuant de fouetter.

Beurrez et farinez le moule. Ajoutez le beurre fondu à la préparation et mélangez bien. Remplissez les alvéoles du moule aux deux tiers.

Faites cuire les madeleines pendant 5 minutes à 240 °C (th. 8), puis baissez le four à 200 °C (th. 6-7) et poursuivez la cuisson pendant 10 minutes. Démoulez immédiatement et faites refroidir sur une grille.

Madeleines marbrées

Pour 12 madeleines
Préparation : 15 min
Cuisson : 10 min
Difficulté : * *

€

- 1 casserole
- 1 bol • 1 saladier
- 1 tamis • 1 fouet
- 1 moule pour 12 madeleines

INGRÉDIENTS :

- 75 g de beurre
- 125 g de farine
- 2 œufs
- 3 c. à s. de lait
- 1/2 c. à c. de poudre de vanille
- 1 c. à s. bombée de poudre de cacao sans sucre
- 100 g de sucre
- 1/2 sachet de levure chimique
- sel

Préchauffez le four à 240 °C (th. 8). Faites fondre le beurre dans une casserole jusqu'à ce qu'il devienne noisette, puis laissez-le refroidir au réfrigérateur. Tamisez ensemble la farine et la levure chimique. Battez les œufs avec le sucre, puis ajoutez le lait et une pincée de sel. Ajoutez la farine et la levure chimique en continuant de fouetter. Ajoutez le beurre fondu à la préparation et mélangez bien.

Beurrez le moule à madeleines et farinez-le. Divisez la pâte en deux. Dans l'une, ajoutez la poudre de vanille, dans l'autre, la poudre de cacao. Remplissez aux deux tiers les alvéoles du moule, en alternant les deux pâtes. Faites cuire les madeleines pendant 5 minutes à 240 °C (th. 8), puis baissez le four à 200 °C (th. 6-7) et poursuivez la cuisson pendant 5 minutes. Démoulez immédiatement et faites refroidir sur une grille.

PAUSE SUCRÉE

Petits carrés au praliné

Pour 30 petits carrés
Préparation : 10 min
Difficulté : *

€

- 1 bol en verre
- 1 casserole
- 1 moule à cake tapissé de film étirable ou 1 moule à cake en silicone
- 1 boîte hermétique

INGRÉDIENTS :

- 50 g de chocolat noir à 70 % de cacao
- 200 g de chocolat au praliné type "la pralinoise"
- 75 g de gavottes (crêpes dentelle)

Cassez les chocolats en morceaux et mettez-les dans un bol en verre.

Posez ce bol sur une casserole d'eau frémissante, sans que le fond du bol touche l'eau. Lorsque la moitié du chocolat est fondu, retirez le bol de la casserole et remuez jusqu'à ce que le mélange soit bien lisse.

Émiettez les gavottes en les écrasant tout simplement entre vos mains, ajoutez-les au mélange précédent et mélangez.

Versez dans un moule à cake en silicone ou dans un moule à cake tapissé de film étirable. Lissez la surface et mettez au frais. Au bout de quelques heures, démoulez et coupez en petits carrés.

Pour 12 petits-fours
Préparation : 15 min
Cuisson : 10-15 min
Difficulté : * *
€ € € €

- 1 jatte
- 1 bol
- 1 plaque de cuisson
- 1 pinceau

INGRÉDIENTS :

- 125 g de farine
- 60 g de beurre
- 70 g de sucre
- 1 œuf
- 1 pincée de levure
- quelques amandes entières mondées
- cerises confites et autres fruits confits

Petits-fours duchesse

Séparez le blanc du jaune d'œuf. Travaillez le beurre en pommade. Ajoutez le sucre puis le jaune d'œuf, la farine et la levure. Travaillez la pâte jusqu'à ce qu'elle devienne lisse.

Faites des boules de la taille d'une petite noix. Faites un creux dans chacune d'elles et incrustez soit 1 demi-amande, soit 1 fruit confit.

Préchauffez le four à 180 °C (th. 6). Disposez les boules sur la plaque de cuisson beurrée.

Badigeonnez les biscuits au pinceau avec du blanc d'œuf et saupoudrez d'un peu de sucre. Faites cuire 10 à 15 minutes.

variante

Pour des petits-fours aux amandes, remplacez 25 g de farine par 25 g de poudre d'amandes.

truc de cuisinier

Si vous souhaitez que les biscuits soient plus dorés, badigeonnez-les d'un œuf entier battu en omelette.

PAUSE SUCRÉE

Pour 20 moelleux
Préparation : 20 min
Cuisson : 15 min
Difficulté : * *

€

- 1 casserole
- 1 bol
- 1 grand bol en verre
- 1 casserole
- 1 saladier
- 1 fouet
- 1 moule à mini-muffins en silicone

INGRÉDIENTS :

- 200 g de beurre
- 150 g de chocolat noir à 70 % de cacao
- 175 g de sucre glace
- 75 g de farine
- 75 g de poudre d'amandes
- 6 blancs d'œufs
- 1 cuil. à soupe de sirop d'érable
- 75 g d'écorces d'orange coupées en dés

Mini-moelleux au chocolat et aux écorces d'orange

Préchauffez votre four à 180 °C (th.6). Faites fondre le beurre dans une casserole sur feu doux, puis mettez-le dans un bol. Cassez le chocolat, mettez-le dans un bol en verre et faites-le fondre au bain-marie.

Mélangez tous les ingrédients secs dans un saladier (sauf les écorces d'orange). Fouettez légèrement les blancs et ajoutez-les aux éléments secs. Mélangez à l'aide d'un fouet jusqu'à obtenir une pâte lisse.

Ajoutez le beurre fondu, le sirop d'érable et mélangez bien. Ajoutez le chocolat fondu et les écorces d'orange et mélangez.

Remplissez aux 3/4 les empreintes de votre moule à mini-muffins et enfournez pour 15 minutes. Une lame de couteau insérée au centre d'un moelleux doit ressortir sèche. Laissez tiédir, puis démoulez sur une grille.

astuce déco

Un panier en osier ou en bois, dans lequel vous mettrez une jolie serviette en papier ou du papier de soie. Sinon, une boîte en métal.

Pour environ 20 truffes
Préparation : 20 min
Réfrigération : 2 h
Difficulté : * *

- 1 jatte
- 1 casserole
- 1 passoire
- 1 fouet
- 1 cercle à pâtisserie
- 1 plaque
- du papier sulfurisé

INGRÉDIENTS :

- 350 g de chocolat à 70 % de cacao
- 20 cl de crème fleurette
- 1 cuil. à soupe de thé au jasmin en vrac
- 10 g de beurre tempéré
- 20 g de cacao en poudre non sucré

Truffes noires au thé jasmin

Hachez finement le chocolat et placez-le dans une jatte. Portez à ébullition la crème liquide. Plongez-y le thé, et laissez infuser à couvert pendant 5 minutes. Réchauffez alors la crème et versez-la en 3 fois sur le chocolat à travers une passoire. Tournez doucement chaque fois à l'aide d'un petit fouet. Si le chocolat n'est pas entièrement fondu, vous pouvez réchauffer très légèrement la ganache au bain-marie ou au micro-ondes. Incorporez alors le beurre en parcelles. Dès que la ganache est lisse et brillante, cessez de tourner.

Versez la ganache dans le cercle posé sur une plaque recouverte de papier sulfurisé et laissez-la refroidir à température ambiante, puis au réfrigérateur pendant 2 heures. Lorsque la ganache est bien ferme, démoulez-la à l'aide d'un couteau, puis découpez-la en carrés ou en rectangles. Roulez les pavés dans le cacao en poudre et tapotez-les pour en éliminer l'excédent. Vous pouvez également façonner les truffes en boules irrégulières. Réfrigérez.

Pour environ 20 truffes
Préparation : 20 min
Réfrigération : 2 h
Difficulté : *

- 1 jatte
- 1 casserole
- 1 fouet
- 1 plat creux

INGRÉDIENTS :

- 250 g de chocolat blanc
- 8 cl de crème fleurette
- 10 g de beurre tempéré
- 10 g de thé vert matcha

Truffes vertes au thé matcha

Hachez finement le chocolat blanc et placez-le dans une jatte. Portez à ébullition la crème liquide avec 1 cuillerée à café de thé matcha. Retirez du feu et incorporez le chocolat blanc. Tournez doucement à l'aide d'un petit fouet jusqu'à ce que le chocolat soit parfaitement fondu. Incorporez alors le beurre en parcelles. Cessez de tourner dès que la ganache est bien lisse.

Versez la ganache dans un plat en Pyrex ou en porcelaine et laissez refroidir à température ambiante, puis au réfrigérateur pendant 2 heures. Lorsque la ganache est bien ferme, sortez-la du réfrigérateur. Façonnez-la en boulettes, que vous roulerez dans le reste du thé matcha. Réfrigérez.

PAUSE SUCRÉE

Pour 20 macarons
Préparation : 30 min
Cuisson : 40 min
Repos : 25 min
Difficulté : * *

- 1 saladier
- 1 mixeur
- 1 casserole
- 1 thermomètre de cuisson
- plaque de cuisson
- papier sulfurisé
- 1 poche à douille ronde

INGRÉDIENTS :

- 120 g de poudre d'amandes
- 120 g de sucre glace
- 120 g de sucre semoule
- 3 blancs d'œufs (si vous avez une balance électronique : 90 g)
- 150 g de NUTELLA®
- 2 cuil. à soupe de poudre de noisettes
- 1 pincée de sel

Macarons au Nutella®

Commencez par réaliser les coques des macarons. Dans un saladier, mélangez le sucre glace et la poudre d'amandes. Mettez-les dans le bol d'un mixeur et actionnez le robot pendant 4 à 5 minutes. Terminez en ajoutant la moitié des blancs d'œufs. À l'aide d'un batteur, montez en neige très ferme le reste des blancs avec le sel.

Mettez le sucre semoule dans une petite casserole avec un fond d'eau et portez à ébullition. Laissez cuire tout en surveillant la température à l'aide d'un thermomètre. Lorsque le sucre atteint 118-119 °C, coupez le feu. Versez en un mince filet le caramel sur les blancs d'œufs montés sans cesser de fouetter à l'aide du batteur tant que les œufs ne sont pas à température ambiante. Ils doivent alors être brillants et épais.

Prélevez 1/3 de cette meringue italienne et ajoutez-la à la pâte d'amandes afin de la détendre. Si vous désirez colorer la pâte à macarons, faites-le à ce moment-là. Versez le reste des blancs montés et mélangez délicatement jusqu'à ce que vous obteniez une pâte un peu liquide et homogène. Garnissez de papier sulfurisé une plaque de cuisson. Remplissez aux 2/3 une poche à pâtisserie garnie d'une douille ronde d'1/2 cm et faites de petits cercles de pâte bien espacés d'environ 2 à 3 cm de diamètre.

Tapotez le dessous de la plaque afin de bien étaler la pâte et laissez reposer 20 à 25 minutes afin que le dessus des macarons se dessèche. Mettez la plaque dans un four à 180 °C (th. 6) et laissez cuire 8 à 10 minutes. Les macarons doivent gonfler, mais ne pas dorer. Sortez la plaque du four, versez un peu d'eau sous la feuille de papier sulfurisé pour décoller les coques plus facilement. Laissez-les refroidir avant de les retirer. Lorsqu'elles sont cuites, retournez-en la moitié et garnissez-les d'1 cuillerée à café de NUTELLA®. Refermez-les et gardez au frais avant de consommer.

Pour 17–18 rochers
Préparation : 15 min
Réfrigération : 2 h
Difficulté : * *
€ € € €

- 2 jattes
- 1 poêle antiadhésive
- 1 plaque à pâtisserie
- du papier sulfurisé

INGRÉDIENTS :

- 170 g de chocolat noir à 65 % de cacao
- 50 g d'amandes effilées
- 2 cuil. à soupe de sucre glace
- 50 g de riz soufflé caramélisé
- 50 g de flocons 5 céréales

PAUSE SUCRÉE

Rochers aux amandes, céréales et riz soufflé

Faites chauffer à sec une poêle antiadhésive. Étalez-y les amandes effilées et saupoudrez-les de sucre glace. Mélangez et laissez griller pendant 5 minutes en remuant régulièrement. Lorsque les amandes sont dorées, mettez-les à refroidir sur une assiette.

Faites fondre les deux tiers du chocolat au micro-ondes ou au bain-marie. Incorporez le tiers restant et mélangez jusqu'à ce que tout le chocolat soit fondu. De cette façon, il est à la température souhaitée.

Mélangez les amandes, le riz soufflé et les céréales. Incorporez-les ensuite délicatement au chocolat fondu.

Recouvrez une plaque de papier sulfurisé. Avec la préparation précédente, formez des monticules et déposez-les sur la plaque. Laissez les rochers prendre au réfrigérateur pendant 2 heures. Ils sont alors bien croquants.

variante

Cette recette peut se décliner au gré de votre fantaisie et vous pouvez lui ajouter toutes sortes d'ingrédients : fruits confits, noisettes, autres céréales soufflées… Pour une touche plus enfantine, remplacez le chocolat noir par du chocolat au lait.

truc de cuisinier

Pour le riz soufflé, préférez la variété caramélisée, plus croustillante que le riz soufflé nature.

Pour 20 macarons
Préparation : 15 min
Repos : 30 min
Cuisson : 15 min
Difficulté : * *

- 1 plaque de cuisson
- papier sulfurisé
- 1 jatte
- 1 poche à douille
- 1 petite passoire

INGRÉDIENTS :

- 70 g de sucre
- 30 g de miel
- 2 blancs d'œufs (70 g)
- 1/4 de cuil. à café d'extrait de vanille
- 140 g d'amandes en poudre
- sucre glace

Macarons moelleux au miel

Préchauffez le four à 160 °C (th. 5-6). Tapissez une plaque de cuisson avec un papier sulfurisé.

Mêlez dans une jatte le sucre, le miel, les blancs d'œufs et l'extrait de vanille. Fouettez vigoureusement le mélange pendant 1 minute. Vous obtenez une masse opaque blanche et coulante. Avec une spatule, incorporez les amandes.

Mettez la pâte dans une poche munie d'une douille lisse. Dressez sur le papier des tas de 3 cm de diamètre, bien espacés. Saupoudrez les macarons avec du sucre glace à travers une passoire fine.

Faites cuire les macarons pendant 15 minutes. Attendez qu'ils soient refroidis avant de les décoller.

variante

Remplacez le miel par du sirop d'érable et ajoutez 20 g d'amandes en poudre dans la pâte.

truc de cuisinier

À la sortie du four, faites couler un peu d'eau sous le papier. Attendez 1 minute, puis décollez les macarons. Collez-les aussitôt deux à deux sur leur face plate. Laissez-les refroidir, ils resteront soudés ensemble.

Pour 4 mille-feuilles
Préparation : 20 min
Cuisson : 10 min
Difficulté : * *

Mille-feuilles
aux spéculoos et au citron

- 1 zesteur
- 1 casserole
- 1 saladier
- 1 fouet
- 1 rouleau à pâtisserie
- 1 poche à douille n° 10

INGRÉDIENTS :

- 100 g de pâte à spéculoos (voir recette p. 30)
- 50 cl de lait
- 75 g de sucre en poudre
- 1 jaune d'œuf
- 30 g de fécule de maïs
- 1 citron non traité

Lavez le citron, prélevez son zeste et hachez-le grossièrement. Dans une casserole, portez à ébullition le lait avec 25 g de sucre et le zeste de citron haché finement. Dans un saladier, mélangez le jaune d'œuf, le sucre restant, la fécule de maïs.

Versez doucement le lait chaud dans le saladier, mélangez bien puis faites à nouveau cuire l'ensemble dans la casserole jusqu'aux premiers bouillons, en remuant régulièrement avec un fouet pour empêcher la crème d'attacher. Ôtez la casserole du feu et laissez la crème refroidir.

Préchauffez le four à 180 °C (th. 6). Étalez finement la pâte à spéculoos et découpez dedans 12 rectangles de taille identique. Faites cuire les rectangles 10 minutes au four puis laissez-les refroidir sur une grille.

Lorsque les spéculoos sont froids, garnissez la poche à douille de crème au citron froide. Garnissez 4 rectangles de crème. Posez dessus 4 rectangles de spéculoos, terminez par une couche de crème puis les derniers spéculoos. Dégustez bien frais.

variante

Vous pouvez réaliser sur ce principe une crème à l'orange en zestant une orange non traitée.

truc de cuisinier

Veillez à ne pas trop attendre pour déguster ces mille-feuilles, sans quoi le biscuit risquerait de se ramollir.

Petits sablés aux fraises

Pour 4
Préparation : 15 min
Repos : 1 h
Cuisson : 10 min
Difficulté : * *
€

- 1 rouleau à pâtisserie
- 1 emporte-pièce
- 1 saladier • 1 plaque
- des poids (billes en céramique)

INGRÉDIENTS :

- 300 g de fraises
- 1 c. à s. de sucre glace

Pour la pâte sablée :

- 170 g de farine blanche
- 110 g de beurre doux
- 1 jaune d'œuf – 1 zeste de citron
- 1 pincée de sel – 80 g de sucre glace – 1 c. à s. d'eau

Préchauffez le four à 180 °C (th. 6). Mélangez la farine, le sucre glace et la pincée de sel dans un saladier. Coupez le beurre en petits morceaux et incorporez-le à la farine en émiettant le mélange avec le bout des doigts. Lorsque la préparation est poudreuse, ajoutez le zeste de citron, un peu d'eau, et travaillez rapidement la pâte pour obtenir une boule homogène et souple. Filmez et laissez reposer au frais 1 heure.

Étalez la pâte sur un plan de travail fariné. À l'aide d'un emporte-pièce, découpez 4 fonds de pâte. Faites-les cuire à blanc sur une plaque entre 2 feuilles de papier sulfurisé, les poids posés dessus, pendant 10 minutes. Laissez refroidir sur une grille. Saupoudrez les sablés de sucre glace. Rincez et émincez finement les fraises. Disposez-les en rosace. Saupoudrez à nouveau de sucre. Dégustez sans attendre.

Petits sablés à la framboise

Pour 4
Préparation : 15 min
Repos : 1 h
Cuisson : 10 min
Difficulté : * *
€

- 1 rouleau à pâtisserie
- 1 emporte-pièce
- 1 chinois • 1 saladier
- 1 plaque • des poids (billes en céramique)

INGRÉDIENTS :

- 300 g de framboises
- 50 g de sucre glace
- 10 violettes cristallisées

Pour la pâte sablée :

- 170 g de farine blanche
- 110 g de beurre doux
- 1 pincée de sel – 1 jaune d'œuf
- 80 g de sucre glace
- 1 c. à s. d'eau de violette

Préchauffez le four à 180 °C (th. 6). Mélangez la farine, le sucre glace et la pincée de sel dans un saladier. Coupez le beurre en petits morceaux et incorporez-le à la farine en émiettant le mélange avec le bout des doigts. Lorsque la préparation est poudreuse, ajoutez le jaune et l'eau de violette, et travaillez rapidement la pâte pour obtenir une boule homogène et souple. Filmez et laissez reposer au frais 1 heure.

Mixez 6 violettes et tamisez-les au-dessus du sucre glace. Mélangez. Réservez. Étalez la pâte sur un plan de travail fariné. À l'aide d'un emporte-pièce, découpez 4 fonds de pâte. Faites-les cuire à blanc sur une plaque entre 2 feuilles de papier sulfurisé, les poids posés dessus, pendant 10 minutes. Laissez refroidir sur une grille. Saupoudrez de sucre aromatisé. Posez les framboises et saupoudrez à nouveau de sucre. Décorez avec une violette.

tartelettes

Pour 10 roses des sables
Préparation : 15 min
Cuisson : 10 min
Temps de prise : 1 h
Difficulté : *

- 1 casserole
- 1 jatte
- 1 maryse
- 1 plaque de cuisson
- 10 petites caissettes

INGRÉDIENTS :

- 100 g de chocolat noir
- 100 g de chocolat au lait
- 120 g de pétales de maïs soufflé
- huile neutre

Roses des sables

Hachez le chocolat grossièrement. Faites-le fondre au bain-marie. Mélangez délicatement les céréales dans le chocolat fondu avec une maryse.

Faites de petits tas à l'aide d'une cuillère et déposez-les sur la plaque de cuisson légèrement huilée. Laissez prendre pendant 1 heure au frais.

Présentez dans de petites caissettes.

Pour 20 carrés
Préparation : 15 min
Cuisson : 10 min
Réfrigération : 1 h
Difficulté : *

- 1 moule à cake antiadhésif de 25 cm de long
- 1 casserole
- 1 jatte
- 1 maryse
- 20 petites caissettes

INGRÉDIENTS :

- 200 g de pralinoise
- 120 g de gavottes
- 1 cuil. à soupe d'huile neutre

Carrés feuilletine au praliné

Huilez légèrement le moule à cake. Hachez grossièrement la pralinoise et faites-la fondre doucement au bain-marie puis laissez refroidir quelques minutes. Ajoutez les gavottes grossièrement concassées. Mélangez à l'aide d'une maryse, puis versez dans le moule. Laissez refroidir au réfrigérateur pendant 1 heure.

Démoulez en retournant le moule, puis coupez des carrés feuilletine et présentez-les dans de petites caissettes.

Pour 200 g d'amandes
Préparation : 10 min
Cuisson : 25 min
Difficulté : * *
€

- 1 poêle
- 1 bol
- 1 casserole
- 1 thermomètre à sucre ou 1 thermosonde
- de cuisson (facultatif)
- papier sulfurisé

INGRÉDIENTS :

- 200 g d'amandes
- 5 cl d'eau
- 100 g de sucre
- 10 g de beurre
- 3 à 4 pincées de fleur de sel

PAUSE SUCRÉE

Amandes caramélisées
à la fleur de sel

Faites revenir les amandes dans une poêle à sec jusqu'à ce qu'elles soient légèrement colorées. Versez-les dans un bol pour les faire refroidir.

Versez l'eau et le sucre dans une casserole. Faites chauffer sur feu moyen vif jusqu'au « petit boulé », soit une température de 118 °C (la cuisson prend environ 5 minutes). Si vous n'avez pas de thermomètre à sucre prélevez une petite quantité du mélange et versez-la dans un bol d'eau glacée. Elle doit former une boule souple entre vos doigts.

Hors du feu, ajoutez les amandes et remuez bien, jusqu'à ce que les amandes soient recouvertes d'une sorte de sable blanc. Remettez la casserole sur feu moyen vif. Commencez à remuer sans cesse à partir du moment où le sucre commence à se dissoudre. Arrêtez la cuisson lorsque les amandes sont entièrement caramélisées et « claquent » de plus en plus fort.

Hors du feu, ajoutez le beurre, le sel, remuez bien, puis versez la préparation sur une surface recouverte de papier sulfurisé. Laissez refroidir en séparant au fur et à mesure les amandes.

Madeleines à l'épeautre

Pour 12 pièces
Préparation : 10 min
Cuisson : 10 min
Difficulté : * *

- 1 saladier
- 1 fouet
- 1 tamis
- 1 moule pour 12 madeleines

INGRÉDIENTS :

- 75 g de beurre fondu froid
- 65 g de farine blanche
- 60 g de farine d'épeautre (en magasin bio ou en supermarché)
- 2 œufs
- 4 cuil. à soupe de lait
- 100 g de sucre
- 1/2 sachet de levure chimique
- sel

Préchauffez le four à 240 °C (th. 8). Tamisez les farines avec la levure. Battez les œufs avec le sucre, puis ajoutez le lait et une pincée de sel. Ajoutez la farine tamisée en continuant de fouetter. Ajoutez le beurre fondu froid à la préparation et mélangez à nouveau.

Beurrez généreusement le moule à madeleines et farinez-le. Remplissez aux deux tiers les alvéoles du moule. Faites cuire les madeleines pendant 5 minutes à 240 °C (th. 8), puis baissez le four à 200 °C (th. 6-7) et poursuivez la cuisson pendant 5 minutes. Démoulez immédiatement et faites refroidir sur une grille.

Madeleines façon fondant

Pour 12 pièces
Préparation : 10 min
Cuisson : 10 min
Difficulté : * *

- 1 saladier
- 1 fouet
- 1 tamis
- 1 moule pour 12 madeleines

INGRÉDIENTS :

- 75 g de beurre fondu froid
- 100 g de farine
- 25 g de poudre de cacao
- 2 œufs
- 4 cuil. à soupe de lait
- 100 g de sucre
- 6 carrés de chocolat noir
- 1/2 sachet de levure chimique
- sel

Préchauffez le four à 240 °C (th. 8). Tamisez la farine, le cacao et la levure. Battez les œufs avec le sucre, puis ajoutez le lait et une pincée de sel. Ajoutez la farine tamisée en continuant de fouetter. Ajoutez le beurre fondu à la préparation et mélangez à nouveau.

Beurrez généreusement le moule à madeleines et farinez-le. Remplissez à moitié les alvéoles du moule. Placez un demi-carreau de chocolat noir au centre, puis recouvrez de pâte. Faites cuire les madeleines pendant 5 minutes à 240 °C (th. 8), puis baissez le four à 200 °C (th. 6-7) et poursuivez la cuisson pendant 5 minutes. Démoulez immédiatement et dégustez encore tiède.

Pour 6
Préparation : 20 min
Cuisson : 5 min
Difficulté : * *
€ € € €

- 1 casserole
- 2 fourchettes
- 1 plaque à pâtisserie
- papier sulfurisé

INGRÉDIENTS :

- 12 dattes
- 12 pruneaux
- 24 cerneaux de noix
- 100 g de pâtes d'amandes blanche, rose et verte
- 250 g de sucre en morceaux
- 1 cuil. à soupe d'huile

Fruits déguisés caramélisés

Fendez les dattes et les pruneaux en deux. Retirez le noyau. Prélevez des petits morceaux (7-8 g) dans la pâte d'amandes. Roulez-les en boules. Glissez-les dans les fruits. Pressez légèrement. Placez une boulette de pâte entre deux cerneaux de noix, appuyez pour les souder.

Préparez un caramel clair avec le sucre dissous dans 7 cl d'eau (155 °C au thermomètre). Plongez aussitôt le fond de la casserole dans un bain d'eau froide juste pour arrêter la cuisson. Retirez de l'eau.

Saisissez les fruits entre deux fourchettes. Plongez-les, un à un, dans le caramel pour les en enrober, puis retirez-les, laissez-les égoutter au-dessus de la casserole et disposez-les sur une plaque tapissée de papier sulfurisé huilé.

Laissez durcir le caramel, puis déposez les fruits dans des caissettes en papier et dressez-les dans une coupe.

variante

Ajoutez des cerises confites, à garnir de pâte blanche ou verte.

truc de cuisinier

Si en cours de réalisation, le caramel devient trop épais, liquéfiez-le sur feu doux. En refroidissant, les fruits déguisés laissent couler des fils de caramel : coupez-les avec des ciseaux avant qu'ils ne durcissent.

Caramels au beurre salé

Pour 6
Préparation : 20 min
Cuisson : 25 min
Repos : 2 h
Difficulté : * * *
€ € € €

- 1 casserole en cuivre (ou en matériau épais)
- 1 poêle
- 1 moule à caramels (ou 4 règles métalliques huilées sur du papier sulfurisé)
- 1 spatule en bois
- 1 thermomètre de cuisson
- 1 pinceau
- 1 couteau-scie
- papier Cellophane

INGRÉDIENTS :

- 20 cl de lait frais entier
- 150 g de beurre salé
- 150 g de sucre cristallisé
- 150 g de glucose (en pharmacie)
- 1 cuil. à café de miel
- 25 g d'amandes + 25 g de noisettes pelées
- la pulpe grattée d'1 gousse de vanille
- 1 cuil. à soupe d'huile
- 3 g de fleur de sel

Faites griller les fruits secs. Laissez-les refroidir et concassez-les. Huilez le moule à caramels. Coupez le beurre en cubes.

Versez le lait, le sucre, le glucose, le miel, la vanille et 100 g de beurre en cubes dans la casserole. En remuant sans cesse, portez à 112 °C. Incorporez les fruits secs.

Continuez de remuer en vérifiant la température. À 115-117 °C incorporez le reste de beurre et la fleur de sel. Remuez, 2 minutes.

Étalez la préparation dans le moule sur 1,5 cm d'épaisseur. Laissez refroidir, 2 heures. Démoulez les caramels. Si vous avez versé le caramel entre 4 règles, découpez-le en bandes puis en carrés de 2,5 cm de côté. Enveloppez les caramels dans du papier Cellophane.

variante

Préparez ces caramels avec des pistaches ou des noix.

truc de cuisinier

Pour obtenir une cuisson uniforme du caramel, remuez sans cesse en formant des 8 dans le fond de la casserole. Après l'ébullition, nettoyez le bord de la casserole avec un pinceau humide pour empêcher les parties attachées de brûler.

Pour 20 barres
Préparation : 20 min
Repos : 30 min
Cuisson : 20-25 min
Difficulté : * *

- 1 bol
- 2 jattes
- 1 tamis
- film alimentaire
- 1 rouleau à pâtisserie
- 1 plaque de cuisson
- 1 pinceau

INGRÉDIENTS :

- 250 g de farine
- 1 c. à c. de cinq-épices en poudre
- 1 c. à c. de gingembre en poudre
- 1 c. à c. de levure chimique
- 1/2 c. à c. de sel
- 200 g de cassonade
- 2 œufs
- 250 g de beurre mou
- 1 c. à s. de crème fraîche
- 150 g de noisettes hachées

Pour le glaçage :

- 150 g de sucre glace
- 1 c. à s. de jus de citron

PAUSE SUCRÉE

Barres aux cinq-épices glacées au citron

Tamisez ensemble la farine, le sel, la levure, les épices. Ajoutez la cassonade et mélangez. Ajoutez le beurre mou en dés et travaillez du bout des doigts pour obtenir un sable grossier. Ajoutez les noisettes hachées et mélangez à nouveau.

Creusez un puits et versez les œufs battus en omelette, puis la crème fraîche. Incorporez petit à petit pour obtenir une pâte homogène. Filmez la pâte et laissez-la reposer au réfrigérateur pendant 30 minutes.

Préchauffez le four à 180 °C (th. 6). Étalez la pâte sur une épaisseur d'1 cm. Placez la pâte sur la plaque de cuisson et faites cuire 20 à 25 minutes.

Mélangez le sucre glace et le jus de citron, répartissez le glaçage sur le biscuit au pinceau à la sortie du four. Découpez en barres lorsque le biscuit est tiède.

variante

Vous pouvez ajouter des figues et des abricots secs coupés en dés.

truc de cuisinier

Réalisez le glaçage lorsque le biscuit est encore tiède, cela lui permettra de bien se répartir.

PAUSE SUCRÉE

Pour 25 boules
Préparation : 25 min
Difficulté : *

€ € € €

- 1 bol en verre
- 1 casserole
- 1 spatule
- petites caissettes en papier de 3,5 cm de diamètre

INGRÉDIENTS :

- 100 g de chocolat noir
- 150 g de chocolat au praliné type "la pralinoise"
- 25 g de beurre
- 30 g de grain de riz soufflé nature type Rice Krispies®

Petites boules croquantes au chocolat

Cassez le chocolat et la pralinoise en morceaux et mettez-les dans un bol en verre avec le beurre. Posez ce bol sur une casserole d'eau frémissante, sans que le fond touche l'eau.

Lorsque la moitié du chocolat est fondu, retirez le bol de la casserole et remuez avec une spatule, jusqu'à ce que le mélange soit bien lisse.

Ajoutez le riz soufflé et mélangez.

Remplissez les caissettes avec la préparation, en vous servant d'une petite cuillère. Mettez au frais pendant quelques heures pour les faire durcir.

astuce déco

Un bocal en verre ou une boîte en carton, dans laquelle vous mettrez une jolie serviette en papier ou du papier de soie.

Pour 6
Préparation : 20 min
Cuisson : 10 min
Difficulté : * * *

- 1 casserole en matériau épais
- 1 poêle
- 1 spatule en bois plate
- 1 thermomètre de cuisson (facultatif)
- 1 rouleau à pâtisserie
- 1 marbre ou 1 plaque à pâtisserie
- 1 pinceau
- 1 emporte-pièce en forme de sapin

INGRÉDIENTS :

- 250 g de sucre cristallisé
- 100 g de glucose
- 75 g d'amandes et 75 g de noisettes pelées
- 2 cuil. à soupe d'huile

PAUSE SUCRÉE

Sapins en nougatine

Concassez les amandes et les noisettes. Faites-les griller en les remuant sans cesse dans une poêle. Maintenez-les au chaud.

Faites fondre le sucre cristallisé dans 7 cuillerées d'eau. Nettoyez le bord de la casserole avec un pinceau humide. Ajoutez le glucose. Faites cuire sur feu doux jusqu'au stade de caramel blond (155 °C au thermomètre à sucre). Ajoutez les fruits secs, mélangez, 1 minute, et retirez du feu.

Versez aussitôt la préparation sur un marbre ou une plaque à pâtisserie huilée. Faites chauffer le rouleau à pâtisserie sous l'eau chaude. Essuyez-le et enduisez-le d'huile. Étalez la nougatine avec le rouleau chaud sur 3-4 mm d'épaisseur.

Plongez l'emporte-pièce dans de l'eau bouillante. Essuyez-le et huilez-le. Découpez la nougatine en sapins.

variante

Découpez la nougatine avec des emporte-pièce variés pour réaliser des décors de bûche ou de gâteau festif, ou simplement en formes géométriques avec la lame d'un couteau chauffé et huilé.

truc de cuisinier

Le glucose est vendu en pharmacie et dans les magasins spécialisés en pâtisserie. Sa conservation au frais est quasi illimitée. La nougatine durcit très vite, il faut l'étaler sans attendre. Si elle devenait cassante, passez-la rapidement à four doux pour la rendre malléable.

Pour 14 financiers
Préparation : 20 min
Cuisson : 15 min
Difficulté : * *

- 1 casserole
- 1 petite passoire
- 1 jatte
- 1 fouet ou batteur électrique
- des moules à financier
- 1 poche ou du papier sulfurisé

INGRÉDIENTS :

- 130 g de beurre
- 60 g de farine
- 15 g de cacao en poudre non sucré
- 120 g de sucre glace
- 80 g de poudre d'amandes
- 5 blancs d'œufs
- 1 cuil. à soupe de kirsch
- 42 griottines
- 80 g de chocolat blanc

Financiers au chocolat et aux griottines

Faites fondre le beurre dans une petite casserole et laissez-le mousser à feu doux pendant quelques minutes. Lorsqu'il commence à se colorer et à dégager un agréable parfum de noisette, retirez-le du feu et filtrez-le.

Beurrez les moules et réservez-les au frais s'ils ne sont pas en silicone. Tamisez ensemble la farine, le cacao, le sucre glace et la poudre d'amandes. Incorporez les blancs d'œufs, puis le kirsch et enfin le beurre noisette encore tiède. Si vous utilisez un fouet électrique, travaillez à petite vitesse.

Préchauffez le four à 200 °C (th. 6-7). Garnissez les moules et alignez 3 griottines égouttées sur chaque financier. Enfournez et laissez cuire 15 minutes. Attendez qu'ils aient refroidi pour les démouler.

Faites fondre le chocolat blanc et garnissez-en une poche ou un cornet en papier sulfurisé. Coupez un tout petit trou à la pointe. Zébrez les financiers et laissez durcir le chocolat blanc avant de déguster, avec un thé ou un café.

variante

Vous pouvez remplacer les griottines par des framboises fraîches. Dans ce cas, n'incorporez pas de kirsch à la pâte.

truc de cuisinier

Si vous ne disposez pas de moules à financier, utilisez de petits moules à tartelette lisses.

Pour 15 macarons
Préparation : 20 min
Repos : 15 min
Cuisson : 15 min
Difficulté : * *

- 1 plaque de cuisson
- papier sulfurisé
- 1 jatte
- 1 casserole

INGRÉDIENTS :

- 70 g de poudre d'amandes
- 2 blancs d'œufs (70 g)
- 200 g de sucre

Macarons de Boulay

Préchauffez le four à 175 °C (th. 5-6). Tapissez une plaque de cuisson avec un papier sulfurisé. Mélangez la poudre d'amandes avec le blanc d'œuf, pour obtenir la consistance d'une pâte d'amandes moelleuse.

Mettez 50 g de sucre dans une petite casserole et mouillez-le d'une cuillerée à soupe d'eau. Faites bouillir jusqu'à 105 °C. Versez le sirop bouillant sur le mélange d'amandes en remuant soigneusement. Lorsque tout le sirop est absorbé, ajoutez le sucre restant.

À l'aide d'une petite cuillère et de votre pouce, laissez tomber des tas espacés de pâte sur le papier. Laissez reposer les macarons pendant 15 minutes.

Faites cuire les macarons pendant 15 minutes environ, ils doivent être légèrement colorés mais rester moelleux à cœur. Décollez-les quand ils ont refroidis.

truc de cuisinier

Le sirop arrive vite à la bonne température. Il faut environ 1 minute d'ébullition.

Pour 30 truffes
Préparation : 30 min
Cuisson : 10 min
Difficulté : *
€

- 1 bol en verre
- 1 casserole
- 1 spatule
- 1 moule à cake tapissé de film étirable ou 1 moule à cake en silicone (facultatif)
- 1 boîte hermétique

INGRÉDIENTS :

- 200 g de chocolat noir à 70 % de cacao
- 15 cl de crème liquide
- 25 g de beurre mou
- 6 pincées de piment d'Espelette
- 50 g de cacao non sucré

Truffes au chocolat
et au piment d'Espelette

Cassez le chocolat en morceaux, mettez-les dans le bol en verre puis faites fondre au bain-marie. Versez la crème dans une casserole puis faites bouillir.

Dès le début de l'ébullition, versez la crème sur le chocolat fondu en 3 fois, en mélangeant bien à chaque ajout à l'aide de la spatule, jusqu'à ce que le mélange soit bien lisse. Ajoutez le piment d'Espelette et mélangez. Laissez tiédir pendant 10 minutes, ajoutez le beurre mou puis mélangez bien. Versez la pâte à truffes dans un moule à cake en silicone ou dans un moule à cake tapissé de film étirable et lissez la surface. Mettez au frais pour quelques heures, puis démoulez.

Coupez la pâte en petits cubes et roulez-les dans le cacao. Vous aurez des truffes originales de forme carrée et vous aurez gagné beaucoup de temps.

PAUSE SUCRÉE

Saucisson au Nutella®

Pour 1 grand saucisson
Préparation : 15 min
Cuisson : 10 min
Réfrigération : 4 h
Difficulté : * *
€ € € €

- 1 poêle
- 1 tamis
- 2 casseroles
- 1 rouleau à pâtisserie
- papier film

INGRÉDIENTS :

- 150 g de chocolat noir
- 75 g de NUTELLA®
- 50 g de beurre
- 2 cuil. à soupe de noisettes décortiquées
- 1 douzaine de galettes bretonnes
- 50 g de sucre glace

Dans une poêle, faites revenir pendant 5 minutes les noisettes sans cesser de les remuer. Mettez-les dans un tamis et faites-les rouler sur elles-mêmes afin de retirer la peau. Concassez-les grossièrement à l'aide du fond d'une casserole ou d'un rouleau à pâtisserie.

Faites fondre au bain-marie le chocolat noir. Ajoutez le NUTELLA®, puis, en dehors du feu, le beurre. Terminez par les noisettes et les biscuits cassés en petits morceaux. Lorsque le chocolat commence à durcir, versez-le sur une grande feuille de papier film.

Enfermez-le en le roulant et serrez les extrémités de la feuille sur elles-mêmes comme celles d'un papier de bonbon.

Laissez refroidir au réfrigérateur pendant 4 heures avant de démouler. Roulez le saucisson dans le sucre glace et découpez-le en fines tranches.

truc de cuisinier

Lorsque vous mélangez tous les ingrédients avec le chocolat fondu, faites-le doucement afin de ne pas faire entrer de bulles d'air dans le chocolat. Cela aurait pour effet de créer des trous dans votre saucisson.

Pour 12 mini-muffins
Préparation : 15 min
Cuisson : 10 min
Difficulté : * *
€ € € €

- 1 moule à mini-muffins
- 2 jattes
- 1 fouet

INGRÉDIENTS :

- 120 g de beurre mou
- 130 g de sucre
- 1 cuil. à soupe de miel
- 2 œufs
- 1/2 cuil. à café de sel
- 180 g de farine
- 100 g de polenta
- 1/4 de cuil. à café de levure chimique
- 12 cl de lait
- 120 g de grains de maïs en boîte

Mini-muffins au maïs

Fouettez le beurre mou avec le sucre. Ajoutez le miel puis les œufs un à un.

Dans une autre jatte, mélangez la farine, la polenta, la levure chimique et le sel. Ajoutez petit à petit ce mélange au précédent. Délayez peu à peu avec le lait. Rincez et égouttez bien les grains de maïs et ajoutez-les à la pâte.

Préchauffez le four à 180 °C (th. 6). Remplissez les moules à mini-muffins.

Faites cuire les mini-muffins 10 minutes environ.

variante

Vous pouvez ajouter quelques raisins secs moelleux ou une banane écrasée à vos mini-muffins.

truc de pâtissier

Un peu de crème fraîche apportera plus de moelleux aux muffins.

Pour 6
Préparation : 20 min
Cuisson : 10–12 min
Difficulté : * *

Éclats chocolatés
aux amandes et aux fruits confits

- 1 jatte
- 1 plaque à pâtisserie
- 1 bol
- 1 spatule plate
- 2 petites cuillères
- papier de cuisson caissettes en papier (facultatif)

INGRÉDIENTS :

- 200 g d'amandes pelées
- 30 g de sucre glace
- 3 cuil. à soupe de sirop de sucre de canne
- 50 g d'écorces d'orange et de citron confites
- 150 g de chocolat au lait

Allumez le four th. 6-7 (200 °C). Coupez les amandes en lamelles épaisses puis en bâtonnets. Mélangez-les avec le sirop de canne. Étalez-les sur une plaque tapissée de papier de cuisson. Saupoudrez-les de sucre. Enfournez pour 10-12 minutes : les amandes doivent être dorées et caramélisées. Laissez-les tiédir et mélangez-les avec les fruits confits.

Faites fondre le chocolat. Lissez-le à la spatule. Ajoutez les amandes et fruits confits. Mélangez bien pour les enrober de chocolat. Prélevez la préparation avec une petite cuillère. Avec une deuxième cuillère, poussez-la sur la plaque tapissée d'un nouveau papier de cuisson. Façonnez des petits tas allongés.

Ou déposez des boules dans des caissettes en papier. Laissez durcir au frais.

Pour 6
Préparation : 20 min
Cuisson : 5 min
Réfrigération : 12–24 h
Difficulté : * *

Palets de chocolat
aux mendiants de Provence

- 1 bol • 1 terrine
- 1 bain-marie • 1 poêle
- 1 verre à fond plat
- 1 plaque à pâtisserie

INGRÉDIENTS :

- 250 g de chocolat noir
- 25 g d'amandes dans leur peau
- 25 g de noisettes mondées
- 25 g de pistaches vertes
- 20 g de raisins secs moelleux
- 20 g d'angélique
- 20 g de gingembre confit
- 20 g d'écorce d'orange confite

Émincez l'écorce d'orange, l'angélique et le gingembre en petits cubes. Faites griller les fruits secs en les remuant dans une poêle.

Tapissez une grande plaque de papier sulfurisé. Hachez le chocolat dans une terrine. Faites-le fondre au bain-marie. Retirez du feu et lissez-le. Laissez tiédir 2-3 minutes. Avec une cuillère, déposez le chocolat en tas réguliers, assez espacés, sur la plaque. Couvrez de papier film. Appuyez avec le fond d'un verre pour l'étaler en disques. Retirez le film.

Disposez harmonieusement les fruits secs et confits sur les disques de chocolat. Pressez légèrement pour les faire adhérer. Couvrez de papier film. Mettez au frais, de 12 à 24 heures, avant de déguster.

PAUSE SUCRÉE

Pour 50 caramels
Préparation : 15 min
Cuisson : 25 min
Difficulté : * *
€ € € €

- 1 casserole
- 1 thermomètre à sucre ou 1 thermosonde de cuisson
- 1 cuillère en bois
- 1 cadre en métal
- 1 planche en bois
- 1 feuille de papier sulfurisé

INGRÉDIENTS :

- 200 g de chocolat au lait
- 25 cl de crème liquide
- 250 g de sucre
- 180 g de sirop de glucose
- 1 cuil. à café rase de fleur de sel
- 1 noix de beurre demi-sel

Caramels mous
au chocolat et à la fleur de sel

Cassez le chocolat en morceaux, puis coupez-le en copeaux à l'aide d'un grand couteau. Versez la crème dans une casserole et faites-la chauffer sur feu moyen. Dès le début de l'ébullition, ajoutez le chocolat et faites-le fondre sur feu doux en remuant sans cesse à l'aide d'une cuillère en bois.

Ajoutez le sucre, le sirop de glucose et le sel, et faites fondre l'ensemble sur feu doux en remuant de temps en temps.

Lorsque tout le mélange est fondu, augmentez le feu (moyen vif) et faites cuire jusqu'à ce que le mélange atteigne une température de 118 °C, ce qui prend environ 15 minutes à partir du début de l'ébullition.

Hors du feu, ajoutez le beurre et mélangez bien. Versez la préparation au centre du cadre posé sur une feuille de papier sulfurisé, sur une surface ne craignant pas la chaleur, comme une planche en bois. Lissez éventuellement la surface du caramel à l'aide d'une spatule. Laissez refroidir pendant 6 heures à température ambiante avant de couper en carrés ou en rectangles.

PAUSE SUCRÉE

Pour 4 mini-cheesecakes
Préparation : 30 min
Cuisson : 50 min
Réfrigération : 12 h
Difficulté : * *
€ € € €

- 1 saladier
- 1 bol
- 1 fouet
- 1 plaque de cuisson
- 4 cercles à pâtisserie de 9 cm de diamètre

INGRÉDIENTS :

- 80 g de beurre fondu
- 150 g de spéculoos
- 450 g de fromage frais type Saint-Môret
- 450 g de ricotta
- 250 g de sucre
- 5 œufs (à température ambiante)
- 2 cuil. à soupe de crème fraîche épaisse
- 1 cuil. à soupe d'extrait de vanille liquide

Mini-cheesecakes aux spéculoos

Préchauffez le four à 180 °C (th. 6). Réduisez les spéculoos en un sable épais. Dans un bol, mélangez la poudre de biscuits avec le beurre fondu. Répartissez la pâte au fond des cercles, sur une plaque de cuisson, en remontant légèrement. Faites cuire 10 minutes puis retirez du four et laissez refroidir quelques instants.

Assouplissez au fouet le fromage frais, puis ajoutez la ricotta et enfin le sucre. Fouettez pour que le mélange soit bien homogène. Incorporez les œufs un à un. Ajoutez enfin la crème puis l'extrait de vanille liquide.

Lorsque le fond du gâteau est refroidi, versez la crème et faites cuire 40 minutes. Sortez du four lorsque les bords sont cuits et le centre encore légèrement mou.

Laissez prendre les cheesecakes 12 heures au réfrigérateur. Démoulez à l'aide d'un long couteau fin et dégustez bien frais.

variante

Vous pouvez ajouter quelques dés de poires ou de pommes dans le fond des cheesecakes, sur le biscuit, avant de verser la crème.

truc de cuisinier

Pour un démoulage impeccable, placez une bande de papier sulfurisé à l'intérieur des cercles à pâtisserie.

PAUSE SUCRÉE

à l'heure du goûter

Pour 4 à 6
Préparation : 20 min
Cuisson : 10 min
Réfrigération : 4 h
Difficulté : * *
€ € € €

- 1 moule à cake
- papier cuisson
- 1 batteur électrique
- 1 casserole à fond épais
- 1 fouet

INGRÉDIENTS :

- 55 g de fécule de maïs
- 70 g de sucre glace
- 3 blancs d'œufs
- 6 g d'agar-agar
- 300 g de sucre en poudre
- 1 cuil. à soupe de miel
- 3 cuil. à soupe d'eau de fleur d'oranger
- 1 pincée de poudre de colorant naturel

Marshmallows

Dans un bol, mélangez 50 g de fécule de maïs et 50 g de sucre glace.

Chemisez la partie large d'un moule à cake de papier cuisson en laissant le papier déborder à l'extérieur. Enduisez les côtés de mélange sucre glace/fécule, réservez.

Battez les blancs en neige ferme en y incorporant petit à petit 20 g de sucre glace et 1 cuillerée à café de fécule de maïs. Délayez l'agar-agar dans 8 cl d'eau. Versez le sucre dans une casserole à fond épais, ajoutez l'agar-agar, le miel et l'eau de fleur d'oranger. Fouettez doucement pour dissoudre le sucre, puis portez à ébullition. Laissez cuire 8 minutes à partir de l'ébullition, le sirop doit atteindre la température de 110 °C.

Versez petit à petit le sirop sur les blancs tout en fouettant, en prenant garde aux projections. Ajoutez le colorant, fouettez plusieurs minutes jusqu'à ce que la préparation refroidisse. Répartissez l'ensemble dans le moule à cake et laissez prendre 4 heures au réfrigérateur.

Démoulez la guimauve en soulevant les pans du papier cuisson. Placez-la sur une planche, découpez-la en cubes. Passez immédiatement les cubes dans le mélange sucre glace/fécule. Conservez dans une boîte hermétique.

variante

Remplacez l'eau de fleur d'oranger par de l'eau de rose ou un sirop de votre choix qui colorera en même temps la guimauve.

truc de cuisinier

Comptez 8 minutes à partir de l'ébullition, prélevez une petite quantité de sirop avec une cuillère et plongez-la dans l'eau froide, le sirop est prêt s'il forme une boule souple et non collante. Si vous ne pouvez vous procurer de l'agar-agar, ajoutez au sirop 12 g de gélatine délayés dans 4 cuillerées à soupe d'eau, avant de le verser sur les blancs d'œufs.

Brownie au chocolat

Pour 10
Préparation : 20 min
Cuisson : 20 min
Difficulté : * *

- 1 moule carré de 23 cm de côté
- 1 bol en verre
- 1 casserole
- 1 grille

INGRÉDIENTS :

- 180 g de beurre demi-sel
- 200 g de chocolat noir
- 175 g de sucre de canne roux
- 3 œufs + 1 jaune
- 85 g de farine
- 1 c. à c. rase de levure chimique
- 2 pincées de sel

Préchauffez le four à 180 °C (th. 6). Beurrez le moule. Mettez le beurre et le chocolat en morceaux dans le bol sur une casserole d'eau frémissante. Lorsque la moitié du chocolat est fondu, retirez le bol et mélangez jusqu'à ce que l'ensemble soit bien lisse.

Ajoutez le sucre, mélangez bien, puis les œufs et le jaune un par un, mélangez. Ajoutez la farine, la levure, le sel et mélangez juste assez pour les incorporer. Versez la pâte dans le moule beurré, puis lissez la surface.

Enfournez pour 20 minutes environ. Le dessus du brownie doit être craquelé et une lame de couteau insérée au centre doit ressortir sèche. Laissez tiédir 10 minutes, puis démoulez sur une grille.

GOÛTER

Brownie aux noix de pécan et sirop d'érable

Pour 10
Préparation : 20 min
Cuisson : 20 min
Difficulté : * *

- 1 moule carré de 23 cm de côté
- 1 bol en verre • 1 grille
- 1 bol • 1 casserole

INGRÉDIENTS :

- 200 g de chocolat noir
- 175 g de beurre demi-sel mou
- 160 g de sucre de canne roux
- 1 c. à s. de sirop d'érable
- 4 œufs – 80 g de farine
- 1 c. à c. rase de levure chimique – 2 pincées de sel
- 75 g de noix de pécan concassées

Préchauffez le four à 180 °C (th. 6). Beurrez le moule.

Mettez le chocolat coupé en morceaux dans le bol sur une casserole d'eau frémissante. Lorsque la moitié du chocolat est fondu, retirez le bol et mélangez jusqu'à ce que l'ensemble soit bien lisse.

Mélangez le beurre, le sucre et le sirop d'érable jusqu'à l'obtention d'une consistance crémeuse. Incorporez les œufs un par un, puis le chocolat fondu. Ajoutez la farine, la levure, le sel et les noix de pécan, et mélangez juste assez pour les incorporer.

Versez dans le moule beurré et lissez la surface. Enfournez pour 20 minutes environ. Le dessus du brownie doit être craquelé et une lame de couteau insérée au centre doit ressortir sèche. Laissez tiédir 10 minutes, puis démoulez sur une grille.

GOÛTER

Pour 4
Préparation : 15 min
Cuisson : 7 min
Difficulté : *

- 2 bols
- 1 fouet
- 1 moule en Pyrex®

INGRÉDIENTS :

- 150 g de chocolat
- 50 g de beurre
- 50 g de farine
- 30 g de sucre
- 2 œufs
- 1/2 sachet de levure

Gâteau au chocolat
au micro-ondes

Cassez le chocolat en morceaux. Coupez le beurre en morceaux. Versez-les dans un bol et faites cuire au micro-ondes pendant 3 minutes à 850 W.

Mélangez bien le chocolat et le beurre.

Fouettez les œufs entiers avec le sucre jusqu'à ce que le mélange blanchisse et devienne mousseux. Versez sur le chocolat fondu. Remuez bien, puis incorporez la farine et la levure. Mélangez à nouveau.

Versez dans un moule beurré. Faites cuire pendant 4 minutes au micro-ondes, puissance 850 W.

variante

Pour un gâteau très tendance, saupoudrez le dessus d'éclats de fève tonka.

truc de cuisinier

Adaptez le temps de cuisson du chocolat à la puissance de votre four à micro-ondes.

Pour 12 cupcakes
Préparation : 20 min
Cuisson : 20 min
Difficulté : * *

€

- 1 saladier
- 1 fouet
- 1 bol
- 12 moules à muffins
- 12 caissettes en papier

INGRÉDIENTS :

- 300 g de farine
- 250 g de cerises
- 100 g de sucre
- 2 œufs
- 5 cl de lait
- 12 demi-cerises confites
- 1 sachet de sucre vanillé
- 4 cuil. à soupe d'huile de tournesol
- 3 cuil. à café de levure chimique

Pour le glaçage :
- 200 g de sucre glace
- 2 blancs d'œufs
- 2 cuil. à soupe de jus de citron
- quelques gouttes de colorant alimentaire rose

GOÛTER

Cupcakes tout roses à la cerise

Lavez les cerises et dénoyautez-les. Préchauffez le four à 180° (th. 6). Garnissez les moules à muffins de caissettes en papier.

Versez la farine, l'huile, le sucre et la levure. Ajoutez le lait, les œufs et la vanille et mélangez. Incorporez les cerises dénoyautées et remplissez les moules à muffins aux 3/4.

Enfournez pendant 20 minutes. Sortez les cupcakes du four, laissez-les tiédir et démoulez les gâteaux.

Préparez le glaçage. Battez les blancs d'œufs avec le sucre glace et un peu de jus de citron jusqu'à ce que le mélange soit homogène. Colorez en rose. Le glaçage doit être bien épais. Décorez les cupcakes sans attendre. Terminez par une cerise confite.

variante

Préparez des muffins tout bleus en utilisant des myrtilles et du colorant bleu.

truc de cuisinier

Utilisez le colorant alimentaire au compte-goutte pour obtenir la couleur désirée.

GOÛTER

Chaussons coco-Nutella®

Pour 4
Préparation : 20 min
Réfrigération : 1 h
Cuisson : 20 min
Difficulté : * *

- papier sulfurisé
- 1 cercle de 12 cm
- 1 rouleau • 1 pinceau
- film alimentaire

INGRÉDIENTS :

- 75 g de farine
- 75 g de beurre demi-sel ramolli
- 40 g de noix de coco râpée
- 35 g de poudre d'amande
- 45 g de cassonade
- 4 c. à s. bombées de NUTELLA®
- 1 œuf + 1 jaune – 1 c. à c. de vanille liquide – 1 c. à s. de lait

Placez la pâte à tartiner au frais. Battez le beurre et le sucre. Ajoutez la poudre d'amande, 1 jaune d'œuf, la vanille, la farine et la noix de coco en mélangeant entre chaque ajout. Travaillez brièvement la pâte sur un plan de travail fariné, formez une boule. Filmez-la et réfrigérez 1 heure.

Préchauffez le four à 180-200 °C (th. 6-7). Divisez la pâte en 4 parts. Placez-les sur 4 carrés de papier sulfurisé. Étalez chacun entre 2 feuilles de papier sulfurisé, retirez le papier du dessus, formez 4 ronds. Tartinez de NUTELLA® jusqu'à 1 cm du bord. Humidifiez le pourtour, refermez en deux. Scellez les bords, striez-les à la fourchette. Badigeonnez les chaussons d'œuf et de lait. Percez un trou sur le dessus. Enfournez pour 20 minutes. Laissez refroidir.

Chaussons vanille-framboises

Pour 4
Préparation : 20 min
Cuisson : 40 min
Difficulté : * *

- 1 casserole
- film alimentaire
- papier sulfurisé
- 1 cercle de 16 cm
- 1 rouleau • 1 pinceau

INGRÉDIENTS :

- 1 pâte feuilletée épaisse de 280 g
- 15 cl + 1 c. à s. de lait
- 1 œuf + 1 jaune
- 30 g de sucre – 10 g de farine
- 10 g de fécule de maïs
- 1/2 gousse de vanille
- 80 g de framboises

Battez le jaune d'œuf avec le sucre, la farine et la fécule. Faites tiédir le lait avec la gousse de vanille fendue. Retirez la gousse. Délayez le premier mélange progressivement avec le lait chaud, remettez le tout à chauffer jusqu'à ce que la crème soit homogène et épaisse. Filmez au contact de la crème, laissez refroidir.

Préchauffez le four à 180-200 °C (th. 6-7). Étalez la pâte. Découpez 4 ronds avec le cercle. Placez-les sur 4 carrés de papier sulfurisé. Répartissez la crème et les framboises jusqu'à 1 cm du bord. Humidifiez le pourtour, refermez en deux. Scellez les bords, enroulez-les vers l'intérieur. Badigeonnez les chaussons d'œuf et de lait. Percez un trou sur le dessus. Enfournez pour 30 minutes. Dégustez frais.

Pour 10 barquettes
Préparation : 20 min
Cuisson : 15 min
Repos : 30 min
Difficulté : * *
€ € € €

- 1 fouet électrique
- 10 moules à barquettes en silicone

INGRÉDIENTS :

- 1 gros œuf
- 50 g de sucre en poudre
- 50 g de farine
- 1 cuil. à café d'extrait naturel de vanille
- 1 pincée de sel
- 60 g de confiture de fraises
- 1/2 feuille de gélatine
- 15 g de sucre glace

Barquettes à la fraise

Préchauffez le four à 180 °C (th. 6). Cassez l'œuf, séparez le blanc du jaune. Battez le jaune et le sucre en poudre avec un fouet électrique jusqu'à ce que le mélange blanchisse. Ajoutez la farine tamisée en pluie et l'extrait de vanille, mélangez bien. Montez les blancs en neige avec 1 pincée de sel, puis incorporez-les délicatement.

Répartissez la pâte dans 10 moules à barquettes en silicone. Enfournez pour 12 à 15 minutes.

Faites tremper la gélatine dans un bol d'eau froide. Versez la confiture dans une petite casserole et faites-la chauffer. Essorez la gélatine en la pressant dans la main, puis incorporez-la dans la confiture.

Sortez les barquettes du four, écrasez le centre des biscuits avec l'extrémité d'une cuillère en bois pour y former un creux. À l'aide d'une petite cuillère, garnissez les barquettes de confiture. Laissez prendre 30 minutes à température ambiante, puis saupoudrez de sucre glace.

variante

Remplacez la confiture de fraises par de la confiture de marrons ou de la pâte à tartiner maison (recette p. 246).

truc de cuisinier

Utilisez une petite passoire, type passoire à thé, pour saupoudrer légèrement et régulièrement vos biscuits.

Pour 16 biscuits
Préparation : 20 min
Cuisson : 24 min
Repos : 2 h
Difficulté : * *
€

- 1 fouet
- 1 plaque à pâtisserie
- 1 batteur électrique
- papier cuisson
- 1 pinceau de cuisine

INGRÉDIENTS :

- 10 g de beurre fondu
- 3 œufs
- 100 g de sucre en poudre
- 50 g de farine
- 50 g de fécule de maïs
- 1 pincée de sel
- 100 g de confiture de framboises
- 2 cuil. à soupe de sucre glace

GOÛTER

Goûters roulés à la framboise

Étalez une feuille de papier cuisson sur une plaque à pâtisserie, beurrez légèrement la feuille avec un pinceau de cuisine.

Cassez les œufs, séparez les blancs des jaunes. Fouettez les jaunes avec le sucre au bain-marie jusqu'à ce que le mélange triple de volume. Hors du feu, ajoutez la farine et la fécule de maïs, mélangez soigneusement.

Préchauffez le four à 180 °C (th. 6). Montez les blancs en neige avec 1 pincée de sel. Incorporez-les délicatement à la préparation précédente. Étalez régulièrement la pâte sur la plaque. Enfournez pour 10 à 12 minutes jusqu'à ce que la pâte commence à dorer.

Munissez-vous de gants de cuisine et retournez la génoise sur un torchon propre. Tartinez la génoise de confiture, puis détaillez-la en 8 rectangles. Roulez les rectangles encore chauds. Laissez refroidir puis saupoudrez de sucre glace.

variante

Déclinez les goûters au gré des confitures. Fourrez les génoises de mascarpone battu avec un peu de sucre glace et servez avec des fraises pour un dessert façon bûche.

truc de cuisinier

Veillez à rouler la génoise rapidement avant qu'elle ne refroidisse, sinon elle deviendra cassante.

Pour 10 à 12 barres
Préparation : 20 min
Cuisson : 5 min
Réfrigération : 5 h 30
Difficulté : * *

- 1 fouet
- papier cuisson

INGRÉDIENTS :

- 7 cuil. à soupe de lait
- 80 g de sucre en poudre
- 125 g de noix de coco râpée
- 180 g de chocolat au lait

Barres chocolatées
à la noix de coco

Versez le lait dans une casserole et ajoutez le sucre. Faites chauffer tout en fouettant jusqu'à ce que le sucre soit complètement dissous. Ajoutez la noix de coco râpée et mélangez bien. Transvasez dans un grand bol et laissez refroidir 30 minutes.

Façonnez des bâtonnets de pâte à la noix de coco d'environ 2 cm de large sur 5 cm de long.

Faites fondre le chocolat au bain-marie. Trempez les bâtonnets dans le chocolat fondu, secouez légèrement pour retirer l'excédent de chocolat. Déposez les barres chocolatées sur du papier cuisson.

Laissez prendre au réfrigérateur pendant 5 heures.

variante

Remplacez la noix de coco râpée par de la poudre d'amandes et le chocolat au lait par du chocolat noir.

truc de cuisinier

Utilisez deux fourchettes pour tremper les barres dans le chocolat fondu.

GOÛTER

Cupcakes pépites
et beurre de cacahuète

Pour 8 cupcakes
Préparation : 15 min
Cuisson : 20 min
Difficulté : * *

- 1 terrine • 1 bol
- 8 moules à muffins

INGRÉDIENTS :

- 180 g de farine
- 125 g de beurre de cacahuète lisse – 70 g de cassonade
- 5 c. à s. de pépites de chocolat
- 17 cl de lait
- 1 œuf – 8 cl d'huile
- 1 c. à s. de beurre
- 1,5 c. à c. d'essence de vanille
- 2 c. à c. de levure en poudre
- 1 pincée de sel

Préchauffez le four à 190 °C (th. 6-7). Dans un bol, mélangez le beurre de cacahuète avec les pépites de chocolat. Réservez.

Dans une terrine, mélangez les ingrédients liquides. Ajoutez ensuite les ingrédients secs. Mélangez bien.

Répartissez la moitié de la pâte dans les moules à muffins, et mettez dans chacun 1 cuillerée à café du mélange beurre de cacahuète-chocolat. Recouvrez avec le reste de la pâte.

Faites cuire 15 à 20 minutes. Sortez les gâteaux du four et laissez-les refroidir. Décorez de chocolat fondu ou du beurre de cacahuète.

Cupcakes aux épices
glacés à la cannelle

Pour 6 à 8 cupcakes
Préparation : 20 min
Cuisson : 20 min
Difficulté : * *

- 1 casserole • 1 saladier
- 1 bol • 6-8 moules à muffins

INGRÉDIENTS :

- 170 g de farine – 100 g de cassonade – 1 yaourt nature
- 1 oeuf – 1 poire – 1 c. à c. de cannelle en poudre – 1/2 c. à c. de quatre-épices – 1/2 c. à c. d'anis en poudre – 1/2 c. à c. de clous de girofle en poudre – 1/2 c. à c. de gingembre en poudre
- 12 cl d'huile – 2 c. à c. de levure chimique – 1 pincée de sel

Pour le glaçage :

- 4 c. à s. de sucre glace
- 1 c. à c. de cannelle – 3 c. à s. de pistaches concassées

Préchauffez le four à 180 °C (th. 6). Dans un grand saladier, mélangez la farine, le sucre, la levure, les épices et le sel. Pelez et coupez la poire en tous petits morceaux puis ajoutez-la au mélange.

Battez l'œuf, le yaourt et l'huile dans un bol. Ajoutez cette préparation au précédent mélange et remuez bien.

Versez la pâte dans des moules à muffins. Faites cuire près de 20 minutes, puis laissez refroidir sur une grille.

Préparez le glaçage en mélangeant dans une petite casserole, à feu doux, le sucre glace, la cannelle et 2 cuillerées à soupe d'eau. Amenez à ébullition, ajoutez les pistaches, mélangez et répartissez sur les muffins froids.

GOÛTER

Pour 6
Préparation : 20 min
Cuisson : 15 min
Difficulté : * *

- 1 casserole
- 1 poêle

INGRÉDIENTS :

- 6 crêpes de froment sucrées
- 125 g de beurre salé
- 250 g de sucre
- 30 cl de crème fleurette
- 100 g d'amandes

Crêpes caramel, beurre salé

Dans une casserole posée sur feu doux, faites fondre le beurre et le sucre. Patientez jusqu'à ce que le sucre commence à colorer, puis versez la crème fleurette et retirez du feu. Mélangez bien.

Concassez les amandes et faites-les griller à sec (c'est-à-dire sans matière grasse) dans une poêle à revêtement antiadhésif, pendant 1 minute.

Garnissez vos crêpes de caramel chaud et d'amandes grillées.

Dégustez sans attendre, avec une boule de glace au chocolat.

variante

Vous pouvez remplacer les amandes par des noisettes et la glace chocolat par de la glace à la vanille.

truc de cuisinier

Pour concasser les amandes, vous pouvez les rassembler dans le bol du mixeur et mixez par à-coup, afin de ne pas obtenir de la poudre.

GOÛTER

Pour 8–10 éclairs
Préparation : 1 h
Cuisson : 25 min
Difficulté : * * *

- 2 casseroles
- 2 bols
- 1 jatte
- 1 plaque à pâtisserie
- du papier sulfurisé
- 1 poche à douille n° 14

INGRÉDIENTS :

- 8 cl de lait entier
- 70 g de beurre
- 4 g de sel
- 4 g de sucre
- 85 g de farine
- 140 g d'œufs légèrement battus

Pour la crème pâtissière :

- 120 g de chocolat noir à 70 % de cacao
- 35 cl de lait entier
- 3 jaunes d'œufs
- 45 g de sucre
- 40 g de farine

Pour le glaçage :

- 180 g de fondant blanc
- 15 g de cacao
- 15 g de beurre
- quelques gouttes de colorant rouge

Éclairs au chocolat

Dans une casserole, faites chauffer le lait et 10 cl d'eau avec le beurre en parcelles, le sel et le sucre. À l'ébullition, versez la farine d'un coup hors du feu et mélangez vivement. Remettez sur feu doux quelques instants pour dessécher la pâte, sans cesser de mélanger. Incorporez petit à petit les œufs hors du feu. Préchauffez le four à 180 °C (th. 6). À l'aide d'une poche munie d'une douille n° 14, dressez des cylindres de 10 cm bien espacés sur la plaque recouverte de papier sulfurisé. Enfournez et laissez cuire pendant environ 25 minutes. Les éclairs sont alors d'un blond doré. Incisez-les latéralement et laissez-les refroidir. Faites fondre le chocolat au micro-ondes ou au bain-marie. Dans une casserole, portez à ébullition le lait avec la moitié du sucre. Faites blanchir les jaunes d'œufs avec le reste du sucre, puis incorporez la farine. Versez le lait en mince filet en remuant, puis reversez l'ensemble dans la casserole. Chauffez doucement sans cesser de remuer, jusqu'à ce que la crème épaississe. Mélangez-la parfaitement avec le chocolat. Laissez refroidir en remuant régulièrement. Remplissez les éclairs de crème pâtissière. Assouplissez le fondant au bain-marie. Incorporez le beurre et le cacao. Réchauffez la couleur avec quelques gouttes de colorant rouge. Ajustez la consistance du mélange avec très peu d'eau chaude : il doit être épais mais fluide. Trempez les éclairs dans le glaçage et laissez-le durcir. Conservez les éclairs au réfrigérateur et dégustez-les dans les 24 heures.

variante

Si vous ne disposez pas de fondant, réalisez un glaçage au chocolat classique pour napper vos éclairs.

truc de cuisinier

N'oubliez pas le sel dans la pâte à choux, sinon vos éclairs ne doreront pas.

Pour 15 cakes pop
Préparation : 2 h
Repos : 1 h
Difficulté : * * *
€

- 1 mixeur
- 1 saladier
- 1 bloc de polystyrène
- 15 bâtons de sucettes

INGRÉDIENTS :

- 1 génoise au chocolat
- 75 g de sucre glace
- 70 g de fromage à tartiner
- 45 cl de fondant
- paillettes en sucre

GOÛTER

Cakes pop de base

Mixez la génoise jusqu'à obtenir un grain fin, puis transvasez dans un grand saladier. Ajoutez le fromage à tartiner, le sucre glace et mélangez bien avec une cuillère en bois ou vos mains. Vous devez obtenir une pâte assez compacte. Prélevez de petites quantités de pâte et roulez-les pour former des petites boules bien lisses. (Si vous voulez, vous pouvez utiliser une balance pour des boules parfaites de 30 g environ.)

Placez-les au réfrigérateur pendant 1 heure ou, si vous êtes pressé(e), 30 minutes au congélateur. Elles doivent être fermes, mais pas dures et gelées. Si elles s'effritent ou ne tiennent pas lorsque vous plantez le bâton et les trempez dans le fondant, remettez-les 10 minutes au congélateur.

Faites fondre doucement le fondant aux micro-ondes ou au bain-marie en remuant 2 ou 3 fois. Il doit presque arriver à ébullition et être très fluide. Si la consistance est trop ferme, ajoutez une cuillerée à soupe d'huile végétale.

Trempez le bout des bâtons (1 cm) dans le fondant, puis enfoncez-les bien droit jusqu'au milieu de la boule. Plongez les cakes pop dans le fondant en évitant de tourner. Ramenez le fondant sur les parties non couvertes en vous aidant d'une cuillère. Laissez l'excédant de fondant s'écouler avant de parsemer de petites paillettes décoratives en sucre et de planter les cakes pop dans un bloc de polystyrène pour les laisser sécher.

variante

Utilisez une génoise nature.

truc de cuisinier

Préparez les cakes pop un par un ; vous pouvez avoir besoin de refaire fondre le fondant tous les 3-4 cakes pop. Laissez sécher 5 minutes au congélateur, puis couvrez de film étirable et conservez au frais.

GOÛTER

Pour 12 madeleines
Préparation : 20 min
Repos de la pâte : 2 h
Cuisson : 10 min
Difficulté : * *

- 1 casserole
- 1 petite passoire
- 2 jattes
- 1 petit fouet
- 1 plaque de 12 moules à madeleine

INGRÉDIENTS :

- 80 g de farine + un peu pour les moules
- 3 g de levure
- 15 g de cacao
- 1 pincée de sel
- 40 g de chocolat noir à 70 % de cacao
- 100 g de beurre + un peu pour les moules
- 90 g de sucre de canne complet (ou à défaut de sucre semoule)
- 2 œufs

Madeleines au chocolat

Beurrez et farinez les moules. Réservez-les au frais. Hachez le chocolat.

Faites chauffer le beurre doucement dans une petite casserole jusqu'à ce qu'il prenne une couleur dorée et dégage un délicieux parfum de noisette. Filtrez-le.

Mélangez parfaitement la farine, la levure, le sel et le cacao à l'aide d'un petit fouet. Mélangez les œufs avec le sucre sans blanchir. Incorporez le mélange de poudres, puis le beurre noisette versé en mince filet. Ajoutez enfin le chocolat haché. Remplissez les moules et laissez reposer au frais pendant 2 heures ou plus.

Préchauffez le four à 200 °C (th. 6-7). Enfournez la plaque de madeleines et baissez la température à 180 °C. Laissez cuire 10 minutes : les madeleines doivent être souples au toucher. Laissez tiédir avant de démouler.

variante

N'hésitez pas à glacer les madeleines sur le dessus avec du chocolat noir ou blanc simplement fondu.

truc de cuisinier

Veillez à ne pas trop travailler la pâte pour ne pas l'aérer excessivement.

Pour 6
Préparation : 20 min
Cuisson : 50 min
Difficulté : * *

- 1 casserole
- 1 saladier
- 1 tamis
- 1 fouet
- 1 moule à cake
- 1 grille

INGRÉDIENTS :

- 125 g de miel liquide (mille fleurs ou acacia)
- 50 g de cassonade
- 125 g de farine de blé
- 125 g de farine de seigle
- 20 g de beurre + 1 c. à s. de farine pour le moule
- 1 c. à c. de levure chimique
- 2 grosses pincées de bicarbonate de soude
- 50 g de beurre
- 10 cl de lait demi-écrémé
- 1 œuf
- 100 g de pépites de chocolat
- 100 g de mandarine confite
- 1 c. à c. d'épices pour pain d'épices
- 1 pincée de sel

Pain d'épices à la mandarine et aux pépites de chocolat

Sur feu doux, faites chauffer le miel avec le beurre, la cassonade et le lait. Remuez jusqu'à dissolution du sucre. Laissez tiédir. En fouettant, incorporez l'œuf battu. Coupez la mandarine confite en petits dés. Dans un saladier, mélangez les farines, la levure, le bicarbonate, les épices et le sel. Creusez en fontaine. Versez le mélange miel-lait-œuf au centre des farines. Mélangez doucement sans insister pour éviter au pain d'épices de devenir élastique. Incorporez la mandarine confite et les pépites de chocolat. Versez la préparation dans le moule beurré et fariné. Glissez-le dans le bas du four. Allumez ce dernier à chaleur tournante 150 °C (th. 5). Faites cuire environ 50 minutes. Laissez refroidir le pain d'épices puis démoulez-le sur une grille.

variantes

Pour un pain d'épices au chocolat, remplacez les pépites de chocolat par 200 g de chocolat noir de couverture fondu dans le miel ou par 25 g de cacao non sucré tamisé avec la farine. Nappez le pain d'épices d'un glaçage au chocolat et décorez-le de pépites de chocolat et de mandarines confites joliment découpées.

trucs de cuisinier

Avec un pinceau, beurrez le moule de bas en haut puis saupoudrez-le de farine et retournez-le pour en éliminer l'excédent.

Vérifiez la cuisson en enfonçant la lame d'un couteau au centre du pain d'épices, elle doit en ressortir sans particules de pâte adhérentes.

Pour 20 biscuits
Préparation : 15 min
Repos : 2 h
Cuisson : 12 min
Difficulté : *
€ € € €

- 1 rouleau à pâtisserie
- 1 plaque à pâtisserie
- 1 emporte-pièce rond
- film alimentaire
- papier cuisson

INGRÉDIENTS :

- 200 g de farine
- 100 g de sucre glace
- 100 g de beurre
- 1 jaune d'œuf
- 1 cuil. à café d'extrait naturel de vanille
- 125 g de chocolat noir
- 1 pincée de sel

GOÛTER

Sablés au chocolat

Dans un saladier, mélangez la farine, le sucre glace et le sel. Formez un puits et ajoutez le beurre coupé en parcelles, le jaune d'œuf et l'extrait de vanille. Pétrissez rapidement pour obtenir une pâte lisse. Formez une boule, enveloppez-la de film alimentaire, réservez 2 heures au réfrigérateur.

Préchauffez le four à 210 °C (th. 7). Abaissez la pâte au rouleau à pâtisserie sur 3 mm d'épaisseur. Disposez la pâte sur une plaque à pâtisserie recouverte de papier cuisson.

Avec un emporte-pièce, découpez des formes rondes d'environ 4 cm de diamètre. Enfournez pour 10 à 12 minutes, laissez les biscuits refroidir sur une grille.

Faites fondre le chocolat au bain-marie, trempez l'une des faces des biscuits dans le chocolat fondu. Striez la surface avec les dents d'une fourchette.

variante

Glacez les biscuits avec du chocolat au lait, du chocolat blanc ou du chocolat praliné.

trucs de cuisinier

Si vous ne disposez pas d'un emporte-pièce, utilisez un verre retourné. Laisser refroidir les biscuits sur une grille permet de mieux évacuer l'humidité afin qu'ils soient plus croustillants.

GOÛTER

Pour 16 whoopies
Préparation : 20 min
Cuisson : 10 min
Difficulté : * *
€ € € €

- 1 casserole
- 1 saladier
- 1 plaque à pâtisserie
- papier sulfurisé

INGRÉDIENTS :

- 250 g de farine
- 180 g de sucre
- 150 g de chocolat noir
- 125 g de beurre
- 3 œufs
- 30 g de cacao en poudre + pour le décor
- 16 bonbons à la guimauve
- sucre glace
- 1 sachet de levure

Whoopies chocolat-marshmallows

Préchauffez le four à 180 °C (th. 6) et déroulez une feuille de papier sulfurisé sur une plaque à pâtisserie. Dans une casserole, faites fondre le beurre et le chocolat à feu très doux.

Battez les œufs avec le sucre dans un saladier, puis versez-y le mélange beurre-chocolat. Incorporez la farine, la levure et le cacao.

Disposez de grosses cuillerées de cette pâte sur la plaque en les espaçant. Vous devriez obtenir 32 cuillerées. Enfournez pour 6 à 8 minutes. Laissez-les refroidir quelques minutes avant de les décoller de la plaque.

Déposez 1 bonbon à la guimauve sur la moitié des biscuits et enfournez juste le temps de ramollir les bonbons. Couvrez d'un second biscuit et saupoudrez de cacao et de sucre glace.

variante

Vous pouvez glacer les whoopies avec du chocolat fondu.

truc de cuisinier

Espacez bien les cuillerées de pâte sur la plaque.

Pour 6
Préparation : 15 min
Cuisson : 40 min
Difficulté : * *

- 1 saladier • 1 fouet
- 1 économe • 1 bol
- 1 moule à gâteau

Gâteau à la réglisse
et à la pomme

Épluchez les pommes, coupez-les en 2. Retirez les pépins, puis émincez-les. Faites fondre le beurre au micro-ondes. Préchauffez le four à 160 °C (th. 5-6).

Dans un saladier, battez les œufs avec le sucre, ajoutez la farine, la levure et la réglisse. Ajoutez ensuite le beurre fondu. Incorporez délicatement les pommes.

Beurrez et farinez le moule, versez la pâte. Enfournez pour 40 minutes environ. Vérifiez la cuisson avec la lame d'un couteau, elle doit ressortir sèche.

INGRÉDIENTS :

- 5 pommes – 3 œufs
- 120 g de sucre en poudre
- 150 g de farine
- 1 cuil. à café de levure chimique
- 120 g de beurre
- 2 pincées de réglisse en poudre
- beurre
- farine pour le moule

Pour 6
Préparation : 15 min
Cuisson : 35 min
Difficulté : *

- 2 saladiers
- 1 fouet
- 1 batteur électrique
- 1 moule à gâteau

Gâteau à la pistache
et à l'orange

Préchauffez le four à 170 °C (th. 5-6).

Séparez les blancs des jaunes d'œufs. Dans un saladier, battez les jaunes avec le sucre, ajoutez la farine, puis le beurre fondu et la pâte de pistaches.

Dans un autre saladier, montez les blancs d'œufs en neige. Incorporez-les délicatement au mélange précédent. Faites de même avec les dés d'orange confite.

Beurrez et farinez le moule, versez la pâte. Enfournez pour 35 minutes environ.

INGRÉDIENTS :

- 5 œufs
- 200 g de sucre
- 220 g de farine
- 200 g de beurre
- 30 g de pâte de pistaches
- 100 g d'orange confite en dés
- beurre
- farine pour le moule

Pour 20 biscuits
Préparation : 15 min
Réfrigération : 2 h
Cuisson : 15 min
Difficulté : * *

- 1 rouleau
- 1 emporte-pièce rectangulaire, cannelé
- film alimentaire
- papier cuisson

INGRÉDIENTS :

- 200 g de farine
- 80 g de sucre en poudre
- 80 g de beurre demi-sel tempéré
- 3 cuil. à soupe de lait

Petits-beurre

Dans un saladier, mélangez la farine et le sucre. Ajoutez le beurre coupé en morceaux et le lait. Vous pouvez parfumer la pâte d'extrait de vanille, d'eau de fleur d'oranger ou de graines de pavot. Pétrissez rapidement, formez une boule, enveloppez-la dans du film alimentaire, réservez 2 heures au réfrigérateur.

Préchauffez le four à 180 °C (th. 6). Étalez la pâte sur 3 mm d'épaisseur. Chemisez une plaque à pâtisserie de papier cuisson. Enroulez la pâte sans serrer sur le rouleau à pâtisserie, puis déroulez-la sur la plaque et découpez-la avec un emporte-pièce rectangulaire et cannelé. Piquez la surface des biscuits avec les dents d'une fourchette. Enfournez pour 12 à 15 minutes jusqu'à ce que les biscuits soient bien dorés. Laissez-les refroidir sur une grille.

Pour 1 pot
Préparation : 10 min
Cuisson : 5 min
Réfrigération : 2 h
Difficulté : *

- 1 bocal en verre

INGRÉDIENTS :

- 10 cl de lait
- 25 g de sucre
- 70 g de pâte de noisettes (en vente dans les magasins bio)
- 50 g de chocolat noir à 70 % de cacao
- 5 cl d'huile de tournesol
- 1 cuil. à café d'extrait de vanille

Pâte à tartiner chocolat-noisettes

Faites chauffer le lait et le sucre en remuant, jusqu'à ce que le sucre soit dissous, ajoutez la pâte de noisettes et mélangez.

Hachez le chocolat et versez dessus le lait à la noisette, mélangez doucement jusqu'à ce que la préparation soit bien lisse. Incorporez l'huile et l'extrait de vanille.

Versez dans un bocal et réservez 2 heures au réfrigérateur.

FAIT MAISON

Pour 12 biscuits
Préparation : 35 min
Repos : 1 h
Cuisson : 15 min
Difficulté : * *

- 1 fouet électrique
- 1 emporte-pièce cannelé, rond ou rectangulaire
- 1 récipient creux

INGRÉDIENTS :

- 125 g de beurre demi-sel ramolli
- 100 g de sucre en poudre
- 1 œuf
- 160 g de farine
- 60 g de fécule de maïs
- 50 g de poudre d'amandes
- 100 g de chocolat noir
- 10 cl de crème fraîche

Biscuits sandwichs
au chocolat

Coupez le beurre en petites parcelles, placez-le dans un saladier, ajoutez le sucre et battez avec un fouet électrique jusqu'à ce que le mélange devienne crémeux. Incorporez l'œuf préalablement battu.

Mélangez la farine, la fécule de maïs et la poudre d'amandes. Incorporez ces ingrédients petit à petit au mélange précédent. Pétrissez rapidement jusqu'à ce que la pâte ne colle plus aux doigts. Formez une boule, filmez-la et réservez 1 heure au réfrigérateur.

Préchauffez le four à 180 °C (th. 6). Chemisez la plaque du four de papier cuisson. Étalez la pâte finement et disposez-la sur la plaque. Découpez la pâte à l'aide d'un emporte-pièce cannelé, rond ou rectangulaire. Piquez la surface des biscuits avec une fourchette. Enfournez pour 12 à 15 minutes jusqu'à ce que les biscuits soient dorés. Retirez les biscuits du four, laissez-les refroidir.

Hachez le chocolat. Faites chauffer la crème et ajoutez-y le chocolat haché. Remuez sur feu doux jusqu'à ce que le mélange soit lisse. Transvasez dans un récipient creux et laissez tiédir, le mélange doit épaissir. Tartinez la face intérieure de la moitié des biscuits de pâte au chocolat, fermez avec le reste des biscuits.

variantes

Remplacez la poudre d'amandes par de la poudre de noisettes ; variez les garnitures avec du chocolat au lait, du chocolat praliné, de la pâte à tartiner maison (recette p. 246).

truc de cuisinier

Pour transférer la pâte étalée sans la casser, enroulez-la sans serrer sur le rouleau à pâtisserie, puis déroulez-la sur la plaque.

GOÛTER

Cannelés au Nutella®

Pour 4
Préparation : 15 min
Cuisson : 50 min
Repos : 12 h
Difficulté : * *

- 1 casserole
- 1 chinois
- 1 grand bol
- moules à cannelés
- 1 grille à pâtisserie

INGRÉDIENTS :

- 120 g de NUTELLA®
- 25 cl de lait
- 50 g de farine
- 25 g de beurre
- 1 œuf + 1 jaune
- 80 g de sucre en poudre
- sucre glace

Faites bouillir le lait, ajoutez le beurre, mélangez. Ajoutez la pâte à tartiner. Mélangez bien et réservez.

Mélangez la farine et le sucre, puis l'œuf et le jaune d'œuf. Versez le lait refroidi et filtré, mélangez jusqu'à l'obtention d'une pâte fluide.

Réservez la pâte au frais pendant 12 heures.

Préchauffez le four à 210 °C (th. 7). Remplissez les moules à cannelés aux 2/3, enfournez pour 45 minutes de cuisson (30 minutes pour des mini-cannelés). Laissez refroidir sur une grille à pâtisserie avant de déguster les cannelés saupoudrés de sucre glace.

variante

Remplacez la pâte à tartiner par de la pâte de spéculoos. C'est aussi craquant !

truc de cuisinier

Vous pouvez également préparer des cannelés classiques, le couper en 2 dans la hauteur, et tartiner l'entre-deux de pâte à tartiner.

Pour 6
Préparation : 20 min
Cuisson : 40 min
Difficulté : * *

- 1 batteur électrique
- 1 moule à cake

INGRÉDIENTS :

- 80 g de chocolat noir
- 3 œufs
- 125 g de beurre demi-sel ramolli + 20 g pour le moule
- 160 g de sucre en poudre
- 8 cl de lait
- 180 g de farine + 10 g pour le moule
- 1 sachet de levure chimique
- 1 pincée de sel
- 1 cuil. à café de vanille en poudre

Cake marbré chocolat-vanille

Préchauffez le four à 180 °C (th. 6). Faites fondre le chocolat au bain-marie. Séparez les blancs des jaunes d'œufs. Mélangez le beurre mou et le sucre en poudre avec un batteur électrique jusqu'à ce que le mélange soit crémeux et homogène. Incorporez les jaunes d'œufs, puis le lait.

Mêlez la farine et la levure, versez-les en pluie, petit à petit, dans la préparation précédente et mélangez bien. Battez les blancs en neige avec 1 pincée de sel.

Divisez la préparation en 2 parties égales. Intégrez le chocolat fondu dans l'une et la vanille en poudre dans l'autre. Incorporez les blancs d'œufs équitablement dans chaque préparation.

Beurrez et farinez un moule à cake, puis remplissez-le en alternant les deux préparations. Enfournez pour 40 minutes, testez la cuisson en plantant une lame de couteau, le gâteau est cuit si celle-ci ressort sans traces de pâte. Laissez refroidir le marbré avant de le découper.

variante

Pour une version « pocket », versez la pâte dans les empreintes d'un moule à mini-cakes ou à financiers et faites cuire pendant 30 minutes.

truc de cuisinier

Pour obtenir un bel effet marbré, dessinez des volutes dans la pâte avec une lame de couteau avant d'enfourner le gâteau.

Barres croustillantes

Pour 9 barres
Préparation : 25 min
Cuisson : 5 min
Repos : 30 min
Réfrigération : 6 h
Difficulté : * *

- 1 moule souple à empreintes type barres de chocolat
- 1 mixeur
- 1 pinceau de cuisine

INGRÉDIENTS :

- 15 cl de lait concentré sucré
- 150 g de poudre de noisettes
- 16 crêpes dentelles
- 200 g de chocolat noir

Faites chauffer le lait concentré dans une casserole, ajoutez la poudre de noisettes et mélangez. Transvasez dans un grand bol et laissez reposer pendant 30 minutes.

Mixez les crêpes dentelles pour obtenir une chapelure. Faites fondre le chocolat au bain-marie. Avec un pinceau de cuisine, enduisez de chocolat les empreintes du moule. Laissez prendre 30 minutes au frais.

Ajoutez une couche de chapelure de crêpes dentelles, tassez légèrement, puis remplissez les empreintes jusqu'aux 2/3 de pâte de noisettes. Déposez une autre couche de crêpes dentelles, tassez et laissez prendre 30 minutes au réfrigérateur.

Réchauffez le chocolat au bain-marie jusqu'à ce qu'il soit liquide. Fermez les empreintes avec le reste de chocolat. Placez au réfrigérateur pendant 5 heures.

variante

Remplacez la poudre de noisettes par des pistaches hachées, les crêpes dentelles par des spéculoos finement mixés et le chocolat noir par du chocolat blanc.

truc de cuisinier

Tempérez le chocolat pour obtenir un glaçage brillant et croquant : hachez le chocolat et faites fondre les 2/3 au bain-marie. Hors du feu incorporez le 1/3 restant, mélangez doucement.

chocolatées

au cœur de noisettes

Pour 4
Préparation : 20 min
Cuisson : 30 min
Difficulté : *

- papier sulfurisé
- 1 cercle de 16 cm
- 1 rouleau • 1 pinceau

INGRÉDIENTS :

- 1 pâte feuilletée épaisse de 280 g
- 40 g de beurre demi-sel mou
- 40 g de sucre
- 40 g de poudre d'amande
- 10 g de farine – 1 œuf + 1 jaune
- 60 g de framboises
- 1 c. à s. de lait
- 1 c. à c. de rhum – amandes effilées (facultatif)

Chaussons aux framboises

Mélangez bien le beurre, le sucre, le jaune d'œuf, la poudre d'amande, la farine et le rhum pour obtenir une crème homogène. Réservez au frais. Préchauffez le four à 180-200 °C (th. 6-7).

Étalez la pâte. Découpez 4 ronds avec le cercle. Placez-les sur 4 carrés de papier sulfurisé. Répartissez la crème et les framboises jusqu'à 1 cm du bord. Humidifiez le pourtour, refermez en deux. Scellez les bords, enroulez-les vers l'intérieur. Badigeonnez les chaussons d'œuf et de lait. Parsemez d'amandes effilées. Percez un trou sur le dessus.

Enfournez pour 25 à 30 minutes. Dégustez frais ou à température ambiante.

Pour 4
Préparation : 25 min
Réfrigération : 1 h
Cuisson : 22 min
Difficulté : * *

- papier sulfurisé
- 1 cercle de 16 cm
- 1 rouleau • film alimentaire

INGRÉDIENTS :

- 2 petites bananes
- 50 g de chocolat noir
- 100 g de beurre demi-sel mou
- 100 g de farine
- 100 g de poudre d'amande
- 1 jaune d'œuf
- 70 g de cassonade
- 15 g de cacao en poudre non sucré (facultatif)

Chaussons banane-chocolat

Mélangez le beurre et le sucre jusqu'à obtenir une préparation homogène. Ajoutez le cacao, la poudre d'amande, le jaune d'œuf et la farine en mélangeant entre chaque ajout. Travaillez brièvement la pâte sur un plan de travail fariné, formez une boule. Filmez-la et placez au frais 1 heure. Concassez le chocolat, mélangez-le aux bananes écrasées.

Préchauffez le four à 180-200 °C (th. 6-7). Divisez la pâte en 4 parts. Placez-les sur 4 carrés de papier sulfurisé. Étalez chaque quart entre 2 feuilles de papier sulfurisé, retirez le papier du dessus, formez 4 ronds avec le cercle. Répartissez la garniture jusqu'à 1 cm du bord. Humidifiez le pourtour, refermez en deux. Scellez les bords, striez-les délicatement à l'aide d'une fourchette. Percez un trou sur le dessus.

Enfournez pour 22 minutes. Laissez refroidir.

Pour 12 brioches
Préparation : 30 à 40 min
Repos : 1 h 15
Cuisson : 15 min
Difficulté : * *

- 1 bol
- 1 torchon
- 1 à 2 plaques de cuisson

INGRÉDIENTS :

- 450 g + 50 g de farine
- 1 sachet de levure sèche de boulanger (5 g)
- 1 c. à c. rase de sel
- 50 g de sucre
- 1 c. à c. rase de quatre-épices
- 1/2 c. à c. de cannelle moulue
- 1/2 c. à c. de gingembre moulu
- 75 g de raisins secs
- 75 g d'écorces d'oranges confites
- 20 cl de lait tiède
- 1 œuf
- 50 g de beurre fondu

Pour le sirop :
- 4 c. à s. d'eau
- 4 c. à s. de sucre

GOÛTER

Brioches de Pâques

Mélangez 450 g de farine, levure, sel, sucre et épices. Ajoutez les fruits secs, remuez. Formez un puits, versez-y le lait tiède, l'œuf battu et le beurre fondu. Ramenez la farine petit à petit vers le centre. Pétrissez 10 minutes dans le bol ou sur une surface de travail. La pâte doit être souple et non collante. Couvrez le bol d'un torchon et laissez lever environ 45 minutes : la pâte doit doubler de volume.

Posez le pâton sur une surface farinée, puis évacuez l'air en appuyant avec votre poing. Façonnez 12 petits pains de forme carrée et déposez-les sur des plaques en les espaçant. Faites une une croix sur chacun à l'aide d'un couteau. Faites lever 30 minutes dans un endroit chaud.

Préchauffez le four à 200 °C (th. 7). Préparez un sirop avec l'eau et le sucre. Préparez une seconde pâte en mélangeant 50 g de farine et suffisamment d'eau pour pouvoir la travailler. Étalez-la très finement, puis détaillez-la en 12 bandes de 5 mm de largeur. Coupez chaque bande en 2, humectez-les avec un peu d'eau, puis posez-les sur la croix qui s'est formée en faisant adhérer avec vos doigts.

Enfournez les buns 15 minutes. Ils doivent être dorés et émettre un son creux lorsque vous tapotez sur le dessous avec la pointe d'un couteau. Dès la sortie du four, badigeonnez chaque bun avec le sirop.

variante

Vous pouvez réaliser la pâte aux fruits secs avec le programme « pain blanc avec levée seule » d'une machine à pain.

truc de cuisinier

N'hésitez pas à ajouter davantage de farine ou d'eau au début du pétrissage, chaque farine ayant un pouvoir d'absorption différent. Les brioches se mangent tièdes et sont bien meilleures le jour même.

GOÛTER

Pour 18 à 20 whoopies
Préparation : 30 min
Cuisson : 8 min
Difficulté : * *
€ € € €

- 1 saladier • 1 bol • 1 fouet
- 1 plaque à pâtisserie
- papier sulfurisé

INGRÉDIENTS :

- 200 g de farine – 125 g de beurre mou – 100 g de cassonade – 50 g d'amandes en poudre – 2 œufs – 2 c. à s. de confiture de framboise – 1 sachet de levure chimique

Pour la garniture :

- 200 g de ricotta – 120 g de framboises – 100 g de fromage à tartiner – 100 g de sucre glace – 3 c. à s. de confiture de framboise

Whoopies amandes et framboises

Préchauffez le four à 180 °C (th. 6). Déroulez une feuille de papier sulfurisé sur une plaque à pâtisserie. Fouettez le beurre et le sucre jusqu'à ce qu'ils blanchissent. Incorporez les œufs, en fouettant, puis la farine, les amandes et la levure.

Incorporez la confiture de framboise et disposez des petits tas de pâte sur le papier.

Enfournez pour 8 minutes environ puis laissez refroidir.

Mélangez tous les ingrédients de la garniture, en réservant une framboise pour le dessus de chaque whoopie. Garnissez la moitié des coques, recouvrez-les d'une seconde coque et terminez par une framboise.

Pour 24 whoopies
Préparation : 30 min
Cuisson : 15 min
Difficulté : * *
€ € € €

- 1 casserole • 1 saladier • 1 bol
- 1 fouet • 1 plaque à pâtisserie
- papier sulfurisé

INGRÉDIENTS :

- 200 g de farine – 125 g de beurre mou – 100 g de cassonade
- 2 œufs – 1 c. à s. de gingembre frais râpé – 1 sachet de levure chimique

Pour le lemon curd :

- 15 cl de jus de citron – 3 œufs
- 1 c. à s. de fécule de maïs
- 1 c. à c. de gingembre frais râpé

Whoopies lemon curd et gingembre

Préchauffez le four à 180 °C (th. 6) et déroulez une feuille de papier sulfurisé sur une plaque à pâtisserie. Battez la cassonade avec le beurre mou jusqu'à ce que le mélange blanchisse, puis incorporez les œufs, la farine, la levure et le gingembre. Mélangez bien.

Disposez des petits tas de pâte espacés sur la feuille de cuisson et enfournez 8 minutes environ. Laissez refroidir.

Dans une casserole, chauffez le jus de citron avec le sucre. Retirez du feu. Battez les œufs avec la fécule de maïs et incorporez le gingembre. Versez dessus le jus de citron, mélangez et remettez dans la casserole. Faites cuire à feu très doux en mélangeant constamment jusqu'à ce que le lemon curd épaississe. Retirez du feu et remuez de temps en temps jusqu'à ce qu'il soit complètement refroidi pour éviter la formation d'une peau. Garnissez les whoopies.

Pour 6 à 8
Préparation : 20 min
Cuisson : 30 min
Difficulté : * *

- 1 bol
- 1 casserole
- 1 moule

INGRÉDIENTS :

- 300 g de farine + 2-3 cuillerées
- 250 g de chocolat noir
- 150 g de cassonade
- 150 g de groseilles égrenées, triées et lavées
- 125 g de noix hachées
- 125 g de beurre
- 100 g de sucre en poudre
- 3 œufs
- 1 sachet de levure chimique
- quelques gouttes d'essence de vanille

GOÛTER

Brownie aux groseilles

Préchauffez le four à 180 °C (th. 6), et graissez un moule de 20 x 20 cm. Dans un bol, battez légèrement les œufs et l'essence de vanille.

Dans une casserole, faites fondre le beurre et le chocolat à feu moyen. Incorporez ensuite le sucre et la cassonade. Roulez les groseilles dans 2-3 cuillerées de farine et réservez-les.

Ajoutez les œufs, la farine, la levure et les noix hachées. Mélangez bien. Ajoutez les groseilles farinées et mélangez.

Versez la préparation dans le moule et laissez cuire 30 minutes. Laissez refroidir dans le moule et coupez en carrés.

variante

Remplacez les groseilles par du cassis ou des myrtilles.

truc de cuisinier

Vous pouvez servir ce brownie avec un coulis de fruits rouges et de la crème Chantilly.

Pour 6
Préparation : 20 min
Cuisson : 55 min
Difficulté : * *

- 2 saladiers
- 1 casserole
- 1 fouet
- 1 moule à gâteau rond
- 1 fourchette
- 1 pinceau

INGRÉDIENTS :

Pour la pâte :
- 125 g de beurre
- 100 g de sucre
- 1 c. à c. de sel
- 1 œuf + 1 jaune
- 200 g de farine
- 50 g de poudre d'amandes
- 1 c. à c. de levure chimique
- lait
- beurre
- farine pour le moule

Pour la crème :
- 25 cl de lait
- 1 gousse de vanille
- 3 jaunes d'œufs
- 60 g de sucre
- 25 g de fécule de maïs
- 1 c. à s. de rhum

Gâteau basque

Préparez la crème : portez le lait à ébullition avec la gousse de vanille fendue en 2 et grattée. Battez les jaunes d'œufs avec le sucre et la fécule. Retirez la gousse de vanille, versez le lait chaud sur le mélange précédent. Faites cuire à feu doux une dizaine de minutes comme une crème pâtissière, sans cesser de remuer, puis ajoutez le rhum, mélangez.

Faites ramollir le beurre 30 secondes au micro-ondes, mélangez-le avec le sucre et le sel, le mélange doit être crémeux et homogène. Ajoutez l'œuf et le jaune, puis la farine, la poudre d'amandes et la levure. Divisez la pâte en 2.

Préchauffez le four à 170 °C (th. 5-6). Beurrez et farinez le moule, étalez la moitié de la pâte au fond et sur les bords. Versez la crème pâtissière, puis disposez le restant de pâte par-dessus.

À l'aide d'une fourchette, rainurez le dessus du gâteau. Mélangez le jaune d'œuf avec un peu de lait, dorez le gâteau au pinceau. Faites cuire 45 minutes environ.

variante

Le gâteau basque traditionnel ne comporte pas de cerises noires, mais vous pouvez en ajouter dans la crème pâtissière.

truc de cuisinier

Laissez reposer la pâte 2 heures au réfrigérateur avant de l'étaler.

GOÛTER

Pour 6
Préparation : 5 min
Cuisson : 10 min
Difficulté : *
€

• 2 casseroles

INGRÉDIENTS :

- 75 g de sucre
- 15 cl de crème fraîche liquide
- 1 belle cuil. à café de miel liquide
- 1 noix de beurre

Caramel laitier

Faites chauffer doucement la crème fraîche dans une casserole sans la laisser bouillir.

Dans une autre casserole, faites chauffer sur feu moyen le sucre et 2 cuillerées à soupe d'eau de façon à obtenir un caramel légèrement doré. Ôtez du feu.

Versez la crème fraîche bien chaude sur le caramel sans cesser de mélanger. Ajoutez enfin le miel et le beurre puis mélangez pour obtenir un caramel bien uniforme.

Pour 6
Préparation : 5 min
Cuisson : 2 h
Repos : 12 h
Difficulté : *
€

• 1 grande casserole

INGRÉDIENT :

- 1 boîte de lait concentré sucré

Confiture de lait

Remplissez une casserole d'eau. Immergez complètement la boîte sans l'avoir ouverte (veillez à bien la recouvrir d'eau et à la maintenir ainsi durant la cuisson pour éviter tout risque d'explosion). Portez à ébullition.

Baissez le feu jusqu'à ce qu'il n'y ait plus qu'un tout petit bouillon. Couvrez et laissez chauffer 1 heure 45 à 2 heures.

Retirez du feu et laissez complètement refroidir. Ouvrez la boîte et mélangez à l'aide d'une cuillère.

GOÛTER

Pour 20 cakes pop
Préparation : 1 h
Difficulté : * * *
€ € € €

- 1 casserole
- 20 bâtons de sucettes
- pinceau

INGRÉDIENTS :

- 20 boules de cake pop (voir recette p. 236)
- 45 cl de fondant
- colorants alimentaires (noir, rouge, etc.)
- petits bonbons variés ronds
- rubans de sucre

Cakes pop robots

Laissez les boules de cake pop à température ambiante 10 à 15 minutes, puis donnez-leur une forme rectangulaire. Faites-les durcir au frais.

Faites fondre le fondant, et colorez-le selon votre inspiration.

Plantez le bâton dans le cake pop.

Décorez le robot en collant des bonbons ronds pour les yeux, des bonbons plats pour les oreilles, une banane ou un morceau de ruban pour la bouche, etc.

Mettez au frais pour faire durcir.

Pour 20 cakes pop
Préparation : 1 h
délicat à réaliser
Difficulté : * * *
€ € € €

- 20 bâtons de sucettes

INGRÉDIENTS :

- 20 boules de cake pop (voir recette p. 236)
- 45 cl de fondant
- colorants alimentaires (jaune, rouge, vert)
- minis bonbons assortis de couleurs pastel
- rubans de sucre fin
- copeaux de chocolat blanc
- paniers en gaufre ou en tuiles

Cakes pop œufs de Pâques

Laissez les boules à température ambiante pendant 10 à 15 minutes pour pouvoir les modeler en forme d'œufs. Mettez-les au frais.

Faites fondre le fondant et répartissez-le dans 3 bols. Colorez légèrement le fondant de façon à avoir des couleurs pastel : rose, vert pâle, bleu tendre.

Plongez les œufs dans le fondant, puis retirez-les avec une cuillère, en laissant couler l'excédant. Déposez sur une grille ou du papier sulfurisé. Décorez immédiatement avec les bonbons, et enrubannez les œufs avec du fils, pour un joli nœud.

Remplissez à moitié les paniers de copeaux de chocolat et déposez les œufs une fois secs.

Pour 4 à 5
Préparation : 20 min
Cuisson : 30 min
Difficulté : * *

- 2 casseroles
- 1 saladier
- 1 fouet
- 1 moule

INGRÉDIENTS :

- 165 g de sucre en poudre
- 130 g de farine
- 135 g de chocolat pâtissier
- 80 g de beurre
- 2 œufs
- une dizaine de fudges au chocolat + quelques-uns pour décorer
- 1 sachet de levure
- 1 pincée de sel

Fudge brownie

Préchauffez le four à 180 °C (th. 6) et beurrez le moule. Cassez le chocolat en morceaux, placez-les dans la casserole au bain-marie, et faites-les fondre. Hors du feu, ajoutez le beurre coupé en dés. Mélangez bien avec un fouet.

Versez cette préparation dans un saladier. Incorporez d'abord le sucre puis les œufs. Mélangez bien au fur et à mesure.

Ajoutez ensuite la farine, la levure, le sel et les fudges au chocolat coupés en petits morceaux. Mélangez bien.

Versez la pâte dans le moule et faites cuire le gâteau pendant 30 minutes. À la sortie du four, enfoncez dans le gâteau les fudges que vous avez réservés et laissez-le refroidir.

variante

Remplacez les fudges par des caramels au chocolat ou au café.

truc de cuisinier

Si les fudges que vous avez sont trop durs, faites-les légèrement ramollir au bain-marie ou au four micro-ondes pour pouvoir les couper.

Pour 4
Préparation : 20 min
Cuisson : 40 min
Difficulté : *

€ € € €

- papier sulfurisé
- 1 cercle de 16 cm de diamètre
- 1 rouleau
- 1 pinceau
- 1 poêle

INGRÉDIENTS :

- 1 pâte feuilletée épaisse de 280 g
- 250 g de mirabelles dénoyautées
- 10 g de beurre demi-sel
- 20 g de sucre cassonade
- 20 g de poudre d'amande
- 1 œuf
- 1 cuil. à soupe de lait

Chaussons express aux mirabelles poêlées

Coupez les mirabelles en 2. Dans une poêle, mettez le beurre et le sucre à chauffer à feu vif. Quand le beurre est fondu, ajoutez les mirabelles, faites cuire 5 à 6 minutes. Laissez refroidir.

Préchauffez le four à 180-200 °C (th. 6-7).

Étalez légèrement la pâte. Découpez 3 ronds à l'aide d'un cercle. Avec les chutes, formez 1 rond supplémentaire. Placez-les sur 4 carrés de papier sulfurisé. Répartissez la poudre d'amande jusqu'à 1 cm du bord, puis les mirabelles. Humidifiez le pourtour avec un peu d'eau, refermez en deux en vous aidant du papier.

Scellez les bords, striez-les à l'aide d'une fourchette. Mélangez l'œuf et le lait, badigeonnez-en les chaussons. Tracez avec un couteau de jolis motifs sur chaque chausson sans percer la pâte. Percez un trou sur le dessus. Enfournez sur une plaque avec le papier pour 25 à 30 minutes. Laissez refroidir.

variante

Remplacez les mirabelles par des abricots mûrs à point.

truc de cuisinier

Utilisez des mirabelles bien mûres, ainsi elles seront fondantes et pleines de goût. N'hésitez pas à les goûter avant d'acheter.

Pour 12 cupcakes
Préparation : 20 min
Cuisson : 20 min
Réfrigération : 2 h
Difficulté : * *

- 1 moule à muffins en métal
- 12 caissettes en papier
- 1 bol en verre
- 1 grille
- 1 casserole
- 3 bols
- 1 poche à douille avec 1 douille cannelée (facultatif)

INGRÉDIENTS :

- 4 œufs
- 180 g de beurre demi-sel mou
- 180 g de sucre
- 200 g de farine
- 3 c. à c. rases de levure chimique
- 2 c. à s. de lait entier ou demi-écrémé

Pour le glaçage :
- 150 g de chocolat
- 30 g de beurre mou
- 50 g de sucre glace
- 1 c. à s. de miel liquide
- 100 g de mascarpone

GOÛTER

Cupcakes au chocolat

Commencez par le glaçage. Mettez le chocolat coupé en morceaux dans le bol en verre. Posez ce bol sur une casserole d'eau frémissante. Lorsque la moitié du chocolat est fondue, retirez le bol et mélangez jusqu'à ce que l'ensemble soit bien lisse. Dans un autre bol, mélangez le beurre, le sucre et le miel, jusqu'à obtenir une consistance crémeuse. Ajoutez le chocolat fondu et mélangez bien. Incorporez le mascarpone, remuez. Réservez au frais pendant environ 2 heures, jusqu'à ce que la préparation ait la consistance d'une crème au beurre et soit assez ferme pour être étalée sans couler. Disposez les caissettes en papier dans le moule à muffins. Préchauffez le four à 190 °C (th. 6) ou à 180 °C (chaleur tournante). Cassez les œufs dans un bol et fouettez très légèrement à l'aide d'une fourchette. À part, mélangez le beurre et le sucre jusqu'à obtenir une consistance crémeuse. Incorporez les œufs petit à petit, sans cesser de remuer. Ajoutez la farine, la levure, le lait et mélangez. Remplissez les caissettes aux 3/4 avec le mélange. Enfournez pour 18 minutes environ. Vérifiez la cuisson avec la lame d'un couteau, elle doit ressortir sèche. Sortez les caissettes du moule à muffins, puis laissez-les refroidir sur une grille. Lorsque les cupcakes sont froids, déposez du glaçage au centre de chaque cupcake à l'aide de la poche à douille.

variante

Vous pouvez remplacer le miel du glaçage par du sirop d'érable.

truc de cuisinier

Si vous n'avez pas de poche à douille, étalez simplement le glaçage à l'aide d'une petite spatule ou d'un couteau à beurre.

Pour 12 whoopies
Préparation : 30 min
Cuisson : 8 min
Difficulté : * *

- 1 saladier
- 1 bol
- 1 plaque à pâtisserie
- papier sulfurisé

INGRÉDIENTS :

- 200 g de farine
- 150 g de beurre de cacahuète
- 150 g de sucre
- 130 g de beurre mou
- 75 g de noisettes concassées
- 2 œufs
- 1 sachet de levure chimique

Pour la garniture :

- 250 g de fromage à tartiner
- 100 g de beurre de cacahuète
- 60 g de sucre glace

Whoopies au beurre de cacahuète et noisettes

Battez les œufs avec le sucre dans un saladier, puis incorporez le beurre mou, le beurre de cacahuète, la farine et la levure. Mélangez bien. Ajoutez les noisettes concassées.

Préchauffez le four à 180 °C (th. 6) et déroulez une feuille de papier sulfurisé sur une plaque à pâtisserie. Déposez des petites cuillerées de pâte assez espacées et enfournez pour 8 minutes environ. Laissez-les refroidir quelques minutes avant de les décoller de la plaque.

Préparez la garniture en mélangeant le beurre de cacahuète, le fromage et le sucre glace.

Garnissez la moitié des coques du mélange et recouvrez avec une seconde coque, côté bombé à l'extérieur.

variante

Remplacez le beurre de cacahuète par du caramel.

truc de cuisinier

Adaptez la quantité de sucre selon votre goût, les Anglo-Saxons les aiment bien sucrés.

Pour 6
Préparation : 15 min
Cuisson : 10 min
Difficulté : *

- 1 saladier
- 1 fouet électrique
- 1 couteau

INGRÉDIENTS :

- 6 crêpes de froment sucrées
- 25 cl de crème fleurette
- 100 g de crème de marrons
- 6 marrons glacés

Crêpes crème de marrons

Concassez les marrons glacés en morceaux.

Versez la crème fleurette (elle doit être bien froide) dans un saladier et fouettez-la jusqu'à ce que vous obteniez une consistance proche de la chantilly. Sans cesser de fouetter, incorporez la crème de marrons, cuillerée après cuillerée.

Garnissez vos crêpes de ce mélange. Ajoutez quelques miettes de marrons.

Dégustez-les sans attendre.

Pour 6
Préparation : 15 min
Cuisson : 30 min
Difficulté : *

- 1 poêle
- 1 couteau

INGRÉDIENTS :

- 6 larges crêpes de froment sucrées
- 6 cuil. à soupe de noix de coco hachée
- 100 g de beurre
- 6 cuil. à soupe de sirop de sucre de canne

Crêpes sucre de canne, noix de coco

Dans une poêle posée sur feu moyen, faites fondre un peu de beurre. Dépliez une crêpe et déposez-la dans la poêle. Garnissez-la de noix de coco hachée et de sirop de sucre de canne. Comptez 2 à 3 minutes de cuisson, puis repliez les bords de la crêpe vers le centre afin de lui donner une forme rectangulaire. Retournez la crêpe et faites-la cuire 2 minutes de l'autre côté.

Servez immédiatement avec une boule de sorbet à la mangue. Répétez l'opération pour les autres crêpes.

GOÛTER

Pour 4
Préparation : 35 min
Réfrigération : 1 h
Cuisson : 42 min
Difficulté : * *

- papier sulfurisé
- 1 cercle de 16 cm de diamètre
- 1 rouleau
- 1 pinceau
- film alimentaire
- 1 casserole

INGRÉDIENTS :

Pour la pâte :
- 100 g de beurre demi-sel ramolli
- 70 g de sucre cassonade
- 2 cuil. à café d'arôme d'amande amère
- 100 g de poudre d'amande
- 1 jaune d'œuf
- 100 g de farine

Pour la garniture :
- 150 g de Mara des bois
- 150 g de rhubarbe
- 45 g de sucre cassonade
- 1 œuf
- 1 cuil. à soupe de lait

Chaussons amande, rhubarbe, fraise

Préparez la pâte : battez le beurre et le sucre jusqu'à obtenir un mélange homogène. Ajoutez l'arôme d'amande amère, la poudre d'amande, le jaune d'œuf et la farine en mélangeant entre chaque ajout. Travaillez brièvement la pâte sur un plan de travail fariné, formez une boule. Filmez-la et réservez-la au frais 1 heure.

Préparez la garniture : équeutez et coupez les fraises en 2 ou en 4. Pelez la rhubarbe, coupez-la en tronçons. Mettez les fruits et le sucre à cuire à feu doux pendant 20 minutes jusqu'à obtenir une compote épaisse. Laissez refroidir.

Préchauffez le four à 180-200 °C (th. 6-7). Divisez la pâte en 4 parts. Placez-les sur 4 carrés de papier sulfurisé. Étalez chacun entre 2 feuilles de papier, retirez le papier du dessus, formez 4 ronds à l'aide d'un cercle. Répartissez la compote jusqu'à 1 cm du bord. Humidifiez le pourtour avec un peu d'eau, refermez en deux en vous aidant du papier.

Scellez les bords, striez-les délicatement à l'aide d'une fourchette. Mélangez l'œuf et le lait, badigeonnez-en les chaussons. Percez un trou sur le dessus. Enfournez les chaussons sur une plaque avec le papier pour 20 à 22 minutes.

variante

Vous pouvez remplacer les Mara des bois par d'autres variétés de fraises, comme la gariguette ou la fraise des bois.

truc de cuisinier

Si vous n'avez pas de cercle à pâtisserie, utilisez comme repère un bol, un petit saladier ou une assiette faisant le même diamètre.

crèmes et mousses

Pour 5
Préparation : 10 min
Cuisson : 1 h
Réfrigération : 2 h
Difficulté : * *

- 1 chalumeau
- 1 casserole
- 1 saladier
- 1 fouet
- 5 moules à crème brûlée

INGRÉDIENTS :

- 50 cl de crème liquide entière
- 90 g de sucre
- 5 jaunes d'œufs
- 1 gousse de vanille Bourbon
- 2 cuil. à soupe de cassonade pour caraméliser

Crèmes brûlées
à la vanille Bourbon

Préchauffez le four à 100 °C (th. 3/4). Versez la crème liquide dans une casserole puis faites-la chauffer doucement. Fendez la gousse de vanille en 2. Grattez les graines avec la lame d'un couteau puis déposez le tout dans la crème. Laissez infuser pendant quelques minutes hors du feu.

Dans un saladier, fouettez énergiquement les jaunes d'œufs avec le sucre pendant 1 minute de manière à obtenir un mélange bien homogène et lisse. Ajoutez la crème liquide encore chaude et fouettez de nouveau l'ensemble en évitant de faire de la mousse. Retirez la gousse de vanille.

Versez le tout et à hauteur dans les moules à crème brûlée. Faites-les cuire pendant 1 heure au four. Laissez refroidir au moins 2 heures.

Au dernier moment, saupoudrez les crèmes brûlées refroidies d'une fine couche de cassonade. Caramélisez avec un chalumeau et servez immédiatement.

variante

Remplacez la gousse de vanille par une cuillerée à café de vanille liquide.

truc de cuisinier

Placez les crèmes brûlées sur une grille au milieu du four.

Pour 5
Préparation : 15 min
Cuisson : 35 min
Réfrigération : 2 h
Difficulté : *

- 1 casserole
- 1 saladier
- 1 fouet
- 5 petits pots en porcelaine (ou en aluminium)

INGRÉDIENTS :

- 50 cl de lait
- 5 œufs
- 90 g de sucre
- 1 cuil. à soupe de café soluble
- quelques grains de café enrobés de chocolat (décoration)

Pots de crème au café

Préchauffez le four à 150 °C (th. 5). Faites frémir le lait avec le café soluble dans une casserole.

Dans un saladier, fouettez les œufs avec le sucre puis ajoutez le lait chaud. Mélangez en évitant de faire de la mousse. Écumez si nécessaire.

Remplissez les petits pots. Déposez-les dans un bain-marie puis ajoutez de l'eau chaude jusqu'à mi-hauteur. Faites cuire pendant 30 à 35 minutes au four.

Laissez bien refroidir au réfrigérateur pendant 2 heures. Décorez avec des grains de café enrobés de chocolat, mixés si vous le souhaitez.

Pour 4
Préparation : 10 min
Cuisson : 2 min
Réfrigération : 2 h
Difficulté : *

- 1 casserole
- 1 fouet
- 4 petits pots en porcelaine (ou en aluminium)

INGRÉDIENTS :

- 100 g de chocolat noir
- 30 g de beurre
- 15 cl de crème liquide
- 10 cl de lait
- 1 cuil. à café de cacao amer en poudre
- 1 feuille de gélatine (2 g)

Pots de crème au chocolat

Ramollissez la feuille de gélatine dans un peu d'eau froide. Versez la crème liquide et le lait dans une casserole puis faites-les frémir.

Cassez le chocolat en morceaux puis ajoutez-le, hors du feu, dans le mélange encore chaud. Mélangez bien avec un petit fouet. Ajoutez la feuille de gélatine essorée et le beurre en morceaux. Fouettez de nouveau pour obtenir une crème bien lisse.

Versez le tout dans les petits pots. Laissez refroidir pendant au moins 2 heures au réfrigérateur. Saupoudrez d'une fine pellicule de cacao amer.

Pour 5
Préparation : 5 min
Cuisson : 5 min
Réfrigération : 2 h
Difficulté : * *

€ € € €

- 1 casserole
- 1 fouet
- 5 petits pots

INGRÉDIENTS :

- 70 g de sucre
- 40 cl de crème liquide
- 10 cl de lait
- 1 cuil. à soupe de pâte de pistaches
- 1 cuil. à soupe de pistaches non salées
- 2 feuilles de gélatine (4 g)

Panna cotta à la pistache

Déposez les feuilles de gélatine dans un bol rempli d'eau froide. Faites chauffer dans une casserole la crème liquide, le lait et le sucre. Ajoutez la pâte de pistaches. Mélangez avec un petit fouet. Ajoutez ensuite la gélatine bien essorée. Mélangez de nouveau.

Laissez tiédir dans la casserole pendant 10 minutes puis répartissez le tout dans les petits pots. Laissez bien refroidir au moins 2 heures au réfrigérateur. Décorez avec les pistaches.

Pour 4
Préparation : 15 min
Cuisson : 2 min
Réfrigération : 3 h
Difficulté : * *

€ € € €

- 1 mixeur plongeant
- 2 saladiers • 1 casserole
- 1 fouet • 4 verrines

INGRÉDIENTS :

- 20 marshmallows
- 100 g de framboises
- 50 g de gelée de framboise
- 25 cl de lait
- 25 cl de crème liquide
- 20 g de sucre
- 4 feuilles de menthe
- 3 feuilles de gélatine (6 g)
- quelques gouttes de colorant alimentaire rouge

Panna cotta marshmallows-framboises

Trempez les feuilles de gélatine dans un grand volume d'eau froide. Dans une casserole, faites frémir le lait avec la crème et le sucre. Ajoutez 16 marshmallows et la gélatine essorée. Mélangez bien avec un petit fouet pour obtenir une crème homogène et lisse. Accentuez la couleur avec quelques gouttes de colorant rouge.

Versez cette panna cotta dans les verrines jusqu'aux 2/3 et laissez reposer au frais pendant au moins 3 heures.

Dès que la panna cotta est prise, versez une petite couche de gelée de framboise. Décorez avec les framboises fraîches, des feuilles de menthe et un marshmallow.

Crèmes desserts
au chocolat

Pour 4
Préparation : 10 min
Cuisson : 10 min
Réfrigération : 12 h
Difficulté : *

- 1 fouet électrique
- 4 ramequins

INGRÉDIENTS :

- 60 cl de lait
- 30 g de fécule de maïs
- 60 g de cacao en poudre non sucré
- 80 g de sucre
- 1 cuil. à café d'extrait naturel de vanille
- 2 cuil. à soupe de crème fraîche épaisse

Battez le lait, la fécule de maïs, le cacao en poudre, le sucre et l'extrait de vanille avec un fouet électrique, jusqu'à ce que le mélange soit bien lisse. Transvasez dans une casserole et faites chauffer doucement la préparation tout en mélangeant, jusqu'à ébullition.

Hors du feu, incorporez la crème fraîche.

Versez dans 4 ramequins et réservez au réfrigérateur pendant 12 heures.

Crèmes desserts
à la vanille

Pour 4
Préparation : 15 min
Cuisson : 12 min
Réfrigération : 12 h
Difficulté : *

- 1 fouet
- 4 ramequins

INGRÉDIENTS :

- 180 g de lait concentré sucré
- 50 cl de lait entier
- 1 gousse de vanille
- 2 œufs
- 20 g de sucre en poudre

Versez le lait concentré et le lait entier dans une casserole. Fendez la gousse de vanille, récupérez les graines intérieures, ajoutez-les aux laits ainsi que la gousse. Faites chauffer le mélange sans le faire bouillir.

Fouettez les œufs et le sucre, versez le lait chaud dessus tout en mélangeant. Transvasez dans la casserole, faites épaissir à feu doux pendant 7 minutes tout en fouettant.

Versez dans les ramequins en verre et réservez au réfrigérateur toute une nuit.

CRÈMES & MOUSSES

Crèmes meringuées
au citron vert

Pour 6
Préparation : 10 min
Cuisson : 3 min
Réfrigération : 1 h
Difficulté : * *

- 1 fouet électrique
- 1 chalumeau
- 1 poche à douille cannelée
- 1 casserole
- 2 saladiers
- 1 tamis fin
- 1 fouet
- 6 ramequins

INGRÉDIENTS :

- 2 citrons verts non traités
- 30 g d'écorces de citrons confits
- 150 g de sucre
- 50 cl de lait
- 2 œufs + 2 jaunes
- 2 cuil. à soupe rase de fécule de maïs

Lavez soigneusement un citron vert puis prélevez le zeste. Versez le lait dans une casserole avec les zestes. Faites frémir ce lait. Retirez la casserole du feu. Laissez infuser pendant au moins 10 minutes puis filtrez le tout à l'aide d'un tamis fin. Découpez les écorces de citrons confits en petits dés. Détaillez le deuxième citron en fins filaments et en demi-rondelles pour le décor.

Dans un saladier, fouettez les jaunes d'œufs avec 100 g de sucre. Ajoutez la fécule de maïs. Mélangez à nouveau. Versez le lait chaud parfumé par-dessus. Mélangez puis versez le tout dans une casserole.

Déposez la casserole sur un feu doux. Faites cuire doucement en fouettant sans arrêt jusqu'à la limite de l'ébullition. La crème doit légèrement épaissir. Ajoutez les dés d'écorces de citrons confits. Répartissez le tout dans les ramequins. Laissez refroidir au réfrigérateur pendant au moins 1 heure.

À l'aide d'un fouet électrique, montez les blancs d'œufs en neige. Incorporez 50 g de sucre en pluie dans les blancs bien fermes. Remplissez une poche à douille cannelée avec cette meringue. Complétez les ramequins de crème au citron vert avec la meringue puis colorez-la à l'aide d'un chalumeau. Décorez avec les demi-rondelles et les filaments de citron vert. Servez immédiatement.

variante

Parfumez la crème avec d'autres agrumes : orange, pamplemousse, citron…

truc de cuisinier

Ajoutez quelques gouttes de jus de citron dans les blancs d'œufs avant de les monter en neige : l'acidité du citron donne des blancs lisses et fermes.

Fontainebleau au Nutella®

Pour 6
Repos : 4 h
Préparation : 15 min
Difficulté : * *

- 1 grand plat
- 2 casseroles
- 1 batteur électrique
- 6 verrines

INGRÉDIENTS :

- 800 g de faisselle
- 100 g de NUTELLA®
- 1 gousse de vanille
- 20 cl de crème liquide
- 2 cuil. à soupe de sucre glace

Retirez la faisselle de son emballage et laissez-la s'égoutter dans un grand plat pendant 4 heures.

Faites fondre au bain-marie le NUTELLA® et répartissez-le au fond de 6 verrines. Gardez au frais le temps de préparer le reste de la recette.

Coupez la gousse de vanille en 2 dans le sens de la longueur et retirez les graines se trouvant à l'intérieur à l'aide de la pointe d'un couteau. Mélangez-les au sucre glace. À l'aide d'un batteur électrique, montez en chantilly épaisse la crème fraîche avec le sucre glace.

Mélangez-la avec le fromage blanc égoutté et répartissez ce dessert dans les verrines. Servez aussitôt ou gardez au frais.

Délices aux marrons et au Nutella®

Pour 6
Repos : 3 h
Préparation : 15 min
Réfrigération : 1 h
Difficulté : * *

- 1 batteur
- 1 saladier
- 2 casseroles
- 6 verrines

INGRÉDIENTS :

- 6 faisselles au lait entier
- 15 cl de crème liquide
- 1 cuil. à soupe de sucre glace
- 75 g de brisures de marrons glacés
- 100 g de NUTELLA®

Retirez les faisselles de leur emballage et laissez-les s'égoutter pendant 3 heures.

À l'aide d'un batteur, montez en chantilly la crème liquide avec le sucre. Dans un saladier, liez les faisselles avec la chantilly et les brisures de marrons glacés.

Faites fondre au bain-marie le NUTELLA®.

Dans 6 verrines, répartissez la moitié du fromage blanc, ajoutez une couche de NUTELLA® et terminez par le fromage blanc. Laissez reposer 1 heure au réfrigérateur avant de servir. Notre conseil : vous pouvez remplacer les marrons glacés par des morceaux de poires bien mûres ou des poires au sirop.

CRÈMES & MOUSSES

Pour 5
Préparation : 10 min
Cuisson : 1 h
Réfrigération : 2 h
Difficulté : * *

Crèmes brûlées parfum

- 1 chalumeau
- 1 casserole
- 1 saladier
- 1 tamis fin
- 1 fouet
- 5 moules à crème brûlée

INGRÉDIENTS :

- 120 g de chocolat noir
- 90 g de sucre
- 5 jaunes d'œufs
- 25 cl de crème liquide entière
- 25 cl de lait
- 2 cuil. à soupe de grains de café entiers
- 2 cuil. à soupe de cassonade pour caraméliser

Préchauffez le four à 100 °C (th. 3/4). Concassez grossièrement les grains de café. Versez la crème liquide et le lait dans une casserole. Faites chauffer doucement le tout puis ajoutez les grains de café concassés. Laissez infuser pendant 10 minutes. Filtrez à l'aide d'un tamis fin. Découpez le chocolat en morceaux, ajoutez-le dans le lait chaud. Mélangez avec un petit fouet pour bien faire fondre le chocolat et obtenir un ensemble homogène.

Dans un saladier, fouettez les jaunes d'œufs avec le sucre. Ajoutez la crème chocolatée encore chaude. Mélangez en évitant de faire trop de mousse.

au chocolat noir, de café

Versez le tout et à hauteur dans les moules à crème brûlée. Faites-les cuire pendant 1 heure au four. Vérifiez la cuisson avec la pointe d'un couteau. Laissez refroidir pendant au moins 2 heures.

Au dernier moment, saupoudrez les crèmes brûlées refroidies d'une fine couche de cassonade. Caramélisez avec un chalumeau et servez immédiatement.

variante

Remplacez la cassonade par de la vergeoise blonde.

truc de cuisinier

Les grains de café concassés apportent une saveur subtile et originalité à cette recette.

Pour 6
Préparation : 15 min
Réfrigération : 2 h
Difficulté : * *

- 1 casserole
- 2 bols
- 1 jatte
- 1 batteur électrique
- 1 fouet
- 6 coupes individuelles

INGRÉDIENTS :

- 180 g de chocolat noir à 70 % de cacao
- 4 œufs ultra-frais
- 60 g de lait entier
- 20 g de crème fleurette
- 30 g de sucre semoule

Mousse au chocolat

Coupez le chocolat en petits morceaux et faites-le fondre au bain-marie ou au micro-ondes.

Portez le lait et la crème à ébullition et versez-les sur le chocolat en mince filet tout en remuant délicatement avec un fouet à main.

Cassez les œufs en séparant les blancs des jaunes. Incorporez un jaune d'œuf à la ganache et mélangez parfaitement. Battez les blancs en neige bien ferme en ajoutant progressivement le sucre. Incorporez les blancs en neige au mélange chocolaté en procédant avec délicatesse pour que la mousse reste bien aérée.

Remplissez des coupes individuelles et laissez reposer au moins 2 heures au réfrigérateur avant de déguster.

variante

Faites infuser herbes, épices ou gingembre dans le lait et la crème pour ajouter une saveur originale à ce grand classique.

truc de cuisinier

Veillez à utiliser pour cette recette sans cuisson des œufs ultra-frais, et ne conservez pas cette mousse plus de 24 heures.

Pour 5
Préparation : 20 min
Cuisson : 35 min
Réfrigération : 1 h
Difficulté : * *

- 1 casserole
- 1 saladier
- 1 bain-marie
- 1 tamis fin
- 1 fouet
- 5 verrines

INGRÉDIENTS :

- 1 orange non traitée
- 30 g d'écorces d'oranges confites en petits dés + quelques écorces pour la décoration (facultatif)
- 1 cuil. à soupe de Grand Marnier®
- 80 g de sucre
- 40 cl de lait concentré non sucré
- 10 cl de crème liquide
- 3 œufs

Crème de lait à l'orange

Préchauffez le four à 150 °C (th. 5). Prélevez le zeste de l'orange. Dans une casserole, faites frémir le lait concentré avec la crème liquide, le Grand-Marnier® et le zeste d'orange. Laissez infuser 10 minutes hors du feu.

Dans un saladier, fouettez les œufs avec le sucre. Ajoutez le lait bouillant au travers d'un tamis fin pour retenir le zeste. Mélangez ce flan en évitant de faire trop de mousse.

Versez le flan et les dés d'écorces d'oranges confites dans des verrines puis déposez-les dans un bain-marie. Versez de l'eau bouillante jusqu'à mi-hauteur des verrines.

Faites cuire au four pendant 30 à 35 minutes. Vérifiez la cuisson avec la pointe d'un couteau. Laissez bien refroidir avant de déguster. Décorez avec des écorces d'oranges confites si vous le souhaitez.

variante

Remplacez les dés d'écorces d'oranges par des dés de fruits confits.

truc de cuisinier

Mieux encore qu'une orange non traitée, choisissez une orange bio pour prélever le zeste.

Crèmes coco

Pour 5
Préparation : 15 min
Cuisson : 35 min
Réfrigération : 2 h
Difficulté : * *

- 1 casserole
- 1 saladier
- 1 fouet
- 5 verrines

INGRÉDIENTS :

- 90 g de sucre
- 25 cl de lait de coco non sucré
- 25 cl de lait
- 3 œufs
- 1/2 gousse de vanille

Préchauffez le four à 150 °C (th. 5). Dans une casserole, mélangez le lait de coco avec le lait, ajoutez la demi-gousse de vanille fendue en 2 et grattée. Faites frémir le tout et laissez infuser pendant quelques minutes.

Dans un saladier, fouettez les œufs avec le sucre puis ajoutez le mélange au lait de coco encore chaud. Mélangez en évitant de faire de la mousse. Écumez si nécessaire puis retirez la demi-gousse de vanille.

Remplissez les verrines à hauteur. Déposez-les dans un bain-marie puis ajoutez de l'eau chaude jusqu'à mi-hauteur. Faites cuire pendant 30 à 35 minutes au four. Laissez bien refroidir au réfrigérateur pendant 2 heures.

Crèmes aux épices

Pour 5
Préparation : 15 min
Cuisson : 30 min
Réfrigération : 2 h
Difficulté : *

- 1 casserole
- 1 saladier
- 1 tamis fin
- 1 fouet
- 5 ramequins

INGRÉDIENTS :

- 50 cl de lait entier
- 70 g de cassonade
- 3 œufs
- 1/2 gousse de vanille
- 1 bâton de cannelle
- 1 anis étoilé
- 2 clous de girofle

Préchauffez le four à 150 °C (th. 5). Versez le lait dans une casserole. Ajoutez la cassonade, la demi-gousse de vanille fendue en 2, le bâton de cannelle, l'anis étoilé et les clous de girofle. Faites frémir le tout puis laissez infuser pendant 10 minutes.

Dans un saladier, fouettez les œufs puis versez le lait épicé par-dessus. Mélangez puis filtrez le tout. Supprimez la mousse. Remplissez les ramequins à hauteur. Déposez-les dans un bain-marie puis ajoutez de l'eau chaude jusqu'à mi-hauteur. Faites cuire pendant 25 à 30 minutes au four. Laissez bien refroidir au réfrigérateur pendant 2 heures.

Crèmes catalanes

Pour 6
Préparation : 10 min
Cuisson : 3 min
Réfrigération : 1 h
Difficulté : * *

- 1 chalumeau
- 1 saladier
- 1 casserole
- 1 tamis fin
- 1 fouet
- 6 ramequins

INGRÉDIENTS :

- 50 cl de lait entier
- 100 g de sucre
- 4 jaunes d'œufs
- 1 citron bio
- 1 orange bio
- 2 cuil. à soupe rases de fécule de maïs
- 2 cuil. à soupe de cassonade
- 1 bâton de cannelle

Lavez soigneusement le citron et l'orange puis prélevez le zeste de ces deux agrumes. Versez le lait dans une casserole avec les zestes et un bâton de cannelle. Faites frémir ce lait. Retirez la casserole du feu. Laissez infuser pendant au moins 10 minutes puis filtrez le tout à l'aide d'un tamis fin.

Dans un saladier, fouettez les jaunes d'œufs avec le sucre. Ajoutez la fécule de maïs. Mélangez à nouveau. Versez le lait chaud et parfumé par-dessus. Mélangez puis versez le tout dans la casserole.

Déposez la casserole sur un feu doux. Faites cuire doucement en fouettant sans arrêt jusqu'à la limite de l'ébullition. La crème catalane doit légèrement épaissir. Répartissez-la encore chaude dans les ramequins. Laissez refroidir au réfrigérateur pendant au moins 1 heure.

Saupoudrez les crèmes catalanes d'une fine couche de cassonade puis caramélisez-les à l'aide d'un chalumeau.

variante

Ajoutez le jus d'une orange filtré avec le lait avant de le faire infuser.

truc de cuisinier

Attention, la crème catalane ne doit pas bouillir sur le feu, car l'ébullition provoque des grumeaux.

Pour 4
Préparation : 30 min
Repos : 30 min
Difficulté : * *

- 1 saladier
- 1 tamis
- 1 bol
- 1 fouet

INGRÉDIENTS :

- 150 g de framboises fraîches

Pour les mini-madeleines :

- 1 œuf
- 50 g de sucre
- 1 cuil. à soupe d'eau florale de rose alimentaire
- 60 g de farine
- 1/4 de sachet de levure chimique
- 30 g de beurre fondu froid

Pour la crème :

- 2 œufs
- 50 g de sucre
- 1 cuil. à soupe d'eau florale de rose alimentaire
- 150 g de mascarpone
- 1 petit-suisse à 0 %

Tiramisu à la framboise et aux madeleines à la rose

Préchauffez le four à 200 °C (th. 6-7). Tamisez ensemble la farine et la levure chimique. Battez les œufs avec le sucre, puis ajoutez l'eau florale de rose et mélangez. Ajoutez la farine tamisée et le beurre fondu froid.

Remplissez aux deux tiers les alvéoles du moule et faites cuire les madeleines 10 minutes environ jusqu'à ce qu'elles deviennent bombées et dorées. Faites-les refroidir sur une grille.

Séparez les jaunes d'œufs des blancs. Battez les jaunes avec le sucre et l'eau de rose en un mélange mousseux. Dans un bol, fouettez le mascarpone avec le petit-suisse pour qu'ils deviennent bien souples, puis ajoutez-les aux jaunes. Battez les blancs en neige ferme, puis incorporez-les aux jaunes.

Montez le tiramisu en commençant par une couche de mini-madeleines, puis alternez les couches de crème et les framboises. Laissez reposer au frais 30 minutes et dégustez bien frais.

variantes

Vous pouvez réaliser ce tiramisu avec d'autres fruits rouges : fraises, groseilles… Si vous souhaitez réaliser un tiramisu plus classique au café, préparez des mini-madeleines aux grains de café et remplacez les framboises par de la poudre de cacao non sucrée et l'eau de rose par de la liqueur de café.

truc de cuisinier

Il est important de bien fouetter le mascarpone pour que sa texture s'allège.

Crèmes renversées
au caramel

Pour 8
Préparation : 15 min
Cuisson : 25 min
Difficulté : * *

- 2 casseroles
- 1 saladier
- 1 bain-marie
- 1 fouet
- 8 ramequins en porcelaine

INGRÉDIENTS :

- 1 l de lait entier
- 8 œufs
- 160 g de sucre
- 1/2 gousse de vanille

Pour le caramel :
- 150 g de sucre
- 2 cuil. à soupe d'eau

Préchauffez le four à 150 °C (th. 5). Préparez le caramel : versez le sucre dans une casserole puis ajoutez 2 cuillerées à soupe d'eau. Portez le tout à ébullition puis surveillez jusqu'à la caramélisation. Arrêtez la cuisson du caramel en plongeant le fond de la casserole dans de l'eau froide. Répartissez le caramel bien chaud au fond des ramequins. Laissez refroidir et durcir le caramel.

Faites chauffer le lait dans une casserole avec la demi-gousse de vanille fendue en 2. Dans un saladier, fouettez rapidement les œufs avec 160 g de sucre. Ajoutez le lait chaud et mélangez délicatement sans faire de mousse. Retirez la demi-gousse de vanille.

Répartissez cette crème dans les ramequins caramélisés. Déposez-les dans un bain-marie puis ajoutez de l'eau bouillante jusqu'à mi-hauteur. Faites cuire pendant 25 à 30 minutes au four. Vérifiez la cuisson à l'aide de la pointe d'un couteau, la lame doit ressortir propre.

Laissez bien refroidir. Démoulez délicatement les crèmes renversées en passant la lame d'un couteau contre la paroi des petits pots.

Crèmes laitières
à la vanille

Pour 5
Préparation : 10 min
Cuisson : 25 min
Réfrigération : 2 h
Difficulté : *

- 1 casserole
- 1 saladier
- 5 petits pots en porcelaine

INGRÉDIENTS :

- 50 cl de lait entier
- 1 œuf + 3 jaunes
- 80 g de sucre
- 1 gousse de vanille

Préchauffez le four à 150 °C (th. 5). Fendez et grattez la gousse de vanille. Mélangez le tout avec le lait dans une casserole. Faites frémir puis laissez infuser pendant 10 minutes.

Dans un saladier, fouettez les 3 jaunes avec l'œuf entier et le sucre. Ajoutez le lait chaud vanillé. Mélangez en évitant de faire de la mousse. Écumez si nécessaire. Retirez la gousse de vanille.

Remplissez les petits pots. Déposez-les dans un bain-marie puis ajoutez de l'eau chaude jusqu'à mi-hauteur. Faites cuire pendant 25 à 30 minutes au four. Laissez refroidir au réfrigérateur pendant au moins 2 heures.

Pour 4
Préparation : 20 min
Cuisson : 3 min
Réfrigération : 3 h
Difficulté : * *

- 1 bol
- 1 fouet
- 4 verrines
- 1 casserole

INGRÉDIENTS :

- 200 g de compote de fraises
- 15 cl de crème liquide
- 3 cuil. à soupe de sirop de violette
- 3 feuilles de gélatine

Mousses de fraises à la violette

Faites ramollir 2 feuilles de gélatine dans de l'eau froide. Délayez le sirop de violette dans 1 demi-verre d'eau. Portez à ébullition. Essorez la gélatine entre vos doigts et incorporez-la au sirop.

Versez ce sirop dans 4 verres. Réservez au frais 1 heure.

Fouettez la crème liquide. Mettez à ramollir la dernière feuille de gélatine, essorez-la et mélangez-la à la compote de fraises. Incorporez ensuite la crème fouettée.

Répartissez la mousse de fraises dans les verres. Faites prendre à nouveau 2 heures au frais et servez.

variante

En saison, remplacez la compote par 200 g de fraises mixées avec 2 cuillerées à soupe de sirop de sucre de canne.

truc de cuisinier

Essorez bien la gélatine avant de l'incorporer au sirop chaud.

Pour 6
Préparation : 20 min
Réfrigération : 2 h
Difficulté : * *

- 1 batteur électrique
- 1 casserole
- 6 verrines

INGRÉDIENTS :

- 100 g de NUTELLA®
- 1 douzaine de biscuits à la cuiller
- 35 cl de crème liquide entière
- 125 g de mascarpone
- 100 g de sucre
- 4 jaunes d'œufs
- 50 g de cacao amer

CRÈMES & MOUSSES

Tiramisus au Nutella®

À l'aide d'un batteur, fouettez 25 cl de crème fraîche avec la moitié du sucre jusqu'à ce que vous obteniez une chantilly épaisse. Ajoutez le mascarpone et homogénéisez la crème.

Toujours à l'aide d'un batteur, fouettez les jaunes d'œufs avec le reste du sucre jusqu'à ce qu'ils blanchissent et doublent de volume. Mélangez ces 2 préparations et fouettez jusqu'à ce que la crème soit bien épaisse.

Dans une casserole, à feu doux, faites fondre le NUTELLA® avec le reste de crème fraîche. Coupez les biscuits en 2 et trempez-les un à un dans le NUTELLA® liquide. Tapissez-en le fond de 6 verrines et couvrez jusqu'à mi-hauteur de crème de tiramisu.

Ajoutez encore une couche de biscuits trempés et couvrez de crème. Égalisez-la en tapotant la base du verre et laissez reposer 2 heures au frais. Juste avant de servir, saupoudrez les tiramisus de cacao amer.

variante

Vous pouvez enrichir vos tiramisus de petits morceaux de poire au sirop répartis uniformément dans la crème.

truc de cuisinier

Le mélange crème-pâte à tartiner va rapidement épaissir et figer. Préparez-le donc à la dernière minute et trempez-y rapidement vos biscuits.

nutella

Pour 4
Préparation : 10 min
Difficulté : *

- 1 robot mixeur
- 2 saladiers
- 4 verrines

INGRÉDIENTS :

- 250 g de ricotta
- 70 g de sucre
- 1 c. à c. de vanille liquide
- 100 g de fraises
- 100 g de framboises
- quelques groseilles
- 2 c. à s. de sirop de canne
- 1/2 citron
- 8 feuilles de menthe
- quelques spéculoos

Verrines de ricotta
aux fruits rouges

Mixez les spéculoos à l'aide d'un robot de manière à obtenir une poudre fine. Fouettez vigoureusement dans un saladier la ricotta avec le sucre et la vanille liquide. Répartissez-la dans 4 verrines, puis ajoutez une couche de poudre de spéculoos.

Pressez le jus d'un demi-citron. Ciselez finement 4 feuilles de menthe. Lavez les fruits rouges. Coupez les fraises en quatre. Déposez les fruits rouges dans un petit saladier avec le sirop de canne, le jus de citron et la menthe ciselée. Faites-les mariner quelques minutes au frais. Complétez les verrines avec les fruits marinés. Décorez avec des feuilles de menthe.

Pour 4
Préparation : 15 min
Cuisson : 5 min
Réfrigération : 1 h
Difficulté : * *

- 1 casserole
- 2 saladiers
- 4 verres

INGRÉDIENTS :

- 3 citrons
- 120 g de sucre
- 1 œuf – 2 jaunes
- 1 c. à s. de Maïzena
- 30 g de beurre
- 150 g de fromage blanc
- 1 c. à s. de cassonade
- quelques macarons aux amandes

Crème de citron,
fromage blanc et macarons

Pressez 3 citrons de manière à obtenir 12 à 15 cl de jus. Ajoutez 20 g de sucre et faites frémir le tout dans une petite casserole. Dans un saladier, blanchissez l'œuf, les 2 jaunes avec 100 g de sucre, puis ajoutez la Maïzena. Versez le jus de citron bouillant dans ce mélange. Faites épaissir le tout, dans la casserole, à feu doux, en remuant constamment. Ne faites pas bouillir.

Hors du feu, ajoutez 30 g de beurre en parcelles, puis répartissez le tout au fond de 4 verres. Laissez refroidir. Fouettez, dans un saladier, le fromage blanc avec la cassonade, puis complétez les verres. Concassez finement les macarons à l'aide d'un couteau. Terminez les verres par une petite couche de macarons pilés. Servez bien frais.

Pour 5
Préparation : 10 min
Cuisson : 1 min
Réfrigération : 1 h
Difficulté : *

- 1 casserole
- 2 saladiers
- 1 fouet
- 5 verrines

INGRÉDIENTS :

- 250 g de ricotta
- 250 g de myrtilles fraîches ou surgelées
- 50 g de gelée de myrtille
- 25 g de sucre
- 5 cl de crème liquide
- 1 cuil. à soupe de sucre glace
- 1 cuil. à café de vanille liquide

Crèmes ricotta-myrtilles

Versez la crème liquide, le sucre et la vanille dans un saladier. Fouettez le tout. Incorporez la ricotta et fouettez de nouveau de manière à obtenir un mélange bien homogène et souple.

Dans un autre saladier, mélangez les myrtilles fraîches avec le sucre glace puis répartissez le tout à mi-hauteur dans les verrines. Complétez les verrines avec le mélange à la ricotta.

Chauffez rapidement la gelée de myrtille dans une casserole pour la détendre. Versez une petite couche de cette gelée sur les verrines. Laissez refroidir au réfrigérateur pendant 1 heure.

Pour 4
Préparation : 20 min
Cuisson : 5 min
Réfrigération : 2 h
Difficulté : * *

- 1 fouet électrique
- 1 saladier • 1 économe
- 4 verrines

INGRÉDIENTS :

- 220 g de griottes au sirop
- 200 g de mascarpone
- 30 g de chocolat noir
- 50 g de sucre
- 2 œufs
- 4 biscuits à la cuiller
- 1 cuil. à soupe d'amaretto
- 1/2 citron
- 4 feuilles de menthe

Crèmes de mascarpone aux griottes

Séparez les jaunes des blancs d'œufs. Dans un saladier, fouettez les jaunes d'œufs avec le sucre et l'amaretto. Incorporez le mascarpone, fouettez bien fort pour obtenir un mélange homogène. Montez au fouet électrique les blancs d'œufs en neige avec quelques gouttes de jus de citron et incorporez-les au précédent mélange. Réservez cette crème de mascarpone au réfrigérateur pendant quelques minutes.

Égouttez les griottes et réservez le jus. Cassez les biscuits à la cuiller en 3 morceaux et déposez-les au fond des verrines. Ajoutez un peu de jus pour imbiber les biscuits puis répartissez les griottes à mi-hauteur. Complétez les verrines avec la crème de mascarpone. Laissez bien refroidir au réfrigérateur pendant au moins 2 heures. Réalisez des copeaux de chocolat noir à l'aide d'un économe. Décorez les verrines avec quelques copeaux de chocolat, des griottes et une feuille de menthe.

Pour 4
Préparation : 15 min
Cuisson : 5 min
Réfrigération : 3 h 15
Difficulté : * *

- 1 fouet électrique
- 4 ramequins

INGRÉDIENTS :

- 100 g de crème liquide entière
- 2 feuilles de gélatine
- 250 g de purée de marrons vanillée

Mousses aux marrons

Versez la crème fraîche dans un récipient assez large et placez-la 15 minutes au congélateur. Montez la crème en chantilly avec un fouet électrique.

Faites tremper les feuilles de gélatine dans un bol d'eau froide. Versez la purée de marrons dans une casserole et faites-la chauffer sur feu doux. Essorez la gélatine et ajoutez-la à la purée de marrons, mélangez bien.

Transvasez dans un saladier, puis incorporez la chantilly délicatement.

Répartissez dans des ramequins et laissez prendre 3 heures au réfrigérateur.

variante

Ajoutez des brisures de marrons glacés ou des pépites de chocolat et 1 blanc d'œuf battu en neige pour une mousse encore plus légère.

truc de cuisinier

Pour réussir une chantilly par temps chaud, placez le récipient contenant la crème dans un saladier plus grand rempli de glaçons.

Crèmes brûlées
à l'orange confite et au safran

Pour 5
Préparation : 10 min
Cuisson : 1 h
Réfrigération : 2 h
Difficulté : *

- 1 chalumeau • 1 casserole
- 1 saladier • 1 fouet
- 5 petits plats à crème brûlée

INGRÉDIENTS :

- 50 cl de crème liquide
- 80 g de sucre
- 6 jaunes d'œufs
- 30 g d'écorces d'oranges confites
- 1 bonne pincée de safran
- 1 c. à c. de Grand Marnier®
- 2 c. à s. de cassonade pour caraméliser

Préchauffez le four à 100 °C (th. 3/4). Faites frémir dans une casserole la crème liquide avec le safran.

Dans un saladier, fouettez vigoureusement les jaunes d'œufs avec le sucre et le Grand Marnier®. Ajoutez la crème chaude. Fouettez de nouveau.

Versez le tout à hauteur dans les moules à crème brûlée. Hachez finement les écorces d'oranges confites et répartissez-les dans les moules. Faites cuire ces crèmes pendant 1 heure au four. Laissez refroidir au réfrigérateur au moins 2 heures.

Au dernier moment, saupoudrez les crèmes brûlées bien refroidies de cassonade. Caramélisez avec un chalumeau et servez immédiatement.

Crèmes brûlées
aux poires et au sirop d'érable

Pour 4
Préparation : 10 min
Cuisson : 1 h
Réfrigération : 2 h
Difficulté : *

- 1 chalumeau • 1 casserole
- 1 saladier • 1 fouet
- 4 petits plats à crème brûlée

INGRÉDIENTS :

- 40 cl de crème liquide
- 30 g de sucre
- 4 jaunes d'œufs
- 2 petites poires Conférence
- 2 c. à s. de sirop d'érable
- 1 c. à c. d'eau-de-vie de poire
- 1/2 citron – 2 c. à s. de sucre pour caraméliser

Épluchez et citronnez légèrement les poires. Coupez-les en 2 puis retirez le cœur avec la pointe d'un couteau. Émincez-les en éventail puis nappez-les de sirop d'érable à l'aide d'un pinceau. Déposez une demi-poire au centre de chaque plat à crème brûlée.

Dans un saladier, fouettez les jaunes d'œufs avec le sucre. Ajoutez l'eau-de-vie puis la crème liquide. Mélangez de nouveau. Versez-le tout autour des poires émincées sans les recouvrir totalement.

Faites cuire ces crèmes pendant 1 heure au four. Laissez refroidir au moins 2 heures au réfrigérateur.

Au dernier moment, saupoudrez les crèmes brûlées bien refroidies de sucre. Caramélisez avec un chalumeau et servez immédiatement.

CRÈMES & MOUSSES

Pour 4
Préparation : 35 min
Cuisson : 3 min
Réfrigération : 2 h
Difficulté : * *
€ € € €

- 1 robot mixeur
- 1 casserole
- 1 saladier
- 4 verrines

INGRÉDIENTS :

- 1/2 mangue
- 3 tranches d'ananas frais
- 1/2 orange
- 1 citron
- 1 cuil. à café de sucre
- 3 feuilles de menthe
- 2 cuil. à café de rhum

Pour le blanc-manger :

- 150 g de fromage blanc sucré
- 25 g de sucre
- 20 cl de lait de coco non sucré
- 5 cl de lait
- 2 feuilles de gélatine (4 g)
- 1/2 gousse de vanille

Blanc-manger au lait de coco

Détaillez les tranches d'ananas frais en très petits dés. Mélangez-les avec les feuilles de menthe hachées, le jus d'1/2 citron, un trait de rhum et le sucre. Répartissez le tout au fond des 4 verres.

Préparez le blanc-manger : faites ramollir les feuilles de gélatine dans un grand volume d'eau froide. Fendez la demi-gousse de vanille en 2 et prélevez les graines. Versez le lait dans une casserole et faites-le bouillir avec le sucre et les graines de vanille. Ajoutez la gélatine essorée dans le lait chaud puis le lait de coco. Retirez du feu, mélangez bien. Dans un saladier, fouettez le fromage blanc avec le lait de coco à peine gélifié de manière à obtenir un mélange bien lisse. Versez le blanc-manger au lait de coco dans 4 verrines sans dépasser les 2/3 de la hauteur. Laissez prendre 2 heures au réfrigérateur.

Prélevez la pulpe de la mangue. Mixez-la dans un robot avec le jus d'1/2 orange. Rectifiez la saveur, si nécessaire, avec du sucre et du jus de citron.

Terminez le montage de la verrine en versant le coulis de mangue sur le blanc-manger bien froid et gélifié.

variante

Poivrez légèrement les dés d'ananas.

truc de cuisinier

Attendez que le mélange au lait de coco soit légèrement tremblotant avant de le mélanger avec le fromage blanc.

CRÈMES & MOUSSES

Pour 4
Préparation : 15 min
Cuisson : 5 min
Réfrigération : 1 h
Difficulté : * *

- 1 casserole
- 2 saladiers
- 1 bol
- 1 fouet électrique
- 4 verrines

INGRÉDIENTS :

- 60 cl de lait entier
- 4 œufs
- 150 g de sucre
- 6 cl de crème liquide
- 1 gousse de vanille
- 50 g de chocolat noir
- 5 cl de caramel liquide

CRÈMES & MOUSSES

Œufs à la neige, soupe au chocolat

Grattez les graines de vanille avec la lame d'un couteau. Ajoutez-les au lait dans une casserole et portez à ébullition. Cassez le chocolat noir en morceaux, déposez-le dans un bol et faites-le fondre au micro-ondes pendant 2 minutes. Cassez les œufs et séparez les blancs des jaunes. Dans un saladier, blanchissez les jaunes avec 80 g de sucre. Versez le lait bouillant sur ce mélange et faites cuire de nouveau le tout dans la casserole. Remuez constamment avec une cuillère et laissez épaissir doucement sans jamais faire bouillir la crème. Retirez du feu, ajoutez le chocolat fondu, la crème liquide et mélangez bien. Éliminez la gousse de vanille. Versez cette soupe de chocolat dans un récipient froid. Laissez refroidir au moins 1 heure. Dans un deuxième saladier déposez les 4 blancs d'œuf et 70 g de sucre. Fouettez-les à l'aide d'un fouet électrique pendant au moins 3 minutes. Les blancs doivent être assez fermes, consistants et brillants. Avec une cuillère à soupe, prélevez 4 nuages. Déposez-les sur une assiette et faites-les cuire pendant 15 secondes au micro-ondes à pleine puissance. Fouettez énergiquement, puis répartissez la soupe au chocolat bien froide dans les verrines. Ajoutez un nuage de blanc d'œuf, puis versez des traits de caramel liquide par-dessus.

variante

Décorez les verrines avec des copeaux de chocolat et des vermicelles de sucre.

truc de cuisinier

Dès que les nuages de blancs d'œufs gonflent sous l'action du micro-ondes, arrêtez la cuisson. En général, celle-ci dure entre 15 et 20 secondes. Si vous dépassez ce temps, les blancs s'effondreront après cuisson.

Pour 5
Préparation : 20 min
Cuisson : 5 min
Réfrigération : 2 h
Difficulté : * *

- 1 mixeur plongeant
- 1 fouet électrique
- 1 casserole
- 2 saladiers
- 5 verrines

INGRÉDIENTS :

- 300 g de framboises
- 150 g de sucre
- 25 g de sucre glace
- 20 cl de crème liquide
- 5 biscuits roses de Reims
- 1 citron
- 3 feuilles de gélatine (6 g)
- 1 cuil. à café de kirsch

Crèmes de framboises aux biscuits roses

Dans une casserole, faites bouillir 5 cl d'eau avec 25 g de sucre, le kirsch et quelques gouttes de jus de citron. Laissez refroidir ce sirop. Découpez les biscuits roses en 3 ou en 4 morceaux. Imbibez-les de sirop puis déposez-les au fond des verrines.

À l'aide d'un mixeur plongeant, mixez 250 g de framboises avec le sucre glace. Déposez les feuilles de gélatine dans un bol d'eau froide. Dans une casserole, versez 5 cl d'eau avec le reste de sucre et le jus d'un demi-citron. Faites frémir le tout. Ajoutez les feuilles de gélatine essorées dans le sirop chaud pour les dissoudre puis les 3/4 du coulis de framboises. Versez le tout dans un saladier. Réservez ce coulis au réfrigérateur pour le refroidir un peu.

À l'aide d'un fouet électrique, montez la crème liquide en crème fouettée dans un saladier. Mélangez délicatement cette crème dans le coulis de framboises encore tremblotant mais non pris. Répartissez le tout dans les verrines. Laissez prendre au réfrigérateur pendant au moins 2 heures.

Décorez les verrines avec le reste du coulis de framboises et quelques framboises entières.

variante

Pour une recette plus simple, remplacez les biscuits roses de Reims par des biscuits à la cuiller ou des boudoirs.

truc de cuisinier

Mélangez impérativement la crème fouettée avec le coulis de framboises à peine gélifié.

Pour 5
Préparation : 15 min
Cuisson : 2 min
Réfrigération : 1 h
Difficulté : *

Crèmes moussantes au chocolat et à l'ananas

- 1 fouet électrique
- 1 poche à douille cannelée
- 1 casserole • 1 saladier
- 1 fouet • 5 ramequins

INGRÉDIENTS :

- 100 g de chocolat au lait
- 30 cl de crème liquide
- 5 tranches d'ananas frais
- 1 cuil. à soupe de sucre
- 1 cuil. à café de cacao amer
- quelques feuilles de menthe

Faites frémir la crème liquide dans une casserole. Découpez le chocolat au lait en petits morceaux puis ajoutez-le, hors du feu, dans la crème chaude. Mélangez avec un petit fouet. Déposez cette crème au chocolat dans un saladier. Filmez puis refroidissez le tout au réfrigérateur pendant 2 heures.

Découpez les tranches d'ananas en petits dés. Mélangez-les avec quelques feuilles de menthe finement émincées et le sucre. Répartissez ces dés de fruits au fond des ramequins.

Au dernier moment, à l'aide d'un fouet électrique, fouettez la crème chocolatée bien froide jusqu'à l'obtention d'une crème moussante. Débarrassez cette crème assez ferme dans une poche à douille cannelée.

Complétez les ramequins avec la crème moussante au chocolat. Terminez en saupoudrant d'un peu de cacao en poudre.

Pour 5
Préparation : 15 min
Cuisson : 30 min
Réfrigération : 1 h
Difficulté : * *

Crèmes de marrons au pain d'épices

- 1 mixeur plongeant
- 1 casserole • 1 saladier
- 1 bain-marie
- 5 ramequins

INGRÉDIENTS :

- 200 g de crème de marrons
- 1 tranche de pain d'épices
- 80 g de sucre
- 40 cl de lait concentré non sucré
- 3 œufs
- 10 cl de crème liquide

Préchauffez le four à 150 °C (th. 5). Découpez la tranche de pain d'épices en petits dés, éliminez la croûte. Dans une casserole, faites frémir le lait concentré avec la crème liquide. Ajoutez les dés de pain d'épices hors du feu. Laissez bien imbiber pendant 10 minutes.

Dans un saladier, fouettez les œufs avec le sucre. Ajoutez le lait bouillant avec les dés de pain d'épices, et la crème de marrons. Mixez rapidement à l'aide d'un mixeur plongeant tout en évitant de faire trop de mousse.

Versez cette crème de marrons dans les ramequins puis déposez-les dans un bain-marie. Versez de l'eau bouillante jusqu'à mi-hauteur des ramequins.

Faites cuire au four pendant 25 à 30 minutes. Vérifiez la cuisson avec la pointe d'un couteau. Laissez bien refroidir 1 h au réfrigérateur avant de déguster.

Pour 6
Préparation : 30 min
Cuisson : 25 min
Réfrigération : 2 h
Difficulté : * *

- 1 fouet électrique
- 2 casseroles
- 1 saladier
- 6 verrines

INGRÉDIENTS :

- 125 g de gelée d'orange
- 80 g de riz rond
- 50 g de sucre
- 40 g d'écorces d'oranges confites
- 40 cl de lait entier
- 15 cl de crème liquide
- 1 jaune d'œuf
- 1/2 orange
- 1 cuil. à soupe de sucre glace
- 1 cuil. à soupe de Grand Marnier®
- 1/2 gousse de vanille

CRÈMES & MOUSSES

Crèmes de riz au lait
à l'orange

Lavez soigneusement le riz. Déposez-le dans une casserole et mouillez d'eau froide à hauteur. Portez-le tout à ébullition pendant 1 minute. Rafraîchissez le riz à l'eau courante puis égouttez-le. Découpez les écorces d'oranges confites en tout petits dés puis faites-les mariner dans un ramequin avec le Grand Marnier®.

Dans une casserole, faites bouillir le lait avec le sucre et une demi-gousse de vanille fendue en 2. Ajoutez le riz en pluie et remuez-le jusqu'à la reprise de l'ébullition. Laissez cuire tout doucement pendant 20 minutes en remuant de temps en temps. Vérifiez la cuisson du riz et retirez la demi-gousse de vanille. Ajoutez le jaune d'œuf et mélangez bien. Débarrassez le riz au frais pendant 20 à 30 minutes pour le tiédir.

Fouettez la crème liquide en chantilly à l'aide d'un fouet électrique puis incorporez le sucre glace. Mélangez délicatement cette chantilly et les dés d'écorces d'oranges confites égouttés dans le riz au lait. Répartissez le tout dans les verrines, jusqu'aux 3/4.

Pressez et filtrez le jus d'1/2 orange dans une casserole, faites-le frémir avec la gelée d'orange. Mélangez bien. Laissez tiédir pendant quelques minutes avant de verser ce coulis sur les crèmes de riz au lait. Mettez les verrines au réfrigérateur pendant au moins 2 heures.

variante

Parfumez le riz au lait avec une pincée de cannelle en poudre.

truc de cuisinier

Ajoutez la marinade des écorces d'oranges confites avec la gelée d'orange.

Crèmes à la pistache

pour 6
Préparation : 30 min
Cuisson : 5 min
Réfrigération : 3 h
Difficulté : * *

- 1 fouet électrique
- 1 casserole
- 1 poêle
- 2 saladiers
- 6 petites verrines

INGRÉDIENTS :

- 6 abricots
- 3 jaunes d'œufs
- 1 cuil. à soupe de pâte de pistaches
- 130 g de sucre
- 40 cl de lait
- 20 cl de crème liquide
- 30 g de beurre
- 1/2 citron
- 3 feuilles de gélatine (6 g)
- 50 g de gelée d'abricot
- 2 cuil. à soupe de pistaches non salées

Trempez les feuilles de gélatine dans un grand volume d'eau froide. Faites frémir le lait dans une casserole. Dans un saladier, mélangez les jaunes d'œufs avec 100 g de sucre. Versez par-dessus le lait bouillant. Ajoutez les feuilles de gélatine bien essorées. Mélangez en évitant de faire de la mousse. Refaites cuire le tout dans une casserole, à feu doux et sans atteindre l'ébullition. Dès que cette crème anglaise est légèrement nappante, ajoutez la pâte de pistaches et mélangez bien. Versez le tout dans un saladier. Laissez refroidir sans gélifier.

bavaroises
et aux abricots

Dénoyautez les abricots puis coupez-les en 4. Faites fondre le beurre dans une poêle. Faites revenir rapidement les quartiers d'abricots puis saupoudrez-les avec 30 g de sucre. Laissez cuire 2 à 3 minutes. Ajoutez quelques gouttes de jus de citron. Laissez refroidir puis répartissez le tout au fond des verrines.

À l'aide d'un fouet électrique, montez la crème liquide en crème fouettée. Incorporez-la délicatement dans la crème anglaise à la pistache encore tremblotante. Complétez les verrines avec cette crème et laissez reposer au frais pendant au moins 3 heures.

Terminez le décor des verrines avec un peu de gelée d'abricot et quelques pistaches.

variante

Ajoutez un peu de miel à la lavande avec les quartiers d'abricots.

truc de cuisinier

Accentuez la couleur verte de la crème bavaroise à la pistache en y ajoutant quelques gouttes de colorant alimentaire vert.

Pour 6
Préparation : 20 min
Cuisson : 5 min
Réfrigération : 2 h 30
Difficulté : * *

Mousses aux framboises et Nutella®

- 2 casseroles • 1 assiette creuse
- 1 batteur électrique
- 1 moulin à légumes
- 6 verrines

INGRÉDIENTS :

- 100 g de NUTELLA® – 150 g de belles framboises fraîches

Pour la mousse :
- 200 g de framboises
- 1/2 citron jaune – 15 cl de crème liquide – 2 c. à s. de cassonade
- 2 feuilles de gélatine

Faites fondre le NUTELLA® au bain-marie, et répartissez-le dans 6 verrines. Réservez au réfrigérateur.

Préparez la mousse. Faites tremper les feuilles de gélatine dans de l'eau froide. Passez les framboises au moulin muni d'une grille fine et versez la purée dans une casserole avec le jus du citron et la cassonade. Portez à ébullition et laissez cuire 5 minutes. Égouttez la gélatine et ajoutez-la au coulis de fruits rouges. Mélangez bien et laissez refroidir 30 minutes au réfrigérateur.

À l'aide d'un batteur, montez en chantilly la crème fraîche. Ajoutez le coulis de fruits et versez la mousse dans les verrines. Laissez reposer au réfrigérateur 2 heures. Juste avant de servir, couvrez les mousses de framboises fraîches.

Pour 6
Préparation : 20 min
Cuisson : 5 min
Réfrigération : 3 h
Difficulté : * *

Mousses au Nutella® et spéculoos

- 1 moulin à légumes
- 2 casseroles • 1 batteur électrique • 6 verrines

INGRÉDIENTS :

- 150 g de framboises – 1/2 citron jaune – 2 c. à s. de sucre
- 12 spéculoos

Pour la mousse :
- 100 g de NUTELLA® – 100 g de chocolat noir – 4 œufs extra-frais – 5 cl de lait frais entier
- 10 cl de crème liquide entière
- 1 feuille de gélatine

Passez les framboises au moulin muni d'une grille fine et versez la purée dans une casserole avec le sucre et le jus du citron. Portez à ébullition et laissez cuire 1 à 2 minutes. Répartissez ce coulis dans le fond de 6 verrines et entreposez au congélateur pendant 1 heure.

Préparez la mousse. Cassez le chocolat en petits morceaux. Dans une casserole, portez à ébullition le lait et la crème, ajoutez la feuille de gélatine préalablement ramollie puis versez-les sur le chocolat et le NUTELLA®. Attendez 2 à 3 minutes puis mélangez et homogénéisez cette ganache. Séparez les blancs des jaunes d'œufs. Montez les blancs en neige très ferme avec la cassonade. À la dernière minute, ajoutez les jaunes. Mélangez quelques secondes. Versez 1/3 des œufs sur le mélange chocolat-NUTELLA® afin de le détendre. Fouettez et ajoutez le reste des œufs. Mélangez jusqu'à ce que votre mousse soit homogène. Répartissez-la dans les verrines et laissez prendre au frais pendant 2 heures. Concassez grossièrement les spéculoos et couvrez-en les mousses juste avant de servir.

CRÈMES & MOUSSES

Pour 6
Préparation : 25 min
Cuisson : 5 min
Réfrigération : 2 h
Difficulté : * *
€ € € €

- 1 casserole
- 1 saladier
- 1 grand verre
- 1 fouet
- 6 coupes

INGRÉDIENTS :

- 200 g de chocolat noir
- 60 g de sucre
- 3 jaunes d'œufs
- 25 cl de lait
- 20 cl de crème liquide
- 6 petits macarons à la pistache
- 1 belle mangue
- 1 feuille de gélatine (2 g)

Crèmes au chocolat, mangue et macarons

Dans une casserole, faites frémir le lait avec la crème. Cassez le chocolat en morceaux puis déposez-le dans un saladier. Ramollissez la feuille de gélatine dans un grand verre d'eau.

Dans un saladier, fouettez les jaunes d'œufs avec le sucre puis versez le mélange lait-crème bouillant dessus. Faites cuire de nouveau cette crème pendant 1 à 2 minutes dans une casserole, jusqu'à ce qu'elle épaississe légèrement, sans jamais la faire bouillir. Ajoutez, hors du feu, la feuille de gélatine essorée. Mélangez bien à l'aide d'un petit fouet. Versez cette crème chaude dans le saladier sur les morceaux de chocolat. Mélangez et lissez bien le tout avec un fouet. Versez cette crème chocolatée aux 2/3 dans les verrines. Laissez refroidir au réfrigérateur pendant 2 heures.

Émincez finement la mangue. Concassez grossièrement les macarons à la pistache.

Au dernier moment, complétez les coupes avec la mangue émincée et les miettes de macarons.

variante

Remplacez la mangue par des abricots ou des pêches.

truc de cuisinier

Dressez cette crème au chocolat dans des verrines puis complétez avec des petits dés de mangue.

Pour 6
Préparation : 15 min
Cuisson : 40 min
Réfrigération : 2 h
Difficulté : * *

- 1 chalumeau
- 1 bain-marie
- 1 saladier
- 1 fouet
- 6 petits pots transparents

INGRÉDIENTS :

- 100 g de chocolat noir
- 80 g de sucre
- 3 jaunes d'œufs
- 35 cl de crème liquide entière
- 25 g de beurre
- 10 cl de lait
- 1 gousse de vanille
- 2 cuil. à soupe de sucre pour caraméliser

Duo chocolat et crèmes brûlées

Préchauffez le four à 100 °C (th. 3/4). Dans un bain-marie, faites fondre le chocolat. Ajoutez 5 cl de lait puis le beurre. Mélangez avec un petit fouet pour obtenir un chocolat fondu, bien lisse et homogène. Versez-le sur une hauteur de 1 cm au fond des petits pots.

Fendez la gousse de vanille en 2 pour récupérer les graines. Faites frémir la crème liquide et le lait. Ajoutez les graines de vanille et laissez infuser le tout, hors du feu pendant 10 minutes. Dans un saladier, fouettez les jaunes d'œuf avec le sucre de manière à obtenir un mélange bien homogène et lisse. Ajoutez la crème à la vanille encore tiède. Mélangez délicatement en évitant de faire de la mousse.

Complétez délicatement les petits pots avec cette crème. Faites-les cuire pendant 40 minutes au four. Laissez refroidir pendant au moins 2 heures.

Au dernier moment, saupoudrez les crèmes brûlées refroidies d'une fine couche de sucre. Caramélisez avec un chalumeau et servez immédiatement.

variante

Ajoutez une petite touche de Grand Marnier® avec le chocolat fondu.

truc de cuisinier

Versez doucement la crème brûlée, dans les petits pots, sur le chocolat tiède en évitant de mélanger les deux couches.

Pour 6
Préparation : 20 min
Cuisson : 5 min
Réfrigération : 2 h
Difficulté : * *
€ € € €

- 1 batteur électrique
- 1 poche à douille cannelée
- 1 casserole
- 2 saladiers
- 6 verrines transparentes

INGRÉDIENTS :

- 220 g de chocolat noir
- 120 g de griottes au sirop
- 60 g de sucre
- 30 cl de lait
- 20 cl de crème liquide
- 3 jaunes d'œufs
- 1 feuille de gélatine (2 g)
- 1 cuil. à café de cacao amer

Pour la chantilly :
- 20 cl de crème liquide
- 2 cuil. à soupe de sucre glace

Crèmes viennoises aux griottes

Cassez le chocolat en morceaux. Ramollissez la feuille de gélatine en la trempant dans l'eau froide. Déposez quelques griottes égouttées au fond des verrines.

Dans une casserole, faites frémir le lait avec la crème liquide. Dans un saladier, fouettez les jaunes d'œufs avec le sucre puis versez dessus le lait bouillant. Faites cuire à feu doux le tout de nouveau dans une casserole. Laissez épaissir légèrement cette crème sans jamais atteindre l'ébullition.

Ajoutez, hors du feu, la feuille de gélatine bien essorée et les morceaux de chocolat. Lissez bien à l'aide d'un fouet. Répartissez cette crème chocolatée sur les griottes jusqu'aux 3/4 des verrines. Laissez refroidir pendant au moins 2 heures.

Préparez la chantilly : montez 20 cl de crème liquide en crème fouettée à l'aide d'un fouet électrique dans un saladier. Incorporez à la fin le sucre glace. À l'aide d'une poche à douille cannelée, décorez les crèmes au chocolat d'une belle rosace de chantilly. Saupoudrez légèrement de cacao amer. Terminez le décor avec une belle griotte.

variante

Remplacez le cacao amer par des copeaux de chocolat.

truc de cuisinier

Placez le saladier qui servira à monter la chantilly au congélateur pendant quelques minutes.

Pour 4
Préparation : 25 min
Cuisson : 10 min
Réfrigération : 2 h
Difficulté : * *

- 1 casserole
- 1 poêle
- 1 saladier
- 4 petits plats à crème brûlée

INGRÉDIENTS :

- 2 belles pêches jaunes
- 2 tranches de pain d'épices
- 50 cl de lait entier
- 120 g de sucre
- 30 g de beurre
- 30 g de cassonade
- 4 jaunes d'œufs
- 1 gousse de vanille
- 1 bonne pincée de safran
- 4 feuilles de menthe (facultatif)

Crèmes au safran, pain d'épices et pêches rôties

Versez le lait dans une casserole. Fendez la gousse de vanille en 2, grattez les graines avec la lame d'un couteau et versez le tout dans le lait. Ajoutez le safran. Portez le lait à ébullition. Laissez infuser 10 minutes.

Dans un saladier, fouettez les jaunes d'œufs avec le sucre. Versez le lait bouillant épicé sur ce mélange et faites cuire de nouveau le tout dans la casserole. Remuez constamment avec une cuillère et laissez épaissir doucement sans jamais faire bouillir. Retirez la crème anglaise du feu puis versez-la dans un récipient froid. Laissez refroidir au moins 2 heures. Ôtez la gousse de vanille.

Épluchez les pêches et coupez-les en 4 quartiers. Faites fondre le beurre dans une poêle. Déposez les quartiers de pêches dans le beurre chaud. Saupoudrez-les de cassonade puis laissez-les légèrement colorer et caraméliser.

Découpez les tranches de pain d'épices en petits dés réguliers. Répartissez-les au fond des petits plats. Ajoutez par-dessus les quartiers de pêches caramélisés froids ou tièdes. Terminez et complétez les petits plats en versant à hauteur la crème anglaise safranée. Décorez avec une feuille de menthe ou des morceaux de pain d'épices.

variante

Remplacez les pêches par des abricots, des poires ou des pommes.

truc de cuisinier

Pour rattraper une crème anglaise trop cuite (trouble), il faut la fouetter vigoureusement dans un bain-marie glacé. La crème anglaise redeviendra lisse mais sera alors plus liquide.

Pour 6
Préparation : 30 min
Cuisson 15 min
Réfrigération : 2 h
Difficulté : * *

- 1 bol
- 2 saladiers
- 2 casseroles
- 1 mixeur plongeant
- 1 batteur
- 6 moules sphériques ou une plaque en silicone avec alvéoles
- 6 coupes larges

INGRÉDIENTS :

Pour les mousses :
- 80 g de pain d'épices
- 25 cl de lait
- 40 g de sucre en poudre
- 3 jaunes d'œufs
- 2 feuilles de gélatine (4 g)
- 25 cl de crème liquide
- 2 pincées d'épices à pain d'épices

Pour le coulis :
- 125 g de chocolat blanc
- 15 cl de lait écrémé
- 5 cl de liqueur à l'orange
- 2 c. à s. de jus d'orange filtré

Mousse de pain d'épices,
coulis de chocolat blanc

Trempez la gélatine dans de l'eau froide. Portez le lait à ébullition. Ajoutez le pain d'épices émietté et mixez au mixeur plongeant.

Battez les jaunes à blanchiment avec le sucre et les épices. En remuant, versez le lait. Transvasez dans la casserole et remuez pour épaissir la crème. Hors du feu, mettez-y la gélatine égouttée à dissoudre.

Laissez refroidir la crème en remuant souvent puis incorporez la crème liquide fouettée. Répartissez la préparation dans les moules. Réfrigérez 2 heures.

Dans une casserole, réunissez tous les ingrédients du coulis. Portez sur feu doux, laissez fondre le chocolat puis remuez pour lisser le coulis. Répartissez-le dans les coupes. Laissez refroidir puis démoulez délicatement les mousses au centre.

variante

Servez sur un coulis de chocolat noir ou une crème anglaise aux amandes.

truc de cuisinier

À défaut de moules demi-sphériques, utilisez des petites tasses rondes rincées à l'eau froide et non essuyées.

Crèmes aux Tagada®

Pour 5
Préparation : 15 min
Cuisson : 35 min
Réfrigération : 2 h
Difficulté : *

- 1 casserole
- 1 saladier
- 1 fouet
- 5 petits pots en porcelaine

INGRÉDIENTS :

- 15 fraises Tagada®
- 70 g de sucre
- 5 œufs
- 25 cl de lait
- 25 cl de crème liquide
- quelques gouttes de colorant alimentaire rouge

Préchauffez le four à 150 °C (th. 5). Faites frémir le lait et la crème liquide dans une casserole. Ajoutez 10 bonbons. Mélangez le tout avec un petit fouet pour bien faire dissoudre les bonbons. Renforcez la couleur avec quelques gouttes de colorant rouge.

Dans un saladier, fouettez les œufs avec le sucre puis ajoutez le lait chaud parfumé aux bonbons. Mélangez en évitant de faire de la mousse. Écumez si nécessaire. Remplissez les petits pots. Déposez-les dans un bain-marie puis ajoutez de l'eau chaude jusqu'à mi-hauteur. Faites cuire pendant 30 à 35 minutes au four. Laissez bien refroidir au réfrigérateur pendant 2 heures. Décorez avec un bonbon.

Crèmes aux Carambar®

Pour 5
Préparation : 10 min
Cuisson : 35 min
Réfrigération : 2 h
Difficulté : *

- 1 casserole
- 1 saladier
- 1 bain-marie
- 5 ramequins

INGRÉDIENTS :

- 70 g de Carambar®
- 70 g de sucre
- 50 cl de lait
- 3 œufs

Découpez les Carambar® en 4. Déposez-les dans une casserole avec le lait. Faites frémir puis chauffer le tout en remuant pour bien dissoudre les bâtons de caramel avec le lait.

Fouettez les œufs et le sucre dans un saladier. Versez le lait bouillant caramélisé sur ce mélange puis répartissez le mélange dans les ramequins.

Déposez-les dans un bain-marie puis ajoutez de l'eau bouillante jusqu'à mi-hauteur. Faites cuire pendant 30 à 35 minutes au four. Vérifiez la cuisson à l'aide de la pointe d'un couteau : la lame doit ressortir propre.

Laissez refroidir au réfrigérateur pendant au moins 2 heures. Vous pouvez servir ces petites crèmes dans les pots ou démoulées à la façon d'une crème renversée.

Pour 4
Préparation : 15 min
Infusion : 30 min
Cuisson : 3 min
Réfrigération : 2 h
Difficulté : * *

- 1 chalumeau
- 1 casserole
- 1 saladier
- 1 tamis fin
- 6 petits pots

INGRÉDIENTS :

- 50 cl de lait
- 120 g de sucre
- 3 jaunes d'œufs
- 30 g de fécule de maïs
- 30 g de cassonade (ou de sucre blanc)
- 1 citron bio

Crèmes caramélisées au citron

Lavez le citron et prélevez son zeste. Faites frémir le lait avec les zestes. Laissez infuser, hors du feu, pendant 20 minutes.

Dans un saladier, fouettez vigoureusement les jaunes d'œufs avec le sucre, le jus d'1/2 citron et la fécule de maïs. Versez le lait par-dessus, au travers d'un tamis fin. Mélangez bien. Versez ce mélange dans une casserole. Faites-le cuire à la manière d'une crème anglaise, c'est-à-dire à la limite de l'ébullition.

Versez et répartissez le tout dans 6 petits pots. Laissez refroidir 2 heures au réfrigérateur. Saupoudrez-les légèrement de sucre cassonade ou de sucre blanc. Caramélisez avec un chalumeau et servez immédiatement.

Pour 4
Préparation : 10 min
Cuisson : 35 min
Réfrigération : 2 h
Difficulté : *

- 1 chalumeau
- 1 casserole
- 1 saladier
- 12 mini-plats à crème brûlée

INGRÉDIENTS :

- 4 cuil. à soupe de pâte à tartiner aux spéculoos (environ 80 g)
- 50 g de sucre
- 40 cl de crème liquide
- 4 jaunes d'œufs
- 3 cuil. à soupe de sucre pour caraméliser

Crèmes brûlées à la pâte de spéculoos

Préchauffez le four à 100 °C (th. 3/4). Faites chauffer la crème liquide dans une casserole.

Dans un saladier, fouettez énergiquement les jaunes avec le sucre puis ajoutez la pâte à tartiner. Versez la crème liquide encore chaude sur ce mélange. Fouettez à nouveau sans faire trop de mousse. Répartissez-le tout dans les mini-plats à crème brûlée.

Faites cuire pendant 35 minutes au four. Laissez bien refroidir pendant au moins 2 heures. Répartissez une fine couche de sucre sur les crèmes refroidies. Caramélisez le tout à l'aide d'un chalumeau et servez immédiatement.

tartes et crumbles

Tartes fines aux abricots,
pistache et glace vanille

Pour 4
Préparation : 25 min
Cuisson : 25 min
Difficulté : * *
€

- 4 assiettes
- 1 plaque à pâtisserie
- 1 saladier
- papier sulfurisé

INGRÉDIENTS :

- 8 gros abricots
- 4 boules de glace vanille
- 1 cuil. à soupe de pistaches concassées
- 1 rouleau de pâte feuilletée
- 80 g de beurre
- 1 œuf
- 70 g de sucre
- 80 g de poudre d'amandes
- 1 trait de rhum
- 2 cuil. à soupe de miel liquide

Dans un saladier, travaillez 60 g de beurre jusqu'à obtenir la consistance d'une pommade. Ajoutez 60 g de sucre, la poudre d'amandes, l'œuf et le rhum. Réservez cette crème d'amande au réfrigérateur.

Détaillez 4 disques de 11 à 12 cm de diamètre dans la pâte feuilletée. Piquez-les avec une fourchette et déposez-les sur une plaque à pâtisserie recouverte de papier sulfurisé. Étalez une fine couche de crème d'amande sur les disques de pâte en vous arrêtant à 1 cm du bord.

Coupez les abricots en 2 et émincez-les. Disposez-les harmonieusement en rosace sur les tartes fines. Ajoutez 20 g de beurre en fines parcelles et saupoudrez très légèrement de sucre. Faites cuire les tartes fines dans un four à 180 °C (th. 6) pendant 20 à 25 minutes. Sortez-les et laissez-les tiédir.

Déposez au centre une belle boule de glace vanille. Versez quelques traits de miel. Saupoudrez de pistaches concassées. Servez aussitôt.

variante

Ajoutez un peu de pistaches concassées dans la crème d'amande.

truc de cuisinier

Placez les tartes fines au réfrigérateur pendant 15 minutes avant de les cuire. Vous obtiendrez une cuisson plus régulière.

Pour 4
Préparation : 30 min
Cuisson : 20 min
Difficulté : * *

- 1 roulette à pâtisserie
- 1 pinceau
- 1 casserole
- 1 poêle

INGRÉDIENTS :

- 1 rouleau de pâte feuilletée
- 6 mini-bananes
- 35 g de beurre doux
- 15 g de beurre demi-sel
- 1 cuil. à soupe de sucre roux
- 125 g de sucre blanc
- 1 cuil. à soupe 1/2 d'eau
- 1 pincée de fleur de sel

Tatin de banane

Préchauffez le four à 180 °C (th. 6). Étalez la pâte feuilletée sur un plan fariné. Découpez la pâte en rectangle à l'aide d'une roulette à pâtisserie. Faites fondre 10 g de beurre doux au micro-ondes et à l'aide du pinceau badigeonnez la pâte. Posez-la sur une feuille de papier sulfurisé et recouvrez-la d'une autre feuille avant d'enfourner pour 15 minutes.

Sortez la pâte du four et réservez. Préparez le caramel salé en faisant fondre le sucre blanc dans l'eau. Une fois que le caramel a blondi, ajoutez hors du feu le beurre demi-sel et la pincée de sel. Badigeonnez le fond de tarte avec la moitié de cette sauce.

au caramel salé

Pelez les bananes et coupez-les en deux dans le sens de l'épaisseur. Faites fondre le reste de beurre doux dans une poêle avec le sucre roux et placez-y les bananes, face externe d'abord, face interne ensuite, pour les faire caraméliser pendant 3 à 5 minutes.

Disposez délicatement les bananes sur la pâte feuilletée, badigeonnez-les de caramel à l'aide d'un pinceau et enfournez pour 5 minutes. Dégustez chaud avec une crème fraîche aromatisée au gingembre.

variante

Servez cette tatin avec une sauce au chocolat.

truc de cuisinier

En poêlant les bananes au beurre, on évite qu'elles ne noircissent et des-sèchent à la cuisson.

Pour 6
Préparation : 20 min
Cuisson : 25 min
Difficulté : * *
€ € € €

- 1 plat à gratin
- 2 grands bols

INGRÉDIENTS :

Pour la pâte à crumble :
- 125 g de farine
- 75 g de poudre d'amandes
- 100 g de sucre de canne roux
- 100 g de beurre demi-sel froid

Pour la garniture :
- 850 g de fruits rouges mélangés (framboises, mûres, groseilles, etc.)
- 80 g de sucre de canne blond

Crumble aux fruits rouges

Préchauffez le four à 200 °C (th. 7) ou à 180 °C (chaleur tournante).

Préparez la garniture. Mettez les fruits rouges dans un grand bol, ajoutez le sucre, mélangez délicatement et laissez reposer.

Dans un autre bol, préparez le crumble. Mélangez la farine, la poudre d'amandes et le sucre. Ajoutez le beurre coupé en gros dés et incorporez-le du bout des doigts, jusqu'à ce que le mélange soit sableux.

Mettez les fruits rouges sucrés dans le plat, puis recouvrez avec le crumble, sans tasser.

Enfournez pour 25 minutes environ, jusqu'à ce que le crumble soit bien doré. Servez tiède avec de la crème fraîche ou de la glace à la vanille.

variante

Vous pouvez remplacer 50 g de farine par 50 g de flocons d'avoine.

truc de cuisinier

Vous pouvez préparer la pâte à crumble à l'avance et la réserver au frais pendant 2 jours avant de l'utiliser.

Pour 4
Préparation : 25 min
Repos : 1 h
Cuisson : 20 min
Difficulté : * *

- 1 mixeur
- 1 casserole
- 2 saladiers
- 1 poêle
- 4 cercles
- 1 plat
- 1 plaque

INGRÉDIENTS :

- 12 sablés bretons
- 12 spéculoos
- 8 oreillons d'abricots au sirop
- 15 noisettes
- 7 noix
- 2 cuil. à soupe de poudre d'amande
- 2 cuil. à soupe de sucre roux
- 100 g de beurre
- 1 cuil. à soupe de miel toutes fleurs

Tartelettes aux abricots
et crumble de noisettes

Réduisez les biscuits en poudre fine au mixeur. Faites fondre la moitié du beurre dans une casserole. Dans un saladier, mélangez le beurre et les biscuits.

Posez les cercles sur un plat recouvert d'une feuille de papier sulfurisé. Remplissez les moules en tapissant le fond et les bords. Tassez et placez au réfrigérateur pendant 1 heure.

Préchauffez le four à 170 °C (th.5/6).Préparez le crumble en hachant grossièrement les noisettes et les noix. Dans un saladier, découpez le reste du beurre en petits morceaux et mélangez-le à la poudre d'amande et au sucre de façon à obtenir un mélange poudreux. Ajoutez les noisettes et les noix. Étalez ce mélange sur une plaque et enfournez pour 15 à 20 minutes. Laissez refroidir.

Démoulez les tartelettes. Coupez les oreillons d'abricots en fins quartiers et posez-les sur les fonds de pâte. Versez le miel sur le crumble et émiettez-le au-dessus des fruits. Dégustez sans attendre.

variante

Pour séduire les enfants, on peut remplacer les sablés et les spéculoos par des sablés au chocolat.

truc de cuisinier

Si le temps manque, on peut placer les fonds de tartelette au congélateur plutôt qu'au réfrigérateur et diviser ainsi le temps de repos par 3.

Pour 4
Préparation : 45 min
Repos : 1 h
Cuisson : 40 min
Difficulté : * *

- 1 rouleau à pâtisserie
- 1 casserole
- 2 saladiers
- 1 bol
- 1 fouet électrique
- 1 moule à manqué

INGRÉDIENTS :

Pour la pâte brisée :
- 250 g de farine blanche
- 100 g de beurre doux
- 3 c. à s. d'huile d'olive
- 1 pincée de sel

Pour le moule :
- 1 c. à c. de farine
- 10 g de beurre

Pour la garniture :
- 4 poires williams
- 25 cl d'eau
- 250 g de sucre
- 2 c. à s. de miel d'acacia
- 2 œufs
- 2 sachets de sucre vanillé
- 200 g de crème fraîche entière

Tarte aux poires

Préchauffez le four à 180 °C (th. 6). Versez la farine dans un saladier et ajoutez la pincée de sel. Coupez le beurre en petits morceaux et incorporez-le à la farine en émiettant le mélange avec le bout des doigts. Lorsque la préparation est poudreuse, ajoutez l'huile d'olive et si nécessaire un peu d'eau, et travaillez rapidement la pâte pour obtenir une boule homogène et souple. Filmez et laissez reposer au frais 1 heure.

Épluchez les poires. Dans une casserole, réalisez un sirop en faisant fondre le sucre dans l'eau. Pochez les poires pendant 15 minutes. Ajoutez le miel en fin de cuisson et enrobez-en soigneusement les poires. Réservez.

Séparez les jaunes et les blancs. Versez les jaunes dans un saladier et fouettez-les avec le sucre vanillé jusqu'à ce qu'ils blanchissent, puis incorporez la crème fraîche. Montez les blancs en neige très ferme et ajoutez-les délicatement à la préparation.

Étalez la pâte sur un plan fariné et foncez un moule à manqué beurré et fariné. Posez les poires debout à chaque coin du plat. Versez le mélange et enfournez la tarte pour 40 minutes.

variante

Vous êtes pressé ? Laissez les poires crues et coupez-les en morceaux avant de les ajouter à la préparation.

truc de cuisinier

Coupez éventuellement un peu la base des fruits pour qu'ils tiennent droit.

Pour 4
Préparation : 35 min
Cuisson : 30 min
Difficulté : * *

- 2 jattes
- 1 bol
- 1 casserole
- 1 poêle antiadhésive
- 1 plat à four
- 4 verrines

INGRÉDIENTS :

- 4 bananes
- 10 g de beurre
- 25 g de cassonade
- 1/2 cuil. à café de gingembre en poudre
- 120 g de chocolat noir à 70 % de cacao
- 12 cl de crème fleurette
- 5 cl de lait entier

Pour le crumble :

- 70 g de beurre + un peu pour le plat
- 70 g de farine
- 60 g de cassonade
- 40 g de poudre d'amandes

Crumble banane-chocolat

Préparez le crumble : mélangez le beurre froid coupé en petits dés avec les autres ingrédients du crumble. Travaillez aux doigts pour obtenir des miettes. Placez au réfrigérateur pendant au moins 30 minutes. Disposez ensuite les miettes de pâte dans un plat beurré et faites cuire pendant 20 minutes dans le four préchauffé à 180 °C (th. 6). Mélangez les miettes à mi-cuisson.

Mélangez la cassonade et le gingembre. Coupez les bananes en rondelles. Faites fondre le beurre dans une poêle antiadhésive et placez-y les rondelles de bananes. Saupoudrez-les de cassonade et faites-les caraméliser pendant quelques minutes de chaque côté. Elles doivent être dorées et moelleuses sans se défaire. Réservez.

Hachez finement le chocolat. Portez à ébullition la crème avec le lait, puis versez-les doucement sur le chocolat, tiers par tiers, en remuant chaque fois. Dès que le mélange est bien lisse, cessez de le travailler.

Remplissez les verrines de banane et de sauce chocolat en alternance. Recouvrez d'une couche de crumble. Servez sans tarder pour que l'ensemble reste légèrement tiède.

variante

Vous pouvez remplacer une partie de la poudre d'amandes par de la noix de coco râpée pour donner un côté exotique à cette recette.

truc de cuisinier

Si vous ne servez pas le crumble immédiatement, réservez-le à température ambiante et réchauffez-le quelques secondes au micro-ondes.

Pour 4
Préparation : 20 min
Repos : 1 h
Cuisson : 20 min
Difficulté : * *
€

- 1 rouleau à pâtisserie
- 4 moules à tartelette
- 1 saladier
- des poids (billes en céramique)
- 1 casserole
- 1 pot
- 1 poche à douille

INGRÉDIENTS :

Pour la pâte sablée :
- 170 g de farine blanche
- 110 g de beurre doux très froid
- 1 pincée de sel
- 1 jaune d'œuf
- 80 g de sucre glace
- 1 cuil. à soupe d'eau

Pour le moule :
- 1 cuil. à café de farine
- 10 g de beurre

Pour le lemon curd :
- 2 citrons
- 100 g de sucre
- 3 œufs
- 100 g de beurre
- 1 pincée de graines de pavot

Tartelettes au lemon curd

Préchauffez le four à 180 °C (th. 6).

Mélangez la farine, le sucre glace et la pincée de sel dans un saladier. Coupez le beurre en petits morceaux et incorporez-le à la farine en émiettant le mélange avec le bout des doigts. Lorsque la préparation est poudreuse, ajoutez le jaune et l'eau et travaillez rapidement la pâte pour obtenir une boule homogène et souple. Filmez et laissez reposer au frais 1 heure.

Étalez la pâte sur un plan de travail fariné. Beurrez et farinez les moules à tartelette, foncez-les avec la pâte. Faites-les cuire à blanc, recouverts d'une feuille de papier sulfurisé et de poids pendant 10 minutes. Laissez refroidir sur une grille.

Pressez les citrons et faites chauffer le jus avec le sucre. Hors du feu, ajoutez les œufs un à un en battant vigoureusement. Ajoutez le beurre et faites épaissir à feu doux sans cesser de remuer. Transvasez dans un pot et laissez refroidir.

Versez le lemon curd dans une poche à douille et garnissez-en généreusement les fonds de pâte sablée. Saupoudrez de graines de pavot et servez frais.

variante

Faites pour moitié citron jaune et citron vert.

truc de cuisinier

Vous pouvez aromatiser la pâte en râpant un zeste de citron vert.

Pour 6
Préparation : 30 min
Cuisson : 40 min
Difficulté : * *

- 1 plat à gratin
- 1 grand bol
- 1 sauteuse
- 1 économe

INGRÉDIENTS :

Pour la pâte à crumble :
- 175 g de farine
- 100 g de sucre de canne blond
- 100 g de beurre froid coupé en gros dés

Pour la garniture :
- 900 g de pommes
- 1 noix de beurre
- 100 g de sucre
- 250 g de mûres

Crumble pommes-mûres

Préchauffez le four à 200 °C (th. 7) ou à 180 °C (chaleur tournante).

Dans le grand bol, mélangez la farine et le sucre. Ajoutez le beurre et incorporez-le du bout des doigts, jusqu'à ce que le mélange soit sableux. Couvrez et réservez au frais.

Pelez les pommes, coupez-les en quartiers, retirez le cœur, puis détaillez-les en tranches moyennes. Faites fondre la noix de beurre dans la sauteuse. Quand le beurre est mousseux, ajoutez les pommes, 1 cuillerée à soupe d'eau et le sucre, puis couvrez.

Laissez mijoter sur feu doux, jusqu'à ce que les pommes soient tendres, ce qui prend environ 10 minutes. Retirez la sauteuse du feu, ajoutez les mûres et mélangez délicatement.

Mettez les fruits dans le plat, puis recouvrez avec le crumble, sans tasser. Enfournez pour 30 minutes environ, jusqu'à ce que le crumble soit bien doré. Servez tiède avec de la crème fraîche ou de la glace à la vanille.

variante

Vous pouvez remplacer la moitié des pommes par des poires.

truc de cuisinier

Dans cette recette, on utilise du beurre froid afin de pouvoir obtenir facilement cette texture sableuse, propre aux pâtes à crumble.

TARTES & CRUMBLES

Pour 4
Préparation : 20 min
Cuisson : 30 min
Difficulté : * *

- 1 moule à tarte • 1 saladier
- 1 bol

INGRÉDIENTS :

- 1 pâte brisée – 250 g de mirabelles dénoyautées – 1 c. à s. de pignons de pin – 2 c. à s. de sucre roux
- 1 sachet de sucre vanillé
- 1 c. à c. de farine – 25 g de beurre
- 1 œuf – 4 c. à s. de crème fraîche

Pour la crème d'amande :

- 40 g de beurre mou – 40 g de sucre – 1 œuf – 50 g de poudre d'amande – 1 c. à s. de farine

Tarte aux mirabelles et pignons de pin

Préchauffez le four à 180 °C (th. 6). Étalez la pâte sur une planche en bois farinée. Beurrez et farinez un moule à tarte et foncez-le avec la pâte. Préparez la crème d'amande dans un saladier en incorporant le sucre à 15 g de beurre mou. Fouettez jusqu'à dissolution complète des grains de sucre, ajoutez l'œuf puis la poudre d'amande et la farine.

Dans un bol, cassez l'autre œuf et battez-le avec le sucre roux et le sucre vanillé. Ajoutez la crème fraîche et fouettez vigoureusement. Incorporez ce mélange à la crème d'amande.

Lavez et dénoyautez les fruits. Versez la crème sur le fond de pâte. Disposez les fruits sur cette crème et parsemez de pignons de pin. Enfournez pour 25 à 30 minutes. Servez tiède.

Pour 4
Préparation : 30 min
Cuisson : 30 min
Difficulté : * *

- 1 moule à tarte
- 1 casserole • 2 saladiers

INGRÉDIENTS :

- 1 pâte brisée – 10 quetsches
- 1 c. à s. de sucre glace – 1 c. à c. de farine – 10 g de beurre

Pour la crème pâtissière :

- 20 cl de lait entier – 2 jaunes d'œufs – 40 de sucre blanc
- 20 g de farine

Pour la crème d'amande :

- 40 g de beurre mou – 40 g de sucre – 1 œuf – 50 g de poudre d'amande – 1 c. à s. de farine

Tarte aux quetsches amandine

Préchauffez le four à 180 °C (th. 6). Étalez la pâte sur une planche en bois farinée. Beurrez et farinez un moule à tarte et foncez-le avec la pâte. Faites chauffer le lait avec la moitié du sucre. Dans un saladier, faites blanchir les jaunes avec le reste du sucre et fouettez en incorporant peu à peu la farine, puis le lait en mince filet. Reversez dans la casserole et posez sur feu doux pour faire épaissir la crème pâtissière pendant 5 à 6 minutes sans cesser de remuer. Réservez.

Préparez la crème d'amande en incorporant le sucre au beurre mou. Fouettez jusqu'à dissolution complète des grains de sucre, ajoutez l'œuf, puis la poudre d'amande et la farine. Amalgamez cette crème d'amande à la crème pâtissière.

Lavez les fruits, coupez-les en deux et dénoyautez-les. Versez la crème sur le fond de pâte et disposez les fruits sur cette crème. Enfournez pour 25 à 30 minutes. Servez tiède en saupoudrant de sucre glace.

Pour 6-8
Préparation : 25 min
Cuisson : 50 min
Difficulté : * * *

- 1 terrine
- 1 économe
- 1 tourtière

INGRÉDIENTS :

- 2 pâtes brisées
- 1 kg de pommes acides (Granny Smith, Boskoop)
- 300 g de sucre en poudre
- 30 g de beurre
- 1 jaune d'œuf
- 2 cuil. à soupe de farine
- 2 cuil. à café de jus de citron
- le zeste d'1 citron râpé
- 1/2 cuil. à café de cannelle
- 1 pincée de noix de muscade
- 1 pincée de sel

Apple pie

Garnissez une tourtière beurrée avec un rouleau de pâte. Veillez à bien appuyer les bords et à laisser dépasser la pâte d'environ 1 cm. Mettez au frais. Épluchez les pommes et évidez-les. Coupez-les en fines tranches.

Dans une grande terrine, mélangez le sucre, la farine, le sel, la cannelle et la noix de muscade. Ajoutez les tranches de pommes et mélangez jusqu'à ce qu'elles soient uniformément imprégnées de ce mélange. Disposez les pommes sur le fond de pâte de façon à le recouvrir entièrement. Préchauffez le four à 220 °C (th. 7-8).

Arrosez les pommes de jus de citron, parsemez de zeste de citron et de noisettes de beurre. Recouvrez avec le deuxième rouleau de pâte. Humectez vos doigts et pressez les bords de la pâte du fond et de celle du dessus de façon à les souder. Pincez-les au besoin en leur donnant une forme de vagues.

Délayez le jaune d'œuf avec un peu d'eau et badigeonnez-en la tourte. Incisez le milieu de la tourte en faisant un trou ou en dessinant des croisillons sur le dessus. Enfournez et faites cuire près de 50 minutes. Surveillez la cuisson et, selon la coloration de la croûte, baissez la température du four après 15 à 20 minutes.

variante

Vous pouvez, de la même façon, préparer une tourte aux poires ou d'un mélange poires-pommes.

truc de cuisinier

Dégustez tiède avec de la crème fraîche.

Tarte « biscotti »

Pour 4
Préparation : 20 min
Cuisson : 30 min
Difficulté : * *

- 1 moule rectangulaire
- 1 casserole
- 1 bol

INGRÉDIENTS :

- 8 biscottes
- 3 pommes
- 40 cl de lait entier
- 6 cuil. à soupe de sucre roux
- 50 g de beurre + 10 g
- 1 cuil. à soupe de rhum

Beurrez un moule rectangulaire et saupoudrez-le de 2 cuillerées à soupe de sucre. Disposez les biscottes de façon qu'elles recouvrent tout le fond du moule. Tassez. Au besoin, cassez des morceaux pour remplir les espaces vides.

Faites chauffer le lait, versez 2 cuillerées à soupe de sucre et le rhum. Imbibez petit à petit les biscottes de ce liquide chaud et sucré. Laissez reposer le temps que les biscottes aient tout absorbé.

aux pommes

Pelez les pommes et ôtez-en le trognon. Coupez-les en quartiers, puis en très fines tranches. Disposez-les sur les biscottes en les superposant bien. Saupoudrez du sucre restant et parsemez de noix de beurre.

Enfournez pour 30 minutes, le temps que les pommes et les bords de la tarte caramélisent. Au besoin, rajoutez un peu de sucre. Dégustez chaud avec une boule de glace au yaourt.

variante

Des petits-beurre peuvent remplacer les biscottes.

truc de cuisinier

Soyez généreux en sucre et beurre : plus cette tarte est caramélisée, et meilleure elle est.

Pour 8
Préparation : 30 min
Cuisson : 40 min
Réfrigération : 2 h
Difficulté : * *

- 1 moule à gâteau de 23 cm de diamètre
- 2 grands bols
- 1 couteau
- papier sulfurisé et billes de cuisson
- 1 batteur
- 1 fouet

INGRÉDIENTS :

- 1 pâte brisée
- 2 boîtes de lait concentré sucré (400 g chacune)
- 3 jaunes d'œufs
- le zeste de 2 citrons verts
- 25 cl de jus de citron vert

Pour la meringue :

- 4 blancs d'œufs
- 50 g de sucre glace

Tarte au citron vert meringuée

Préchauffez le four à 200 °C (th. 7) ou à 180 °C (chaleur tournante). Garnissez le moule avec la pâte, puis coupez le surplus à l'aide d'un couteau. Recouvrez d'un cercle de papier sulfurisé, de billes de cuisson ou de haricots secs, puis enfournez pour 10 minutes.

Retirez les billes, le papier et prolongez la cuisson de 5 minutes, jusqu'à ce que la pâte soit blonde. Dans un grand bol, fouettez le lait concentré, les jaunes d'œufs, le zeste et le jus de citron vert.

Préparez la meringue. Dans le second bol, versez les blancs d'œufs, puis commencez à les battre à vitesse lente. Dès qu'ils commencent à mousser, ajoutez petit à petit le sucre glace. Continuez de battre, en augmentant progressivement la vitesse, jusqu'à ce que les blancs soient fermes, lisses et brillants.

Versez la garniture au citron sur la pâte cuite à blanc, puis lissez la surface. Déposez dessus les blancs d'œufs montés en neige, puis égalisez la surface. Enfournez pour 25 minutes environ, jusqu'à ce que la meringue soit bien dorée. Laissez refroidir à température ambiante, puis mettez au frais pendant 2 heures avant de servir.

variante

Cette recette est une spécialité de Key West, en Floride, où les citrons verts sont excellents. Si vous n'en trouvez pas, vous pouvez utiliser des citrons jaunes, mais on s'éloigne un peu de la version originale.

truc de cuisinier

Roulez vos citrons verts sur un plan de travail en appuyant dessus avec la paume de la main afin qu'ils libèrent le plus de jus possible.

Pour 12 tartelettes
Préparation : 35 min
Repos de la pâte : 2 h 30
Cuisson : 12 min
Réfrigération : 2 h
Difficulté : * *

- 1 casserole
- 1 bol
- 1 robot ménager muni d'1 feuille
- 12 petits moules à tartelette
- du papier sulfurisé
- des noyaux de cuisson

INGRÉDIENTS :

- 130 g de beurre mou + un peu pour les moules
- 50 g de sucre glace tamisé
- 30 g de sucre de canne complet
- 200 g de farine
- 30 g de poudre d'amandes
- les graines d'1 gousse de vanille
- 1 œuf tempéré
- 1 pincée de sel

Pour la garniture :

- 300 g de chocolat au lait à 35 % de cacao
- 15 cl de crème fleurette
- 75 g de sucre
- 30 g de beurre tempéré

Tartelettes au chocolat au lait et au caramel

Battez le beurre en pommade, puis incorporez-lui les deux sucres et la vanille. Travaillez au robot jusqu'à obtention d'une crème onctueuse. Ajoutez alors la poudre d'amandes et le sel, puis l'œuf et lissez le mélange. Incorporez progressivement la farine et cessez de travailler la pâte dès qu'elle est homogène. Filmez la boule de pâte et laissez-la reposer au réfrigérateur pendant 2 heures. Beurrez les moules et garnissez-les de pâte. Percez les fonds à la fourchette. Réfrigérez pendant 30 minutes. Préchauffez le four à 180 °C (th. 6). Garnissez les fonds de tartelettes de papier sulfurisé frangé et de noyaux de cuisson et faites-les cuire pendant 10 minutes, puis 2 minutes sans noyaux ni papier. Démoulez les tartelettes et laissez-les refroidir sur une grille.

Faites fondre le chocolat. Portez la crème à ébullition et versez-la sur le chocolat. Remuez doucement jusqu'à ce que la ganache soit bien lisse. Faites fondre le sucre à sec dans une casserole, sans remuer. Lorsqu'il prend une couleur ambrée, retirez-le du feu et décuisez-le avec le beurre en parcelles. Incorporez aussitôt un peu de ganache chaude et continuez à mélanger les deux préparations. Remplissez les tartelettes de ganache et laissez prendre au frais pendant 2 heures. Sortez-les 10 minutes avant de les déguster.

variante

Vous pouvez émietter un peu de nougat au fond des tartelettes avant de les remplir de ganache.

truc de cuisinier

Pensez à préparer le double de pâte et à en congeler la moitié pour une utilisation ultérieure.

Pour 4
Préparation : 20 min
Repos : 2 h 15
Cuisson : 25 min
Difficulté : * *
€ € € €

- 1 rouleau à pâtisserie
- 1 saladier
- 1 bol
- 1 casserole
- 1 moule
- des poids (billes en céramique)

INGRÉDIENTS :

Pour la pâte brisée :
- 250 g de farine blanche
- 125 g de beurre doux
- 1 pincée de sel

Pour le moule :
- 1 cuil. à café de farine
- 10 g de beurre

Pour la garniture :
- 10 cl de jus d'orange
- 1 cuil. à soupe de jus de citron
- 2 œufs
- 1 cuil. à soupe de whisky
- 80 g de sucre
- 140 g de beurre
- 1 orange

Tarte au beurre d'orange

Préchauffez le four à 180 °C (th. 6). Versez la farine dans un saladier et ajoutez la pincée de sel. Coupez le beurre en petits morceaux et incorporez-le à la farine en émiettant le mélange avec le bout des doigts. Lorsque la préparation est poudreuse, ajoutez un peu d'eau et travaillez rapidement la pâte pour obtenir une boule homogène et souple. Filmez et laissez reposer au frais 1 heure.

Étalez la pâte sur un plan fariné et foncez un moule à tarte beurré et fariné. Couvrez d'une feuille de papier sulfurisé et lestez avec des poids. Enfournez pour 15 minutes.

Dans un bol, cassez les œufs et battez-les avec le sucre. Mouillez avec les jus d'agrumes. Placez le bol dans un bain-marie et faites cuire en remuant sans cesse durant 10 minutes environ, jusqu'à ce que le mélange devienne crémeux. Laissez tiédir.

Ajoutez le whisky et enfin le beurre en morceaux. Versez ce mélange sur la pâte et laissez refroidir à température ambiante avant de placer au réfrigérateur pour 1 heure. Servez avec des rondelles d'oranges fraîches.

variante

Remplacez le whisky par du Grand Marnier®.

truc de cuisinier

Remuez régulièrement la crème lorsqu'elle tiédit pour éviter la formation d'une peau.

Tartelettes
chocolat blanc-coco

Pour 4
Préparation : 20 min
Repos : 2 h
Cuisson : 10 min
Difficulté : * *

- 1 rouleau à pâtisserie
- 4 moules à tartelette
- 1 casserole • 1 saladier
- des poids

INGRÉDIENTS :

Pour la pâte brisée :
- 250 g de farine blanche
- 125 g de beurre doux – sel

Pour la garniture :
- 200 g de chocolat blanc
- 20 cl de crème fleurette
- 4 c. à s. de noix de coco en poudre – 1 c. à c. de farine
- 10 g de beurre

Préchauffez le four à 180 °C (th. 6). Versez la farine dans un saladier et ajoutez une pincée de sel. Coupez le beurre en petits morceaux et incorporez-le à la farine en émiettant le mélange avec le bout des doigts. Lorsque la préparation est poudreuse, ajoutez un peu d'eau et travaillez rapidement la pâte pour obtenir une boule homogène et souple. Filmez et laissez reposer au frais 1 heure.

Étalez la pâte sur un plan de travail fariné. Beurrez et farinez les moules à tartelette, foncez-les avec la pâte. Faites-les cuire à blanc recouverts d'une feuille de papier sulfurisé et lestés de poids pendant 10 minutes. Chauffez la crème fleurette et cassez-y la tablette de chocolat blanc en morceaux. Ajoutez la moitié de poudre de noix de coco. Remuez et recouvrez les fonds de pâte avec la ganache. Laissez prendre au frais 1 heure et saupoudrez du reste de noix de coco avant de servir.

Tartelettes
chocolat blanc-kiwi

Pour 4
Préparation : 25 min
Repos : 2 h
Cuisson : 10 min
Difficulté : * *

- 1 rouleau à pâtisserie
- 4 moules à tartelette
- 2 saladiers • 1 casserole
- des poids

INGRÉDIENTS :

Pour la pâte brisée :
- 250 g de farine blanche
- 125 g de beurre doux – sel

Pour la garniture :
- 250 g de brousse – 50 g de lait concentré sucré – 90 g de chocolat blanc – 15 ml de crème fleurette – 1 feuille de gélatine –1 kiwi épluché
- 1 c. à c. de farine – 10 g de beurre

Préchauffez le four à 180 °C (th. 6). Versez la farine dans un saladier et ajoutez une pincée de sel. Coupez le beurre en petits morceaux et incorporez-le à la farine en émiettant le mélange avec le bout des doigts. Lorsque la préparation est poudreuse, ajoutez un peu d'eau et travaillez rapidement la pâte pour obtenir une boule homogène et souple. Filmez et laissez reposer au frais 1 heure.

Étalez la pâte sur un plan de travail fariné. Beurrez et farinez les moules à tartelette, foncez-les avec la pâte. Faites-les cuire à blanc recouverts d'une feuille de papier sulfurisé et de poids pendant 10 minutes. Laissez ramollir la gélatine dans l'eau froide. Faites chauffer la crème dans une casserole et fondre les carrés de chocolat avec la gélatine. Mélangez la brousse et le lait concentré sucré, versez la crème chocolatée dessus. Garnissez les fonds de pâte et laissez prendre au réfrigérateur 1 heure. Décorez avec une tranche de kiwi.

Pour 4
Préparation : 15 min
Cuisson : 25 à 30 min
Difficulté : * *

- 1 économe
- 4 ramequins

INGRÉDIENTS :

- 4 poires mûres
- 4 pincées de vanille en poudre
- 12 spéculoos
- 50 g de beurre
- 50 g de sucre

Crumbles poires-spéculoos

Pelez et épépinez les poires. Coupez-les en petits morceaux. Beurrez les 4 ramequins. Répartissez les poires dans les ramequins. Saupoudrez chacun d'1 pincée de vanille en poudre.

Émiettez les spéculoos. Travaillez du bout des doigts la poudre de spéculoos avec le beurre mou coupé en dés et le sucre. Vous devez obtenir un sable grossier. Répartissez ce crumble sur les poires.

Préchauffez le four à 180 °C (th. 6).

Faites cuire les crumbles 25 à 30 minutes. Attendez quelques instants avant de servir, c'est très chaud !

variante

Vous pouvez ajouter des pommes, des raisins secs, un peu de rhum à votre mélange de fruits.

truc de cuisinier

N'émiettez pas trop finement les spéculoos, c'est agréable de garder un peu de leur croustillant !

TARTES & CRUMBLES

Tarte au chocolat noir

Pour 6
Préparation : 35 min
Repos de la pâte : 2 h 30
Cuisson : 20 min
Prise : 2 h
Difficulté : * *

- 1 casserole • 3 bols • 1 moule à tarte • du papier sulfurisé
- des noyaux de cuisson

INGRÉDIENTS :

- 180 g de farine – 15 g de cacao
- 25 g de poudre d'amandes
- 1 pincée de sel – 130 g de beurre mou – 80 g de sucre glace
- extrait de vanille – 2 jaunes d'œufs

Pour la garniture :

- 260 g de chocolat noir à 70 % de cacao – 20 cl de crème fleurette
- 50 g de beurre

Mélangez la farine, le cacao, la poudre d'amandes et le sel. Travaillez le beurre en pommade avec le sucre glace. Incorporez la vanille et les jaunes, puis la farine cacaotée. Filmez la boule de pâte et réfrigérez-la pendant 2 heures.

Garnissez le moule beurré. Percez la pâte avec une fourchette et replacez au frais pendant 30 minutes. Préchauffez le four à 180 °C (th. 6). Garnissez le fond de tarte de papier sulfurisé et de noyaux de cuisson. Enfournez pour 20 minutes. Laissez refroidir.

Hachez finement le chocolat. Portez à ébullition la crème fleurette et versez-la sur le chocolat en tournant. S'il n'est pas entièrement fondu, passez-le quelques secondes au micro-ondes. Incorporez le beurre. Cessez de remuer dès que la ganache est lisse et brillante. Garnissez le fond de tarte et laissez prendre à température ambiante, 2 heures.

Tarte au chocolat blanc, gingembre et litchis

Pour 6
Préparation : 35 min
Repos de la pâte : 2 h 30
Cuisson : 20 min
Réfrigération : 2 h
Difficulté : * *

- 1 casserole • 3 bols
- 1 moule à tarte
- du papier sulfurisé
- des noyaux de cuisson

INGRÉDIENTS :

- 500 g de pâte sucrée
- 250 g de chocolat blanc
- 15 cl de crème fleurette
- 4 cm de racine de gingembre
- 1 petite boîte de litchis

Préparez la pâte selon la recette des tartelettes au chocolat au lait, p. 358. Pour sa cuisson, reportez-vous à la recette de la tarte au chocolat noir, ci-dessus. Égouttez les litchis et coupez-les en deux. Pelez le gingembre et coupez-le en tout petits dés. Hachez finement le chocolat blanc.

Portez à ébullition la crème avec le gingembre, puis laissez infuser pendant 10 minutes. Passez la crème, réchauffez-la et versez-la sur le chocolat en remuant. Remplissez le fond de tarte de ganache. Disposez les litchis et laissez prendre au frais pendant 2 heures.

Pour 8
Préparation : 30 min
Cuisson : 1 h 05
Difficulté : * *
€

- 1 plaque de cuisson
- 1 couteau
- 1 moule à tarte de 26 cm de diamètre
- 3 bols
- 1 mixeur (facultatif)
- papier sulfurisé et billes de cuisson

INGRÉDIENTS :

- 225 g de noix de pécan
- 1 pâte brisée
- 50 g de beurre mou
- 100 g de sucre de canne roux
- 10 cl de sirop d'érable
- 3 cuil. à soupe de miel liquide
- 3 œufs
- 1 cuil. à soupe de crème fraîche épaisse

Pecan pie

Préchauffez le four à 150 °C (th. 5). Étalez les noix de pécan sur la plaque de cuisson, puis enfournez pour 15 minutes, afin de les torréfier. Réservez-les dans un bol.

Augmentez la température de votre four à 200 °C (th. 7) ou à 180 °C (chaleur tournante). Garnissez le moule avec la pâte, puis coupez le surplus à l'aide d'un couteau. Recouvrez d'un cercle de papier sulfurisé, de billes de cuisson ou de haricots secs, puis enfournez pour 10 minutes. Retirez les billes, le papier et prolongez la cuisson de 5 minutes, jusqu'à ce que la pâte soit blonde.

Réservez une quarantaine de noix de pécan pour le décor, puis concassez grossièrement les noix restantes. Dans un grand bol, mélangez le beurre, le sucre, le sirop d'érable et le miel, jusqu'à obtenir une consistance crémeuse. Incorporez les œufs un par un en mélangeant bien à chaque ajout, puis les noix de pécan concassées et la crème. Remuez.

Baissez la température de votre four à 165 °C (th. 6). Versez le mélange sur le fond de tarte cuit à blanc, disposez les cerneaux de noix pécan réservés et enfournez pour 35 minutes environ. La crème doit être prise, le dessus de la tarte brun et la tarte légèrement gonflée. Laissez refroidir à température ambiante avant de servir.

truc de cuisinier

La cuisson de la pâte à blanc permet d'avoir une pâte bien croustillante à la dégustation malgré la garniture humide. Cette tarte est un des grands classiques de la fête de Thanksgiving aux États-Unis.

Pour 4
Préparation : 40 min
Repos : 1 h
Cuisson : 25 min
Difficulté : * *

- 1 rouleau à pâtisserie
- 1 saladier
- 1 moule à manqué

INGRÉDIENTS :

Pour la pâte brisée :

- 250 g de farine blanche
- 125 g de beurre doux
- 1 pincée de sel

- 6 pommes
- 120 g de beurre
- 100 g de sucre en poudre
- 4 cuil. à soupe de crème fraîche

TARTES & CRUMBLES

Tarte tatin

Préchauffez le four à 180 °C (th. 6).Versez la farine dans un saladier et ajoutez la pincée de sel. Coupez le beurre en petits morceaux et incorporez-le à la farine en émiettant le mélange du bout des doigts. Lorsque la préparation est poudreuse, ajoutez un peu d'eau et travaillez rapidement la pâte pour obtenir une boule homogène et souple. Filmez et laissez reposer au frais 1 heure.

Posez le moule sur le feu avec le beurre et le sucre, et laissez colorer le caramel. Retirez du feu. Épluchez les pommes et taillez-les en quartiers avant de les disposer sur le caramel refroidi. Remettez le moule sur feu vif pendant 5 minutes le temps que les pommes s'imprègnent de caramel.

Étalez la pâte sur un plan fariné en un disque légèrement supérieur au diamètre du moule. Recouvrez les pommes de cette pâte et rentrez les bords à l'intérieur du moule.

Laissez au four jusqu'à cuisson complète de la pâte brisée (25 minutes) et démoulez sans attendre en faisant attention au caramel bouillant. Servez chaud avec 1 cuillerée de crème fraîche.

variante

Faites des tatins individuelles raffinées et festives en remplaçant la pâte brisée par de la pâte feuilletée.

truc de cuisinier

Lorsque la pâte est presque cuite, le caramel commence à remonter sur les côtés.

Pour 6-8
Préparation : 40 min
Repos : 1 h
Cuisson : 40 min
Difficulté : * *
€ € € €

- 1 saladier
- 1 moule à tarte
- 1 rouleau à pâtisserie
- papier sulfurisé
- 1 kg de haricots secs

INGRÉDIENTS :

Pour la pâte :
- 250 g de farine
- 125 g de beurre
- 5 cl de lait
- 1 pincée de sel

Pour la garniture :
- 6 cuil. à soupe de NUTELLA®
- 8 bananes
- 20 cl de lait
- 20 cl de crème fraîche
- 3 œufs
- 1 gousse de vanille
- 4 cuil. à soupe de cassonade

Tarte à la banane et au Nutella®

Commencez par préparer une pâte brisée. Coupez le beurre en petits morceaux. Dans un saladier, versez la farine, le beurre et le sel. Du bout des doigts, amalgamez le beurre et la farine jusqu'à ce que vous obteniez un sable homogène de couleur jaune. Liez alors rapidement votre pâte avec le lait. Ne la travaillez surtout pas trop, car elle deviendrait élastique et difficile à étaler et laissez-la reposer 1 heure.

Étalez-la et garnissez-en un moule à tarte. Couvrez de papier sulfurisé et d'1 kg de haricots secs. Enfournez pour 10 minutes à 190 °C (th. 6-7). Retirez le papier et les haricots et poursuivez la cuisson 5 minutes.

Pendant ce temps, dans un saladier, fouettez les œufs avec le lait, la crème et la moitié de la cassonade. Coupez la gousse de vanille et retirez les graines se trouvant à l'intérieur à l'aide de la pointe d'un couteau et ajoutez-les à la crème. Étalez le NUTELLA® sur le fond de tarte. Couvrez de crème, ajoutez les bananes coupées en rondelles et saupoudrez de cassonade. Enfournez pour 25 à 30 minutes à 180 °C (th. 6). La tarte doit être bien dorée. Sortez-la du four et laissez-la refroidir.

variante

À essayer aussi avec des rondelles d'ananas frais coupées en quartiers.

truc de cuisinier

Vous pouvez aussi ajouter directement le NUTELLA® dans la crème. Dans ce cas, faites d'abord chauffer le lait et la crème, déliez-y le NUTELLA® et ajoutez le reste des ingrédients.

Pour 4
Préparation : 5 min
Cuisson : 25 min
Difficulté : * *

- 4 ramequins
- 1 bol

INGRÉDIENTS :

- 2 petites pommes golden
- 200 g de framboises fraîches ou surgelées
- 4 cuil. à soupe de sirop de rose
- 80 g de beurre demi-sel
- 80 g de farine
- 80 g de poudre de pralines roses

Crumbles de framboises à la praline

Pelez les pommes et coupez-les en petits dés. Rincez les framboises et coupez-les en deux en conservant le jus.

Répartissez les fruits et le jus dans les ramequins. Ajoutez 1 cuillerée à soupe de sirop de rose dans chaque ramequin.

Préchauffez le four à 180 °C (th. 6). Découpez le beurre en petits dés. Du bout des doigts, mélangez le beurre avec les ingrédients secs (farine et poudre de pralines). Le mélange obtenu doit être sableux.

Répartissez ce crumble sur les fruits. Faites cuire au four 25 minutes. Laissez refroidir quelques instants avant de déguster.

variantes

Si vous n'avez pas de sirop de rose, vous pouvez également utiliser du sirop de coquelicot ou d'agave (en épicerie bio), mais aussi du sirop d'érable.

truc de cuisinier

Vous pouvez réduire les pralines en poudre dans votre mixeur, mais vous pouvez également placer les pralines entre deux torchons propres et les broyer avec un rouleau à pâtisserie ou un petit maillet.

Pastéis

Pour 4
Préparation : 30 min
Cuisson : 15 min
Difficulté : * *

- 1 rouleau à pâtisserie
- 1 casserole
- 1 bol
- 1 saladier
- 4 moules hauts

INGRÉDIENTS :

- 200 g de pâte feuilletée
- 120 g de sucre
- 1 œuf + 3 jaunes
- 25 cl de lait entier
- 1 gousse de vanille fendue en deux
- 1 cuil. à soupe de farine
- 1 pincée de cannelle en poudre

Pour les moules :
- 1 cuil. à café de farine
- 10 g de beurre

Préchauffez le four à 240 °C (th. 8). Beurrez et farinez des petits moules. Étalez finement la pâte feuilletée sur une planche en bois farinée et découpez des disques de pâte pour en foncer les moules. Placez au frais le temps de préparer la garniture.

Faites chauffer le lait avec la gousse de vanille. Versez la farine dans un saladier et mouillez lentement avec le lait débarrassé de sa gousse. Dans un bol, battez l'œuf entier et les jaunes et ajoutez-les au mélange lait-farine sans cesser de remuer. Ajoutez le sucre.

de nata

Faites prendre cette préparation au bain-marie pendant 5 minutes, sans cesser de remuer. Retirez du feu.

Répartissez la crème de façon égale dans les petits moules avant d'enfourner pour 15 minutes. Laissez refroidir avant de démouler et de saupoudrer de cannelle en poudre.

variante

Épicez la préparation en remplaçant la gousse de vanille par une fleur de badiane.

truc de cuisinier

Achetez une pâte feuilletée au beurre et non à l'huile de palme… la saveur change radicalement.

Pour 4
Préparation : 30 min
Repos : 1 h 45
Cuisson : 25 min
Difficulté : * *

- 1 rouleau à pâtisserie
- 1 casserole
- 2 saladiers
- 1 plat de service
- 1 plaque
- 1 bol
- 1 fouet électrique

INGRÉDIENTS :

Pour la pâte :
- 10 cl de lait entier
- 250 g de farine
- 2 c. à c. d'eau de fleur d'oranger
- 50 g de sucre
- 1 œuf + 1 jaune délayé avec un peu d'eau et de beurre fondu
- sel
- 75 g de beurre + 10 g
- 1 c. à s. de levure boulangère

Pour la crème :
- 20 cl de lait entier
- 2 jaunes d'œufs
- 1 sachet de sucre vanillé
- 40 g de sucre en poudre
- 20 g de farine
- 10 cl de crème fleurette
- 1 c. à s. de sucre glace

Tarte tropézienne

Préchauffez le four à 180 °C (th. 6) et préparez la pâte en émiettant la levure dans le lait tiède. Dans un saladier, mélangez la farine, une pincée de sel et le sucre en formant un puits. Cassez l'œuf et versez le lait et la fleur d'oranger. Mélangez la pâte énergiquement et pétrissez-la en lui incorporant le beurre ramolli, jusqu'à ce qu'elle soit homogène. Ramassez en boule et faites lever 1 heure sous un linge et dans un endroit chaud.

Étalez la pâte sur 1 cm d'épaisseur, déposez-la sur une plaque beurrée et laissez encore reposer 45 minutes. Faites chauffer le lait pour la crème. Dans un saladier, faites blanchir les jaunes avec le sucre et le sucre vanillé. Fouettez en incorporant peu à peu la farine, puis le lait en mince filet. Reversez dans la casserole et posez sur feu doux pour faire épaissir la crème pâtissière pendant 5 à 6 minutes sans cesser de remuer. Réservez.

Badigeonnez la surface de la pâte avec le jaune d'œuf délayé. Enfournez à mi-hauteur et laissez cuire 20 à 25 minutes. Sortez la pâte et laissez refroidir avant de la couper en deux dans le sens de l'épaisseur et d'en poser la partie inférieure sur un plat de service.

Fouettez la crème en chantilly ferme et incorporez-la délicatement à la crème pâtissière. Étalez la crème sur la moitié de la pâte, refermez en posant l'autre moitié sans appuyer. Saupoudrez de sucre glace et servez frais.

variante

Râpez le zeste d'un citron dans la crème pour lui donner une saveur plus estivale.

truc de cuisinier

Attendez que la crème soit bien froide avant d'incorporer la chantilly, et conservez ainsi une texture plus facile à étaler.

Pour 4
Préparation : 25 min
Cuisson : 30 min
Difficulté : * *

- 4 mini-plats à gratin
- 1 saladier
- 1 casserole
- 1 bol

INGRÉDIENTS :

- 3 pommes
- 1 petite barquette de fraises
- 4 cuil. à soupe de sucre
- 1 cuil. à soupe de raisins secs
- 1 trait de rhum
- 40 g de beurre

Pour la pâte à crumble :

- 100 g de farine
- 50 g de cassonade
- 50 g de beurre
- 1 cuil. à café de cannelle moulue

Crumbles pommes-fraises

Dans un bol, faites macérer pendant quelques minutes les raisins secs avec un peu d'eau tiède et le rhum. Lavez et découpez les fraises en quatre ou en six.

Épluchez et évidez les pommes, découpez-les en petits dés réguliers. Dans une casserole, déposez-les avec 20 g de beurre, le sucre et 1 cuillerée à soupe d'eau. Laissez cuire à feu doux et à couvert pendant 5 minutes. Laissez tiédir, ajoutez les raisins secs bien égouttés, puis les morceaux de fraises. Mélangez délicatement.

Confectionnez la pâte à crumble en mélangeant dans un saladier et du bout des doigts la farine avec la cassonade, la cannelle et le beurre découpé en petites parcelles. La pâte à crumble doit être friable.

Beurrez 4 mini-plats à gratin. Répartissez la compote de pommes aux fraises. Émiettez la pâte à crumble sur toute la surface. Faites cuire au four pendant 25 à 30 minutes à 180 °C (th. 6). Servez tiède.

variante

Ajoutez quelques dés de banane avec la compote de pommes et les morceaux de fraises.

truc de cuisinier

Faites à peine cuire les dés de pommes dans la casserole pour les conserver encore croquants.

Tartelettes au chocolat
sans cuisson

Pour 4
Préparation : 20 min
Repos : 4 h
Difficulté : *
€

- 1 mixeur
- 1 casserole
- 1 saladier
- 4 moules à tartelette lisses

INGRÉDIENTS :

- 200 g de sablés
- 60 g de beurre demi-sel
- 200 g de chocolat noir 70 %
- 100 g de crème fleurette
- 3 c. à s. de sucre blanc

Réduisez les biscuits en poudre fine au mixeur. Faites fondre le beurre dans une casserole. Dans un saladier, mélangez le beurre et les biscuits. Remplissez les moules en tapissant le fond et les bords. Tassez et placez au réfrigérateur pendant 1 heure.

Faites chauffer la crème sans la porter à ébullition et faites fondre le chocolat cassé en morceaux avec le sucre. Laissez à peine tiédir avant de remplir les tartelettes. Replacez au réfrigérateur pendant 3 heures.

Tartelettes fines
à la crème de marrons

Pour 4
Préparation : 25 min
Cuisson : 10 min
Repos : 2 h
Difficulté : * *
€€

- 1 saladier • 1 pinceau
- 2 casseroles
- 4 moules hauts

INGRÉDIENTS :

- 8 feuilles de brick
- 15 cl de lait
- 150 g de crème de marrons
- 2 c. à s. de lait concentré sucré
- 1 jaune d'œuf
- 1 c. à s. de fécule de maïs
- 1 feuille de gélatine
- 75 g de beurre
- 4 marrons glacés

Préchauffez le four à 180 °C (th. 6). Étalez les feuilles de brick en les superposant. Découpez 4 carrés. Faites fondre 25 g de beurre et badigeonnez-en chaque feuille de brick avant de les disposer les unes sur les autres dans 4 moules. Faites-les cuire à blanc 10 minutes recouverts d'une feuille de papier sulfurisé et lestés de poids.

Faites chauffer le lait avec la crème de marrons. Ajoutez-y la fécule de maïs. Mélangez le jaune avec le lait concentré sucré et mouillez avec le lait tout en continuant de fouetter. Portez à feu doux pendant 1 minute avant d'ajouter la gélatine ramollie dans l'eau froide. Ajoutez le reste de beurre en morceaux et remuez jusqu'à ce que le mélange soit homogène et crémeux. Garnissez les tartelettes de cette crème et laissez durcir au réfrigérateur pendant 2 heures. Décorez de miettes de marrons glacés et servez à température ambiante.

Pour 4
Préparation : 15 min
Cuisson : 20 min
Difficulté : * *
€ € € €

- 1 couteau Économe
- 1 poêle
- 1 cuillère en bois
- 1 mixeur
- 4 ramequins individuels allant au four

INGRÉDIENTS :

- 4 pommes
- 30 g de beurre
- 12 spéculoos
- 2 cuil. à soupe de sucre

Crumbles aux miettes de spéculoos

Préchauffez le four à 200 °C (th. 7). Pelez les pommes, épépinez-les et coupez-les en dés.

Faites fondre le beurre dans une poêle et faites revenir les dés de fruits. Saupoudrez de sucre, et prolongez la cuisson à feu vif pendant 5 minutes en remuant à l'aide d'une cuillère en bois.

Dans le bol du mixeur, concassez grossièrement les spéculoos.

Étalez les fruits au fond de ramequins individuels. Recouvrez-les de miettes de spéculoos et enfournez pour 15 à 20 minutes. Dégustez tiède avec de la crème fraîche ou une boule de glace à la vanille.

variante

Vous pouvez réaliser cette recette avec des poires ou des pêches, selon la saison.

truc de cuisinier

Sans mixeur, vous pouvez concasser les spéculoos en les enveloppant dans un torchon propre et en les brisant avec un rouleau à pâtisserie.

Tarte ricotta, fleur d'oranger et oranges confites

Pour 4
Préparation : 20 min
Repos : 1 h
Cuisson : 40 min
Difficulté : * *
€ € € €

- 1 rouleau à pâtisserie
- 1 moule
- 2 saladiers
- 1 bol
- 1 fouet électrique

INGRÉDIENTS :

Pour la pâte brisée :
- 250 g de farine blanche
- 125 g de beurre doux
- 10 cl d'eau de fleur d'oranger – sel

Pour le moule :
- 1 c. à c. de farine
- 10 g de beurre

Pour la garniture :
- 250 g de ricotta
- 75 g de sucre
- 3 œufs
- 1 c. à s. de fécule de maïs
- 10 zestes d'oranges confites
- 1 c. à s. de fleur d'oranger

Préchauffez le four à 180 °C (th. 6). Versez la farine dans un saladier et ajoutez une pincée de sel. Coupez le beurre en petits morceaux et incorporez-le à la farine en émiettant le mélange avec le bout des doigts. Lorsque la préparation est poudreuse, ajoutez l'eau de fleur d'oranger et si besoin de l'eau. Travaillez rapidement la pâte pour obtenir une boule homogène et souple. Filmez et laissez reposer au frais 1 heure.

Étalez la pâte sur un plan fariné et foncez un moule à manqué beurré et fariné. Séparez les jaunes et les blancs. Versez les jaunes dans un saladier, ajoutez le sucre et fouettez vigoureusement jusqu'à ce que le mélange mousse et blanchisse.

Ajoutez la fécule de maïs, puis la ricotta. Coupez les zestes d'oranges en petits dés et ajoutez-les à la préparation. Aromatisez avec la cuillerée à soupe d'eau de fleur d'oranger et mélangez. Montez les blancs en neige très ferme et incorporez-les délicatement au mélange. Versez la préparation sur le fond de pâte et enfournez pour 40 minutes. La tarte est cuite lorsque la lame d'un couteau planté en ressort sèche.

variante

À la place des oranges confites, essayez des raisins blonds gonflés dans une eau chaude aromatisée au rhum.

truc de cuisinier

Faites cuire cette tarte dans un moule métallique qui asséchera mieux l'humidité naturelle de la ricotta qu'un moule en porcelaine.

Pour 6
Préparation : 15 min
Cuisson : 30 min
Difficulté : * *

- 1 saladier
- 1 moule à tarte

INGRÉDIENTS :

- 1 pâte brisée sucrée et aromatisée au zeste de citron
- 200 g de noix de pécan
- 100 g de cassonade
- 60 g de beurre
- 3 cuil. à soupe de farine
- 3 œufs
- 12 cerises confites
- 3 cuil. à soupe de sirop d'érable
- 1 cuil. à café d'extrait de vanille

Tarte aux noix de pécan et cerises confites

Préparez la pâte brisée en ajoutant le zeste d'un citron râpé. Si vous utilisez une pâte toute prête, déroulez-la et parsemez de zeste de citron. Garnissez-en un moule à tarte beurré et réservez au frais.
Hachez les noix de pécan et réservez.

Battez les œufs avec la cassonade, ajoutez l'extrait de vanille, la farine et le beurre fondu. Préchauffez le four à 200 °C (th. 6-7).

Sortez la pâte du réfrigérateur, répartissez les noix de pécan hachées sur le fond et versez par-dessus l'appareil aux œufs. Enfournez et faites cuire 15 minutes à 200 °C, puis baissez la température à 180 °C (th. 6) et continuez la cuisson encore 15 minutes. La garniture doit être bien ferme.

Laissez refroidir, démoulez, laissez couler des filets de sirop d'érable sur toute la surface et décorez avec les cerises confites.

variante

Utiliser des noix, des noisettes ou des pignons de pin.

truc de cuisinier

Cette tarte étant consistante, vous pouvez préparer des mini-tartelettes individuelles qui seront dégustées comme des bouchées.

Pour 4
Préparation : 25 min
Cuisson : 35 min
Difficulté : * *

Crumbles poire-cacao

- 4 mini-plats à gratin
- 2 saladiers

INGRÉDIENTS :

- 2 poires - 1/2 citron
- 20 g de beurre
- 1 œuf - 1 jaune
- 40 g de sucre - 20 g de farine
- 15 cl de crème
- 5 cl de lait

Pour le crumble cacao :

- 100 g de farine
- 25 g de cacao en poudre
- 50 g de sucre - 70 g de beurre

Épluchez et citronnez les poires avant de retirer le cœur. Détaillez-les en petits dés réguliers. Confectionnez un appareil à flan en mélangeant dans un saladier l'œuf, le jaune, le sucre, la farine, la crème et le lait. Beurrez les mini-plats à gratin. Répartissez les dés de poires et versez le flan à hauteur des fruits.

Dans un autre saladier, confectionnez la pâte à crumble en mélangeant du bout des doigts la farine avec le cacao, le sucre et le beurre découpé en petites parcelles. La pâte à crumble doit être friable. Faites durcir cette pâte au réfrigérateur.

Faites cuire les flans aux poires dans un four à 200 °C (th. 6/7) pendant 15 minutes. Sortez-les du four. Émiettez par-dessus le crumble cacao. Faites cuire de nouveau pendant 15 à 20 minutes à 200 °C. Laissez refroidir, avant de servir.

Pour 4
Préparation : 25 min
Cuisson : 30 min
Difficulté : * *

Streusel de mirabelles
au fromage blanc

- 4 mini-plats à gratin
- 2 saladiers

INGRÉDIENTS :

- 400 g de mirabelles fraîches ou au sirop
- 120 g de farine
- 90 g de beurre
- 60 g de cassonade
- 150 g de fromage blanc
- 1 œuf - 1 jaune
- 60 g de sucre
- 1 citron

Confectionnez la pâte à streusel en mélangeant du bout des doigts la farine avec la cassonade et 70 g de beurre en pommade. Laissez durcir cette pâte très friable au réfrigérateur. Dans un saladier, fouettez l'œuf et le jaune avec le sucre et le zeste du citron, puis incorporez le fromage blanc.

Dénoyautez les mirabelles et coupez-les en deux. Rangez-les côte à côte et en rosace dans les mini-plats à gratin beurrés. Versez le flan de fromage blanc à hauteur des fruits. Émiettez le streusel par-dessus. Faites cuire dans un four à 180 °C (th. 6) pendant 25 à 30 minutes. Servez tiède ou froid.

Tartelettes aux framboises
et à la chantilly

Pour 4
Préparation : 25 min
Repos : 1 h
Cuisson : 10 min
Difficulté : * *

- 1 rouleau à pâtisserie
- 2 saladiers
- 1 bol
- 4 moules à tartelette
- 1 fouet électrique
- 1 casserole
- des poids

INGRÉDIENTS :

Pour la pâte brisée :
- 250 g de farine blanche + 1 c. à c.
- 125 g de beurre doux + 10 g
- sel

Pour la garniture :
- 20 cl de lait entier
- 2 jaunes d'œufs
- 40 g de sucre blanc
- 20 g de farine
- 1 cuil. à thé de poudre de thé vert matcha
- 25 cl de crème fleurette très froide
- 2 c. à s. de sucre glace
- 2 barquettes de framboises
- graines de pavot

Préchauffez le four à 180 °C (th. 6). Versez la farine dans un saladier et ajoutez une pincée de sel. Coupez le beurre en petits morceaux et incorporez-le à la farine en émiettant le mélange avec le bout des doigts. Lorsque la préparation est poudreuse, ajoutez un peu d'eau et travaillez rapidement la pâte pour obtenir une boule homogène et souple. Filmez et laissez reposer au frais 1 heure.

Étalez la pâte sur un plan de travail fariné. Beurrez et farinez les moules à tartelette, foncez-les avec la pâte. Faites-les cuire à blanc recouverts d'une feuille de papier sulfurisé et lestés de poids pendant 8 à 10 minutes.

Faites chauffer le lait avec la moitié du sucre. Dans un saladier, faites blanchir les jaunes avec le reste du sucre et fouettez en incorporant peu à peu la farine, puis le lait en mince filet. Reversez dans la casserole et posez à nouveau sur feu doux pour faire épaissir cette crème pendant 5 à 6 minutes sans cesser de remuer. Ajoutez la poudre de thé vert, mélangez et laissez tiédir.

Montez la crème en chantilly bien ferme en ajoutant le sucre glace. Remplissez les fonds de tarte avec la crème pâtissière froide. Garnissez de chantilly, plantez les framboises et saupoudrez de graines de pavot. Servez sans attendre.

variante

Pour une saveur encore plus *girly*, vous pouvez aromatiser la crème avec un sirop de rose.

truc de cuisinier

Pour une chantilly réussie, la crème fraîche et le saladier doivent être bien froids.

Pour 6
Préparation : 20 min
Cuisson : 1 h
Difficulté : * *

- 1 plaque de four
- 1 robot mixeur
- 1 saladier
- 1 poêle
- 6 plats à gratin individuels ou 6 ramequins

INGRÉDIENTS :

- 6 pommes reinettes (ou Elstar)
- 6 figues fraîches
- 120 g de mûres
- 150 g de pain d'épices sans croûte
- 4 c. à s. de cassonade
- 130 g de beurre
- 1 petite pincée de sel

Crumbles de fruits d'automne au pain d'épices

Allumez le four à 150 °C (th. 5). Émiettez le pain d'épices sur une plaque de four. Enfournez-le 30 minutes. Laissez-le refroidir. Mixez-le grossièrement et mélangez-le avec 100 g de beurre, 2 cuillères à soupe de cassonade et le sel. Frottez la pâte entre vos mains pour obtenir un mélange granuleux.

Remontez le thermostat à 180 °C (th. 6). Dans une poêle, faites cuire 10 minutes les pommes épépinées et coupées en cubes avec 30 g de beurre et 2 cuillères à soupe de cassonade.

Dans les plats, répartissez en les mélangeant : les pommes, les mûres et les figues émincées en quartiers et placées peau en-dessous.

Répartissez la pâte de crumble sur les fruits. Enfournez environ 20 minutes, la pâte doit être croustillante et dorée. Servez avec une quenelle de glace fortement vanillée.

variantes

Ce crumble se prépare au fil des saisons avec toutes sortes de fruits, fruits rouges, pêches, abricots, reines-claudes, quetsches, raisins, seuls ou en mélange de pommes et de poires ; avec des fruits exotiques émincés en cubes ou une macédoine de fruits en conserve au sirop léger.

truc de cuisinier

Ne cherchez pas à obtenir une pâte homogène, le beurre ne doit pas fondre, mais s'agglomérer avec la poudre de pain d'épices en une multitude de petits grains inégaux dont le dessert tire son nom.

Pour 4
Préparation : 20 min
Cuisson : 25 min
Difficulté : * *

- 1 poêle
- 2 casseroles
- 1 mixeur

INGRÉDIENTS :

- 2 poires williams
- 4 tranches de brioche
- 1 œuf
- 20 cl de lait entier
- 50 g de sucre roux
- 20 noisettes
- 10 pralines
- 50 g de beurre doux
- 25 cl d'eau
- 250 g de sucre blanc
- 2 cuil. à soupe de miel d'acacia
- 1 cuil. à café de poudre de pistache

Pour le caramel :

- 15 g de beurre demi-sel
- 125 g de sucre blanc
- 1 cuil. à soupe 1/2 d'eau

Tartelettes briochées
à la poire et noisettine caramélisée

Épluchez les poires. Dans une casserole, réalisez un sirop en faisant fondre le sucre blanc dans l'eau. Pochez les poires pendant 15 minutes. Ajoutez le miel en fin de cuisson et enrobez-en soigneusement les poires. Coupez-les en deux et réservez.

Faites chauffer le lait avec le sucre roux. Versez-le tiède sur les tranches de brioche pour les imbiber sans les détremper. Battez l'œuf dans une assiette et trempez les 2 faces de chaque fond brioché.

Faites fondre le beurre dans une poêle et faites dorer les tranches de brioche à feu moyen. Réservez. Préparez le caramel en faisant fondre le sucre blanc dans l'eau. Une fois que le caramel a roussi, ajoutez hors du feu le beurre demi-sel.

Mixez les noisettes et les pralines, et versez dessus le caramel. Dressez les tartelettes de brioche dans les assiettes. Déposez sur chacune 1 généreuse cuillerée de noisettine, ajoutez la poire et saupoudrez de poudre de pistache.

variante

Remplacez les poires par des tranches d'ananas confites au sucre et au beurre.

truc de cuisinier

Veillez à retirer l'excédent de jaune d'œuf avant de poêler les tranches de brioche.

Pour 4
Préparation : 30 min
Cuisson : 10 min
Difficulté : * *
€ € € €

- 1 couteau
- 1 saladier
- papier sulfurisé
- 1 plaque de four
- 4 verrines ou 4 coupelles

INGRÉDIENTS :

- 1 boîte 4/4 d'abricots au sirop
- 50 g de pistaches pelées non salées
- 50 g de poudre d'amandes
- 30 g de farine
- 80 g de sucre
- 50 g de beurre

Crumbles d'abricots aux pistaches

Hachez grossièrement les pistaches au couteau. Égouttez les abricots en réservant un peu de sirop. Coupez-les en morceaux. Répartissez-les dans 4 verres.

Taillez le beurre en morceaux. Mélangez la farine, la poudre d'amandes et le sucre et la moitié des pistaches. Incorporez rapidement le beurre, pour obtenir de grosses miettes.

Préchauffez le four à 200 °C (th. 7). Recouvrez la plaque du four d'une feuille de papier sulfurisé. Étalez les miettes de pâte en une couche régulière. Enfournez pour 10 minutes environ.

Mélangez le sirop et les pistaches restantes aux abricots. Parsemez de miettes de crumble. Servez frais.

variante

Remplacez la pâte à crumble par des sablés bretons émiettés.

truc de cuisinier

S'il vous reste des miettes de crumble, congelez-les dans un sac à congélation.

tutti frutti

Pour 6
Préparation : 15 min
Cuisson : 15 min
Difficulté : * *
€

- 1 casserole
- papier sulfurisé

INGRÉDIENTS :

- 3 pêches jaunes
- 1 grappe de raisin noir
- 6 figues
- 1 poignée de cerises
- 50 g de cassonade
- 6 cuil. à soupe de NUTELLA®

Papillotes de fruits au Nutella®

Portez une casserole d'eau à ébullition, plongez-y les pêches 1 minute, puis retirez-les de l'eau et passez-les sous l'eau froide.

Épluchez-les. Équeutez les cerises. Égouttez les raisins, et coupez les figues en 4.

Préchauffez le four à 190 °C (th. 6-7). Sur 6 grands carrés de papier sulfurisé, répartissez fruits, cassonade et NUTELLA®. Scellez les papillotes.

Enfournez pour 15 minutes. Sortez les papillotes du four et laissez reposer 5 minutes avant de servir.

variante

Vous pouvez réaliser la même recette avec un assortiment de fruits exotiques : litchis, mangue, ananas, papaye...

truc de cuisinier

Ouvrez les papillotes devant vos invités, parsemez-les d'amandes effilées et grillées, et ajoutez quelques fruits rouges frais (framboises, mûres ou fraises).

TUTTI FRUTTI

Pour 6
Préparation : 25 min
Congélation : 2 h
Difficulté : * *

Bavaroise aux

- 2 saladiers
- 1 casserole
- 1 fouet
- 1 mixeur
- 1 passoire fine
- 1 moule en silicone en forme de couronne
- 1 grille

INGRÉDIENTS :

- 250 g d'ananas (1/3 d'ananas frais)
- 10 cl de jus de fruits multivitaminé
- 3 feuilles de gélatine (6 g)
- 100 g de sucre
- 20 cl de crème liquide
- 15 biscuits à la cuillère
- 100 g de gelée d'abricots
- 1/2 ananas
- 1 mangue
- 1 kiwi
- 1 fruit de la passion

Trempez la gélatine dans de l'eau froide. Montez la crème liquide en chantilly. Réservez-la au frais.

Portez le jus de fruits et le sucre à ébullition, ajoutez la gélatine. Versez sur l'ananas, mixez puis passez à la passoire fine. Incorporez délicatement la crème Chantilly.

Versez la mousse à l'ananas dans le moule. Coupez les biscuits à la cuillère à la taille du moule et disposez-les dessus. Réservez la bavaroise pendant 2 heures au congélateur.

fruits exotiques

Démoulez la bavaroise, placez-la sur une grille. Faites chauffer la gelée d'abricots de manière à ce qu'elle soit liquide (rajoutez si besoin un peu d'eau). Nappez la bavaroise avec la gelée. Découpez l'ananas et le kiwi en triangles, la mangue en cubes. Garnissez le centre de la bavaroise avec les fruits coupés et les graines du fruit de la passion.

variante

Remplacez l'ananas de la mousse par du lait de coco.

truc de pâtissier

Si vous ne disposez pas d'un moule en silicone, chemisez votre moule avec du papier film.

Pour 4
Préparation : 25 min
Réfrigération : 1 h
Cuisson : 25 min
Difficulté : * *
€ € € €

- 4 verrines
- 2 saladiers
- 1 emporte-pièce rond de 5 cm de diamètre
- 1 plaque à pâtisserie
- 1 fouet
- 1 siphon de 0,5 l
- 1 cartouche de gaz

INGRÉDIENTS :

- 250 g de mûres fraîches

Pour les sablés bretons :
- 80 g de beurre
- 120 g de farine
- 40 g de sucre
- 1/2 sachet de levure chimique (5 g)
- 1 sachet de sucre vanillé
- 1 pincée de sel
- 1 jaune d'œuf

Pour la chantilly de mûres :
- 20 cl de crème liquide
- 2 cuil. à soupe de gelée de mûre

TUTTI FRUTTI

Verrines de mûres
et sablés bretons

Dans un saladier, déposez le beurre découpé en dés, ajoutez la farine, le sucre, la levure, le sucre vanillé et le sel fin. Mélangez du bout des doigts (sablez). Incorporez le jaune d'œuf et formez une boule. Laissez durcir cette pâte quelques minutes au frais. Étalez la pâte sur 1 cm d'épaisseur, puis détaillez des ronds de 5 cm à l'aide d'un emporte-pièce. Déposez les sablés sur une plaque à pâtisserie en les espaçant légèrement. Faites-les cuire au four pendant environ 25 minutes à 150 °C.

Mélangez dans un saladier, avec un petit fouet, la crème liquide et la gelée de mûre. Sucrez et passez au tamis si nécessaire. Versez le tout dans un siphon. Vissez 1 cartouche de gaz. Laissez reposer 1 heure au frais.

Concassez grossièrement les sablés. Lavez et égouttez soigneusement les mûres.

Garnissez les verres avec une couche de sablés concassés, puis une couche de mûres. Agitez le siphon et complétez avec la chantilly de mûres. Décorez avec quelques mûres.

variante

Remplacez les mûres par des myrtilles ou des fruits rouges.

truc de cuisinier

Doublez la recette des sablés bretons, ils sont excellents avec un café.

Pour 4
Préparation : 25 min
Cuisson : 30 min
Difficulté : *

- 1 plat à gratin
- 1 saladier
- 1 pinceau
- 1 plat
- papier absorbant

INGRÉDIENTS :

- 500 g de cerises noires
- 20 g de beurre
- 2 œufs
- 70 g de cassonade
- 50 g de farine
- 15 cl de crème liquide
- 10 cl de lait
- 1 trait de kirsch
- 20 g de sucre glace

Gratin de cerises noires au kirsch

Préchauffez le four à 200 °C (th. 6/7). Beurrer le plat à gratin. Lavez les cerises. Équeutez-les, retirez les noyaux. Réservez les cerises dans un plat recouvert de papier absorbant.

Dans un saladier, fouettez les œufs avec la cassonade. Ajoutez la farine. Mélangez bien. Versez la crème liquide, le lait, puis le kirsch. Fouettez à nouveau ce flan.

Répartissez les cerises dénoyautées dans le plat à gratin sans les chevaucher. Ajoutez le flan sans dépasser les trois quarts de la hauteur.

Faites cuire le gratin de cerises dans un four à 200 °C (th. 6/7) pendant 30 minutes. Sortez-le du four pour le laisser tiédir pendant quelques minutes. Saupoudrez de sucre glace. Servez tiède ou froid.

variante

Remplacez le kirsch par une liqueur d'amaretto au merveilleux goût d'amande.

truc de cuisinier

Pour obtenir une consistance de clafoutis, doublez la dose de farine.

Pour 4
Préparation : 15 min
Difficulté : *
€

- 1 cuillère à la parisienne
- 1 saladier
- 1 bol
- 4 petits bols

INGRÉDIENTS :

- 3 melons
- 300 g de framboise
- 1 bouquet de menthe
- 2 cuil. à soupe de sirop d'agave

Salade de melon
et framboises

Coupez les melons en deux et épépinez-les. Prélevez des billes à l'aide de la cuillère à la parisienne et réservez-les dans un saladier au réfrigérateur. Récupérer le jus au fond des melons et versez-le dans un bol. Ajoutez le sirop d'agave et mélangez.

Lavez et essuyez la menthe. Ciselez les grandes feuilles et gardez les petites pour la décoration. Répartissez les billes de melon dans les bols individuels, ajoutez les framboises et parsemez de menthe. Nappez de jus de melon sucré. Servez sans attendre.

Pour 4
Préparation : 10 min
Difficulté : *
€

- 1 pilon
- 1 bol
- 1 saladier
- 4 petits bols

INGRÉDIENTS :

- 6 oranges de table
- 1 cuil. à soupe d'eau de fleur d'oranger
- 1 cuil. à soupe de marmelade d'oranges
- 1 cuil. à soupe de cassonade
- 1 poignée de pistaches décortiquées
- 1 pincée de cannelle

Salade d'oranges
à l'orientale

Pelez à vif les oranges. Détachez les quartiers pour prélever les suprêmes. Ôtez délicatement leur peau et rassemblez-les dans un saladier. Récupérez le jus des fruits et versez-le dans un bol.

Diluez la marmelade avec le jus des oranges, le sucre et la cannelle, et faites-la tiédir au micro-ondes afin que tout s'amalgame. Ajoutez la fleur d'oranger et versez le sirop sur la salade de fruits. Mélangez délicatement. Répartissez dans les bols individuels. Écrasez les pistaches au pilon et parsemez-en les suprêmes d'oranges.

TUTTI FRUTTI

Pour 4
Préparation : 25 min
Cuisson : 35 min
Difficulté : * *

- 4 mini-cocottes en fonte de 12 cm de diamètre
- 1 saladier
- 1 fouet électrique
- 1 passoire fine

INGRÉDIENTS :

- 400 g de mirabelles fraîches
- 20 g de beurre
- 1 oeuf
- 1 jaune d'œuf
- 2 cuil. à soupe de sucre
- 3 cuil. à soupe de farine
- 5 cl de lait
- 10 cl de crème liquide
- 1 trait d'eau-de-vie de mirabelle
- 1 pincée de cannelle
- 20 g de sucre glace

TUTTI FRUTTI

Clafoutis aux mirabelles

Préchauffez le four à 200 °C (th. 6-7). Badigeonnez les mini-cocottes avec du beurre fondu. Lavez les mirabelles. Coupez-les en deux et éliminez le noyau. Rangez-les droites et serrées en corolle dans les mini-cocottes.

Fouettez dans un saladier, à l'aide d'un fouet électrique, un œuf entier et un jaune avec le sucre en poudre, puis la farine et la cannelle. Mélangez, puis versez le lait, la crème liquide et enfin l'eau-de-vie de mirabelle. Fouettez et passez ce flan dans une passoire fine.

Répartissez le flan dans les mini-cocottes sans dépasser les deux tiers de la hauteur.

Déposez les mini-cocottes dans le four bien chaud. Laissez-les cuire pendant 30 à 35 minutes. Sortez-les du four et laissez-les tiédir quelques minutes. Saupoudrez de sucre glace et servez aussitôt.

variante

Les mirabelles congelées conviennent parfaitement à cette recette, il suffit de les faire préalablement décongeler sur un papier absorbant.

truc de cuisinier

Ce dessert se sert idéalement tiède, mais vous pouvez aussi le déguster froid.

STAUB
LA COCOTTE

Gratins de

Pour 4
Préparation : 25 min
Cuisson : 40 min
Difficulté : *
€ € € €

- 4 mini-plats à gratin
- 2 saladiers
- 1 casserole

INGRÉDIENTS :

- 2 belles poires rondes
- 1 citron
- 1/2 l d'eau
- 80 g de sucre
- 30 g de beurre + 20 g pour le moule
- 1 cuil. à soupe de pistaches hachées
- 1 petit bocal de gelée d'abricot
- 4 feuilles de menthe

Pour la crème d'amandes :

- 2 œufs
- 60 g de sucre glace
- 80 g de poudre d'amandes
- 100 g de crème épaisse
- 1/2 citron
- 1 trait de rhum
- sel fin

Faites frémir dans une casserole le demi-litre d'eau avec le sucre.

Épluchez et citronnez soigneusement les poires. Fendez-les en deux, retirez le cœur avec la pointe d'un couteau. Plongez-les dans le sirop bouillant et laissez-les cuire pendant 15 à 20 minutes selon leur maturité. Égouttez et laissez refroidir. Émincez-les en éventail et en tranches fines de 3 à 4 mm d'épaisseur

Séparez les jaunes des blancs d'œufs. Dans un saladier, fouettez les jaunes avec la crème, puis le sucre glace. Ajoutez la poudre d'amandes et le rhum. Montez les 2 blancs en neige avec quelques gouttes de citron et une pincée de sel fin et incorporez-les au précédent mélange.

variante

Il n'est pas nécessaire de précuire les poires dans un sirop si elles sont à maturité.

truc de cuisinier

L'ajout de citron et de sel fin permet d'obtenir des blancs en neige bien fermes et lisses.

poire amandine

Beurrez grassement les plats à gratin. Répartissez à mi-hauteur la crème d'amandes. Déposez les poires en éventail. Faites cuire pendant 20 minutes dans un four préchauffé à 190 °C (th. 6/7). Badigeonnez les poires avec un peu de gelée d'abricot chaude à la sortie du four. Saupoudrez de pistaches hachées.

Pour 4
Préparation : 40 min
Réfrigération : 3 h
Difficulté : * *

Mini-tiramisu aux fraises

- 1 mixeur
- 1 fouet électrique
- 4 verres
- 1 saladier

INGRÉDIENTS :

- 200 g de fraises
- 16 biscuits à la cuiller
- 130 g de mascarpone
- 40 g de sucre
- 10 cl de kirsch
- 15 cl de crème fleurette
- 2 oeufs

Lavez les fraises et équeutez-les. Rassemblez-les dans le bol du robot avec la moitié du sucre. Mixez. Versez le kirsch dans une assiette creuse. Cassez en morceaux les biscuits et imbibez-les d'alcool.

À l'aide d'un fouet électrique, montez la crème en chantilly. Séparez les blancs des jaunes et, toujours au fouet électrique, montez les blancs en neige.

Dans un saladier, mélangez les jaunes et le sucre. Ajoutez le mascarpone, incorporez la crème fouettée et les blancs en neige. Procédez délicatement, même si le mélange doit devenir homogène.

Déposez au fond des verres une couche de biscuits imbibés. Ajoutez une couche de fruits, garnissez de mélange au mascarpone. Placez au réfrigérateur au moins 3 heures avant de déguster.

Pour 6
Préparation : 20 min
Difficulté : *

Trifle fraises-banane

- 1 batteur électrique
- 1 mixeur
- 4 verres

INGRÉDIENTS :

- 150 g de fraises
- 1 banane
- 16 shortbreads (ou autres biscuits sablés)
- 2 oranges
- 25 cl de crème liquide entière
- 15 cl de crème anglaise prête à l'emploi

Fouettez la crème liquide, bien froide, à l'aide d'un batteur électrique. Comptez 5 à 8 minutes, puis incorporez la crème anglaise sans cesser de fouetter.

Pressez les oranges pour en recueillir le jus. Lavez les fraises, équeutez-les et coupez-les en morceaux. Pelez la banane et coupez-la en rondelles.

Mixez finement les biscuits et déposez-les au fond des 4 verres. Arrosez-les de 2 cuillerées à soupe de jus d'orange.

Disposez le reste des ingrédients en couche dans les verres. Terminez par une couche de crème fouettée.

Cuisine

Pour 4
Préparation : 15 min
Réfrigération : 2 h
Difficulté : *

• 1 robot mixeur
• 1 casserole
• 4 verres

INGRÉDIENTS :

- 1/2 ananas frais
- 20 cl d'eau
- 60 g de sucre
- 1 citron vert
- 1 cuil. à soupe de rhum
- 4 boules de glace coco

Gaspacho ananas-coco

Faites frémir dans une casserole l'eau avec le sucre, le jus du citron vert et le rhum. Laissez refroidir. Épluchez soigneusement le demi-ananas. Fendez-le en deux. Retirez le cœur. Découpez les 2 morceaux d'ananas en gros dés. Déposez-les dans la cuve d'un robot mixeur. Ajoutez le sirop refroidi et mixez.

Réservez cette soupe d'ananas au réfrigérateur pendant au moins 2 heures. Fouettez-la vigoureusement au dernier moment. Répartissez-la dans 4 verres. Ajoutez une boule de glace coco.

Pour 4
Préparation : 15 min
Cuisson : 5 min
Réfrigération : 2 h
Difficulté : * *

• 1 casserole
• 2 saladiers
• 1 mixeur plongeant
• 4 verres

INGRÉDIENTS :

- 1/2 l de lait
- 4 jaunes d'œufs
- 120 g de sucre
- 1 gousse de vanille
- 20 cl de crème liquide
- 1 mangue

Soupe marbrée à la mangue

Versez le lait dans une casserole. Fendez la gousse de vanille en deux, grattez les graines avec la lame d'un couteau et versez le tout dans le lait. Portez le lait à ébullition. Dans un saladier, fouettez les jaunes avec le sucre. Versez le lait bouillant sur ce mélange et faites cuire de nouveau le tout dans la casserole. Remuez constamment avec une cuillère, laissez épaissir doucement sans jamais faire bouillir la crème.

Retirez du feu, ajoutez la crème liquide et mélangez bien. Éliminez la gousse de vanille. Versez cette crème dans un récipient froid. Laissez refroidir au moins 2 heures. Épluchez la mangue, prélevez la chair et mixez-la à l'aide d'un petit mixeur plongeant. Répartissez la crème anglaise et la mangue mixée en couches, comme un gâteau marbré, dans chaque verre.
Servez bien frais.

TUTTI FRUTTI

Pour 4
Préparation : 10 min
Cuisson : 10 min
Difficulté : *

- 1 plancha
- 4 assiettes
- 1 casserole

INGRÉDIENTS :

- 4 bananes pas trop mûres
- 4 bâtons de vanille
- 6 cuil. à soupe de miel
- 1 cuil. à soupe de vanille liquide

TUTTI FRUTTI

Bananes confites

Épluchez les bananes, coupez chacune d'elles en deux parties.

Coupez les bâtons de vanille en deux. Introduisez chaque demi-bâton de vanille dans chaque tronçon de banane.

Faites cuire les bananes à la plancha pendant environ 10 minutes en les retournant régulièrement. Disposez-en deux tronçons sur chaque assiette.

Faites chauffer le miel avec la vanille liquide, versez sur les bananes.

variantes

Remplacez les bananes par des figues fraîches ou des morceaux d'ananas. Saupoudrez les bananes de noix de coco râpée au moment de servir.

truc de cuisinier

Conservez vos bâtons de vanille dans un bocal à l'abri de la lumière et de l'humidité.

Pour 1 bocal de 50 cl
Préparation : 15 min
Cuisson : 15 min
Difficulté : *

- 1 casserole
- 1 couteau de type zesteur ou 1 petite râpe
- 1 passoire fine
- 1 bocal stérilisé

INGRÉDIENTS :

- 50 cl de vin rouge
- 1 gousse de vanille
- 1 bâton de cannelle
- 1 anis étoilé
- 5 grains de poivre
- le zeste d'1 citron vert
- le zeste d'1 orange
- 100 g de sucre roux
- 500 g de pruneaux
- 10 cl de jus d'orange

Pruneaux au vin rouge

Versez le vin dans une casserole. Fendez la gousse de vanille en deux, grattez les graines à l'aide de la pointe d'un couteau et ajoutez-les au vin avec la gousse.

Ajoutez le restant des épices, le poivre, les zestes et le sucre. Portez à ébullition, baissez le feu et laissez mijoter pendant 15 minutes.

Laissez refroidir, filtrez, puis ajoutez les pruneaux et le jus d'orange.

Laissez mariner à température ambiante pendant au moins 2 heures. Versez dans un bocal et conservez au frais.

astuce déco

Un bocal en verre type Le Parfait®, à décorer par exemple d'un bâton de cannelle.

TUTTI FRUTTI

Pour 4
Préparation : 25 min
Cuisson : 20 min
Difficulté : *
€

- 4 assiettes
- 1 bol
- 1 plat à gratin
- 1 saladier
- 1 fouet électrique

INGRÉDIENTS :

- 4 nectarines assez mûres
- 2 cuil. à soupe de pistaches concassées
- 50 g de beurre
- 1 cuil. à soupe de sucre
- 1 cuil. à soupe de miel

Pour la chantilly de mascarpone :

- 20 cl de crème liquide
- 2 cuil. à soupe de mascarpone
- 1 cuil. à soupe de sucre glace

Nectarines rôties
aux pistaches, chantilly de mascarpone

Lavez les nectarines, coupez-les en 2 et supprimez le noyau. Dans un bol, mélangez 40 g de beurre en pommade avec le miel, le sucre et 1 cuillerée à soupe de pistaches concassées. Remplissez le cœur des nectarines avec ce mélange.

Badigeonnez un plat à gratin avec le reste de beurre. Déposez les nectarines farcies. Faites-les cuire pendant 15 à 20 minutes dans un four à 200 °C (th. 7). Sortez les nectarines du four et laissez-les refroidir.

Dans un saladier, versez la crème liquide et le mascarpone. Montez cette crème en chantilly à l'aide d'un fouet électrique. Pour finir, incorporez délicatement le sucre glace versé en pluie.

Posez une nectarine refroidie par assiette et, au dernier moment, déposez une belle quenelle de chantilly au mascarpone sur chacune d'elle, ou à côté. Saupoudrez avec le reste de pistaches concassées. Servez le reste de chantilly au mascarpone à part.

variante

Servez ce dessert avec des calissons d'Aix ou des mendiants aux fruits secs.

truc de cuisinier

Vérifiez la cuisson des nectarines avec la pointe d'un couteau.

Pour 6
Préparation : 10 min
Cuisson : 15 min
Réfrigération : 4 h
Difficulté : *
€ € € €

- 1 casserole
- 1 saladier
- 1 tamis
- 6 coupes

INGRÉDIENTS :

- 600 g de cerises noires
- 35 cl de vin rouge
- 15 cl de banyuls
- 120 g de sucre
- 1/2 orange
- 1 citron
- 1 bâton de cannelle
- 1 anis étoilé
- 1 gousse de vanille
- quelques grains de poivre
- glace au fromage blanc

Soupe glacée et épicée de cerises noires

Lavez soigneusement la demi-orange et le citron. Émincez-les en fines rondelles. Fendez la gousse de vanille en deux.

Versez dans une casserole le vin rouge avec le banyuls et le sucre. Faites frémir le tout, puis ajoutez les tranches d'agrumes, la vanille, la cannelle, l'anis étoilé et les grains de poivre. Laissez cuire tout doucement pendant 15 minutes.

Lavez les cerises, équeutez-les. Déposez-les dans un saladier. Filtrez le sirop encore bouillant dans un tamis fin, directement sur les cerises. Filmez et laissez bien refroidir pendant quelques heures au réfrigérateur.

Répartissez les cerises et le sirop dans les coupes. Déposez par-dessus une belle quenelle de glace au fromage blanc. Servez aussitôt.

variante

Remplacez le banyuls par du porto.

truc de cuisinier

Si vous avez du temps, vous pouvez aussi dénoyauter les cerises noires.

Verrines d'orange curd
aux fruits et pain d'épices

Pour 4
Préparation : 25 min
Cuisson : 5 min
Réfrigération : 1 h
Difficulté : * *

- 1 casserole
- 1 saladier
- 1 poche à douille cannelée
- 4 verrines

INGRÉDIENTS :

- 2 tranches de pain d'épices
- 1 poire
- 2 kiwis
- 10 cl de crème liquide
- 1 cuil. à café de sucre glace
- vermicelles sucrés

Pour l'orange curd :

- 3 oranges
- 1/2 citron
- 1 cuil. à soupe de fécule de maïs
- 2 œufs
- 100 g de sucre
- 50 g de beurre
- 1 cuil. à café de Cointreau

Épluchez les fruits. Coupez-les en petits cubes ainsi que les tranches de pain d'épices. Répartissez dans chaque verrine les cubes de pain d'épices, puis les cubes de poire et enfin ceux de kiwi. Réservez au frais.

Prélevez le jus des agrumes. Blanchissez, dans un saladier, 2 œufs avec 100 g de sucre. Ajoutez la fécule de maïs, puis le jus des agrumes et le Cointreau. Fouettez, puis versez le tout dans une petite casserole. Faites cuire cette orange curd, à feu doux, en la remuant constamment, à l'aide d'un fouet, jusqu'à ce qu'elle épaississe. Ajoutez le beurre en parcelles.

Complétez les verrines avec la crème d'orange encore tiède. Laissez-les bien refroidir au réfrigérateur. Fouettez énergiquement 10 cl de crème liquide dans un saladier bien froid. Incorporez juste à la fin le sucre glace en pluie. Fouettez de nouveau.

Versez la chantilly dans une poche à douille cannelée. Décorez les verrines avec une belle rosace de chantilly. Terminez la préparation avec quelques vermicelles sucrés.

variante

Imbibez les dés de pain d'épices, au fond des verrines, avec un peu de jus d'orange.

truc de cuisinier

Ne faites pas bouillir l'orange curd : vous auriez des grumeaux.

Pour 6
Préparation : 25 min
Cuisson : 20 min
Congélation : 1 h
Difficulté : * *
€ € € €

- 3 saladiers
- 1 fouet
- 1 bol
- 1 mixeur
- 1 moule à gâteau
- 1 batteur électrique
- papier film

INGRÉDIENTS :

- 1/2 ananas
- 1 kiwi
- 1 fruit de la passion
- 100 g de framboises

Pour le biscuit coco :
- 2 blancs d'œufs
- 30 g de sucre
- 40 g de poudre d'amandes
- 50 g de noix de coco râpée
- beurre
- farine pour le moule

Pour la mousse mangue :
- 1 mangue
- 60 g de sucre
- 20 cl de crème liquide
- 2 feuilles de gélatine (4 g)

TUTTI FRUTTI

Gâteau tutti frutti

Préchauffez le four à 180 °C (th. 6). Dans un saladier, mélangez la poudre d'amandes avec la noix de coco. Montez les blancs d'œufs en neige, ajoutez le sucre. Versez la poudre amande-coco en pluie tout en mélangeant. Versez la pâte dans un moule beurré et fariné. Enfournez 20 minutes. Démoulez.

Trempez la gélatine dans de l'eau froide. Épluchez la mangue, prélevez la chair, mixez-la. Faites fondre la gélatine au micro-ondes avec un peu de coulis de mangue. Mélangez avec le restant de coulis. Montez la crème liquide en chantilly, ajoutez le sucre et incorporez délicatement au mélange précédent.

Chemisez le moule de papier film, versez la mousse à la mangue, ajoutez le biscuit coco. Placez le gâteau pendant 1 heure au congélateur.

Démoulez, retirez le film, retournez le gâteau. Détaillez l'ananas et le kiwi en triangles. Décorez le gâteau avec tous les fruits.

variante

Remplacez la mangue par une boîte de litchis au sirop (égouttée).

truc de pâtissier

Afin d'obtenir un plus joli gâteau, appliquez un peu de noix de coco râpée sur les pourtours du gâteau avant de décorer avec les fruits.

Pour 4
Préparation : 25 min
Cuisson : 5 min
Difficulté : * *
€ € € €

- 4 mini-plats à gratin
- 2 saladiers
- 1 bain-marie
- 1 fouet électrique

INGRÉDIENTS :

- 1 banane
- 1 kiwi
- 1 orange
- 1 barquette de framboises
- 15 cl de coulis de fruits rouges
- 4 boules de glace vanille

Pour le sabayon :
- 4 jaunes d'œufs
- 120 g de sucre
- 1/2 citron
- 5 cl de muscat
- 10 cl de crème liquide

Gratins de fruits glacés au muscat

Épluchez la banane et le kiwi, coupez-les en rondelles. Prélevez les segments de l'orange. Répartissez ces fruits ainsi que les framboises dans les mini-plats à gratin. Ajoutez un cordon de coulis de fruits rouges autour des fruits. Réservez le tout au frais.

Déposez dans un saladier les jaunes d'œufs avec le sucre, le jus de citron et le muscat. Placez le saladier dans un bain-marie. Fouettez à l'aide d'un fouet électrique pendant 3 minutes. Le sabayon va tripler de volume. Refroidissez-le en déposant le saladier sur des glaçons, puis en le fouettant de nouveau. Montez la crème liquide en chantilly. Incorporez-la au sabayon refroidi. Préchauffez le four en position gril.

Déposez une boule de glace au centre des mini-plats à gratin. Nappez la glace et les fruits du sabayon de muscat.

Passez les mini-plats à gratin sous la salamandre du four pendant 2 minutes pour bien gratiner le sabayon. Servez aussitôt.

variante

Saupoudrez de sucre glace et décorez avec des feuilles de menthe.

truc de cuisinier

Déposez la boule de glace sur un petit disque de brioche.

Verrines d'abricots
au fromage blanc

Pour 4
Préparation : 20 min
Réfrigération : 3 h
Difficulté : *

- 1 petit mixeur plongeant
- 1 fouet électrique
- 3 saladiers
- 4 verres de cuisine à pied

INGRÉDIENTS :

- 3 œufs
- 150 g de fromage blanc
- 2 c. à s. de crème épaisse
- 40 g de sucre
- 6 biscuits à la cuiller
- 1 petite conserve d'oreillons d'abricot au sirop
- 4 feuilles de menthe

Ouvrez la boîte d'abricots au sirop. Réservez le sirop. Prélevez 6 oreillons et découpez-les en petits dés. Mixez, à l'aide d'un petit mixeur plongeant, 6 autres oreillons avec un peu de sirop pour confectionner un coulis. Réservez le coulis au frais. Coupez les biscuits à la cuiller en quatre, répartissez-les au fond des verres. Ajoutez les dés d'abricots, puis un peu de sirop d'abricot pour imbiber les biscuits.

Séparez les jaunes des blancs d'œufs. Dans un saladier, blanchissez les 3 jaunes d'œufs avec 40 g de sucre. Incorporez le fromage blanc et la crème fraîche, fouettez bien fort pour obtenir un mélange homogène. Montez les 3 blancs en neige bien fermes, à l'aide d'un fouet électrique, et incorporez-les au précédent mélange. Complétez les verrines avec ce tiramisu de fromage blanc. Laissez prendre au réfrigérateur pendant 3 heures. Versez le coulis d'abricot sur les verrines au dernier moment. Décorez avec les feuilles de menthe.

Verrines de pommes
au sable brun

Pour 4
Préparation : 20 min
Cuisson : 10 min
Réfrigération : 1 h
Difficulté : * *

- 2 poêles • 2 saladiers
- 1 fouet électrique • 4 verres

INGRÉDIENTS :

- 3 pommes – 40 g de beurre
- 250 g de fromage blanc nature
- 1 c. à s. de miel liquide

Sable brun :

- 30 g de beurre
- 60 g de poudre d'amandes
- 40 g de cassonade
- 1 c. à s. de chapelure
- 1 pincée de cannelle

Épluchez, évidez puis taillez les pommes en petits quartiers. Déposez les quartiers de pommes dans le beurre chaud et laissez-les compoter pendant 10 minutes en remuant de temps en temps. Réservez au frais. Mélangez la poudre d'amandes avec la cassonade, la chapelure et la cannelle. Faites revenir à feu moyen le mélange de poudre dans 30 g de beurre chaud. Remuez sans arrêter pendant 5 minutes jusqu'à l'obtention d'un sable brun clair. Laissez-le refroidir.

Chauffez le miel quelques secondes au four à micro-ondes pour bien le liquéfier. Versez le fromage blanc dans un saladier et mélangez-le avec le miel liquide froid. Dans chaque verre, déposez une couche de compote, une couche de fromage blanc, puis une couche de sable brun. Recommencez l'opération de manière à obtenir 6 couches régulières par verre. Réservez le tout au frais pendant au moins 1 heure.

Pour 6
Préparation : 20 min
Cuisson : 35 min
Difficulté : * *

- 1 grand bol
- 1 sauteuse
- 1 plat à gratin

INGRÉDIENTS :

Pour la pâte à cobbler :

- 225 g de farine
- 2 c. à c. de levure chimique
- 80 g de beurre demi-sel mou
- 50 g de sucre de canne blond
- 1 œuf
- 10 cl de lait entier ou demi-écrémé

Pour la garniture :

- 1 kg de prunes
- 2 cuil. à soupe de vinaigre balsamique
- 25 g de sucre de canne blond
- 1 pincée de quatre-épices
- 50 g de d'amandes entières

Cobbler aux prunes et aux amandes

Préchauffez le four à 200 °C (th. 7) ou à 180 °C (chaleur tournante).

Dans le grand bol, versez la farine et la levure, puis ajoutez le beurre coupé en gros dés. Incorporez-le du bout des doigts, jusqu'à obtenir un mélange sableux. Ajoutez le sucre et mélangez rapidement. Versez alors l'œuf battu, le lait et remuez juste assez pour obtenir une pâte souple et encore collante.

Lavez les prunes, puis coupez-les en 2 afin de les dénoyauter.

Dans la sauteuse, faites chauffer le vinaigre balsamique, le sucre et les épices. Dès que le sucre est dissous, ajoutez les prunes, mélangez et laissez mijoter sur feu doux pendant 5 minutes.

Mettez les prunes dans le plat, puis recouvrez de grosses cuillerées à soupe de pâte à cobbler, en laissant des espaces vides.

Répartissez les amandes légèrement concassées sur toute la surface, puis enfournez pour 30 minutes environ, jusqu'à ce que le cobbler soit bien doré. Servez tiède avec de la crème fraîche ou de la glace à la vanille.

variante

En été, vous pouvez remplacer les prunes par des pêches pour avoir un « peach cobbler », grand classique aux États-Unis.

truc de cuisinier

Vous pouvez préparer ce dessert à l'avance. Dans ce cas, préparez les fruits, la pâte à cobbler et mettez-les au frais. Juste avant la cuisson, déposez la pâte à cobbler sur les fruits et enfournez.

Pour 4
Préparation : 35 min
Réfrigération : 2 h
Difficulté : * *

- 3 saladiers
- 1 casserole
- 1 bol
- 1 fouet électrique
- 4 verres

INGRÉDIENTS :

- 2 mangues
- 2 cuil. à soupe de jus d'orange
- 1 filet d'huile d'olive
- 1 cuil. à soupe de cassonade
- 1/2 citron
- 1 petit bouquet de basilic

Mousse au chocolat :

- 200 g de chocolat noir
- 4 blancs d'œufs
- 1 cuil. à café de sucre semoule
- 20 cl de crème liquide
- 1 cuil. à soupe de sucre glace

Tartare de mangue au basilic, mousse au chocolat

Épluchez les mangues, prélevez la chair et détaillez-la en petits cubes réguliers de 5 mm de côté. Dans un petit saladier, mélangez le jus d'orange, le jus de citron, l'huile d'olive, la cassonade et quelques feuilles de basilic finement émincées.

Déposez les dés de mangues dans cette marinade pendant quelques minutes. Répartissez le tout, à mi-hauteur, dans 4 verres. Réservez au frais.

Concassez grossièrement le chocolat et déposez-le dans un bol. Placez ce bol dans un bain-marie. Laissez fondre doucement le chocolat. Dans un grand saladier, versez les 4 blancs d'œufs. Battez-les à l'aide d'un fouet électrique. Ajoutez le sucre semoule en pluie juste à la fin et fouettez de nouveau. Versez délicatement le chocolat fondu sur les blancs en neige. Mélangez au fur et à mesure avec une spatule en bois.

Dans un autre grand saladier, versez 20 cl de crème liquide et battez-la à l'aide d'un fouet électrique. Ajoutez à la fin le sucre glace en pluie. Incorporez délicatement cette crème fouettée avec la mousse au chocolat. Complétez les verres en ajoutant la mousse au chocolat. Laissez refroidir pendant au moins 2 heures.

variante

Ajoutez la pulpe de 2 fruits de la passion avec les dés de mangues.

truc de cuisinier

Pour réussir la mousse au chocolat, il faut toujours verser le chocolat fondu sur les blancs en neige, et non l'inverse.

TUTTI FRUTTI

Pour 4
Préparation : 15 min
Difficulté : * *

- 1 passoire
- 2 saladiers
- 1 casserole
- 4 assiettes creuses

INGRÉDIENTS :

- 100 g de groseilles
- 150 g de framboises
- 200 g de fraises
- 150 g de mûres
- 100 g de myrtilles
- 25 cl d'eau
- 40 g + 1 cuil. à soupe de sucre
- 1 cuil. à soupe de sirop de rose
- 1 cuil. à café de jus de citron

Salade de fruits
des bois au sucre de rose

Lavez séparément à l'eau froide et dans une passoire les fraises et les myrtilles. Égouttez-les soigneusement et séchez-les délicatement avec un papier absorbant. Équeutez les fraises et coupez-les en deux. Mettez-les dans un saladier avec le jus de citron et la cuillerée de sucre.
Égrainez les groseilles et rincez-les rapidement à l'eau claire. Égouttez-les et séchez-les aussi avec un papier. Ajoutez-les aux framboises et aux mûres dans un grand saladier.
Préparez le sucre de rose en faisant chauffer l'eau et le sucre dans une casserole. Faites réduire à feu doux sans laisser caraméliser. Lorsque le sirop atteint la bonne consistance, ajoutez la cuillerée de sirop de rose et laissez refroidir.
Rassemblez tous les fruits dans le même saladier. Versez le sirop à la rose et mélangez délicatement pour imprégner tous les fruits. Répartissez la salade dans les assiettes creuses. Dégustez avec des madeleines au thé vert.

variante

Si les fruits sont un peu abîmés, recouvrez-les d'une pâte à crumble et enfournez pour 20 minutes à 200 °C (th. 6-7).

truc de cuisinier

Le sirop a la consistance idéale lorsqu'il nappe le dos d'une cuillère sans couler.

TUTTI FRUTTI

Pour 4
Préparation : 10 min
Cuisson : 2 min
Difficulté : *

- 1 casserole
- 1 assiette creuse
- 1 plancha
- 4 assiettes

INGRÉDIENTS :

- 8 tranches d'ananas frais
- 50 g de sucre en poudre
- 50 g de sucre cristallisé
- 5 graines de coriandre
- 5 grains de poivre
- 1 citron vert
- 4 cuil. à soupe de rhum

Ananas croquant

Pressez le citron vert. Versez le sucre en poudre dans une casserole, mouillez avec 10 cl d'eau, arrosez de rhum et de jus de citron, ajoutez les grains de poivre et les graines de coriandre, concassés grossièrement.

Portez à ébullition et faites réduire de moitié. Réservez. Faites chauffer la plancha. Versez le sucre cristallisé dans une assiette creuse, roulez les tranches d'ananas dans le sucre et faites-les dorer sur la plancha pendant 1 minute de chaque côté. Disposez-les sur les assiettes et arrosez de sirop.

Pour 4
Préparation : 10 min
Cuisson : 5 min
Difficulté : *

- 1 casserole
- 1 plancha

INGRÉDIENTS :

- 2 poires
- 2 pommes reinettes
- 4 prunes
- 1/2 citron
- 2 cuil. à soupe de miel
- 40 g de beurre
- 4 cl de calvados

Brochettes de fruits d'automne

Faites fondre le beurre dans une casserole, ajoutez le miel, mélangez et faites chauffer à feu doux. Pressez le demi-citron. Pelez les poires et les pommes, coupez-les en quartiers et coupez chaque quartier en deux, citronnez-les. Lavez et essuyez les prunes, ouvrez-les.

Enfilez les fruits sur quatre brochettes en les intercalant. Faites chauffer la plancha. Badigeonnez chaque brochette de beurre sucré et faites-les cuire pendant 5 à 6 minutes en les retournant régulièrement. Servez chaud.

Pour 4
Préparation : 15 min
Cuisson : 20 min
Difficulté : *

- 4 mini-plats à gratin
- 1 poêle
- 1 saladier

INGRÉDIENTS :

- 4 belles figues fraîches
- 2 jaunes d'œufs
- 50 g de sucre
- 150 g de ricotta
- 100 g de crème fraîche épaisse
- 1 cuil. à soupe d'amaretto
- 30 g de pignons de pin
- 20 g de beurre
- 20 g de cassonade

Gratins de figues aux pignons de pin

Faites chauffer une petite poêle sans matière grasse. Déposez les pignons de pin dans la poêle chaude. Faites-les colorer rapidement et superficiellement en les remuant régulièrement.

Fouettez les jaunes d'œufs avec le sucre. Ajoutez la ricotta et la crème fraîche. Lissez bien le tout avec un fouet. Terminez cette crème à la ricotta en incorporant l'amaretto.

Beurrez les mini-plats à gratin. Fendez les figues fraîches en quatre sans les couper complètement. Versez la crème à la ricotta, à mi-hauteur, dans les plats à gratin. Déposez une figue au milieu. Parsemez de pignons de pin. Saupoudrez de cassonade.

Faites cuire dans un four préchauffé à 200 °C (th. 6/7) pendant environ 20 minutes.

variante

Ajoutez quelques figues sèches finement émincées dans le flan à la ricotta.

truc de cuisinier

L'amaretto apporte un parfum d'amande qui s'accorde à merveille avec ce dessert.

TUTTI FRUTTI

Pour 6
Préparation : 30 min
Cuisson : 30 min
Réfrigération : 30 min
Difficulté : * *

Brochettes au pain d'épices

- 1 sauteuse
- 1 casserole
- 1 mixeur plongeant
- 1 saladier
- 1 chinois ou 1 tamis
- 1 grande poêle
- 6 brochettes
- 6 verrines

INGRÉDIENTS :

Pour les brochettes :
- 6 tranches de pain d'épices
- 1/2 ananas Victoria
- 1 pitaya
- 2 bananes
- 2 kiwis
- 2 c. à s. de jus de citron
- 5 cl de pineau des Charentes blanc
- 5 c. à s. de sucre en poudre
- 4 étoiles de badiane
- 20 g de beurre
- 5 cl de rhum

Pour le coulis :
- 4 pommes vertes
- 60 g de sucre
- 10 cl d'eau
- le jus d'1/2 citron
- 2 pincées d'épices pour pain d'épices
- 1 pincée de poivre blanc

Faites cuire 20 minutes les pommes épépinées et coupées en morceaux avec l'eau, le sucre et le jus de citron. Mixez-les avec les épices et le poivre. Tamisez et réfrigérez.

Portez à frémissements 3 minutes le vin, 3 cuillères à soupe de sucre et la badiane. Versez dans un saladier, laissez refroidir. Ajoutez l'ananas et le pitaya pelés et coupés en dés. Mélangez, couvrez, réfrigérez 30 minutes.

Pelez puis coupez les bananes en rondelles épaisses. Arrosez du jus de citron. Poudrez du reste de sucre. Coupez les kiwis pelés et le pain d'épices en cubes.

Sur 6 brochettes, enfilez, en les alternant, les kiwis, les bananes, les fruits égouttés et le pain d'épices.

Faites colorer les brochettes dans le beurre chaud. Arrosez du rhum tiédi et flambez. Versez le coulis dans des verrines. Posez les brochettes à califourchon.

variantes

Pour un coulis plus coloré, ajoutez 1 ou 2 gouttes de colorant alimentaire vert. Aromatisez le coulis avec 1 tige de citronnelle fraîche pelée et écrasée. Enfilez les fruits et le pain d'épices sur des gousses de vanille.

trucs de cuisinier

Passez les pommes bien cuites au moulin à légumes grille fine ou mixez-les longuement au mixeur plongeant. Si le coulis est trop épais, délayez-le avec un peu de jus de pommes pour obtenir la fluidité désirée. Ajustez les saveurs en citron, cannelle et poivre.

de fruits frais
coulis de pommes vertes

Sabayons de fruits rouges

Pour 4
Préparation : 25 min
Cuisson : 5 min
Difficulté : * *

- 4 mini-plats à gratin
- 1 bain-marie • 2 saladiers
- 1 fouet électrique

INGRÉDIENTS :

- 300 g de fraises – 200 g de framboises – 100 g de myrtilles – quelques groseilles
- 20 cl de coulis de framboises
- 1 c. à s. de sucre glace
- 4 feuilles de menthe

Pour le sabayon :

- 4 jaunes d'œufs
- 100 g de sucre – 2 c. à s. d'eau
- 15 cl de crème liquide
- 1 c. à c. de kirsch

Lavez, égouttez et équeutez les fraises. Gardez-les entières ou coupez-les en deux. Vérifiez les autres fruits rouges. Dans un saladier fouettez les jaunes d'œufs avec le sucre et l'eau. Placez le saladier dans un bain-marie. Fouettez à l'aide d'un fouet électrique sans arrêter pendant 3 minutes, jusqu'à l'obtention d'un sabayon consistant et onctueux. Refroidissez-le en déposant le saladier sur des glaçons, puis en le fouettant de nouveau.

Montez la crème liquide en chantilly dans un autre saladier. Versez le kirsch dans le sabayon froid, incorporez délicatement la chantilly. Répartissez le coulis puis les fruits rouges dans les mini-plats à gratin. Versez le sabayon froid sur les fruits rouges. Faites colorer sous le gril du four pendant quelques instants. Servez aussitôt. Saupoudrez de sucre glace et décorez avec 1 feuille de menthe.

Sabayons d'agrumes et de mangue

Pour 4
Préparation : 25 min
Cuisson : 5 min
Difficulté : * *

- 4 mini-plats à gratin
- 1 saladier • 1 bain-marie
- 1 chalumeau
- 1 fouet électrique

INGRÉDIENTS :

- 1 pamplemousse – 2 oranges
- 1/2 mangue
- 20 g de sucre glace
- 4 feuilles de menthe

Pour le sabayon :

- 4 jaunes d'œufs – 80 g de sucre
- 4 c. à s. de vin blanc
- 1 trait de Grand Marnier®
- 10 cl de crème liquide

Prélevez soigneusement les suprêmes du pamplemousse et des oranges. Taillez des dés réguliers dans la chair de la mangue. Disposez harmonieusement les fruits dans les mini-plats à gratin. Dans un saladier, fouettez les jaunes d'œufs avec le sucre. Déposez le saladier dans un bain-marie bien chaud ou sur un feu doux. Fouettez, à l'aide d'un fouet électrique, en incorporant petit à petit le vin blanc puis le Grand Marnier®. Continuez de fouetter, pendant au moins 5 minutes, jusqu'à l'obtention d'un sabayon consistant et onctueux. Refroidissez-le en déposant le saladier sur des glaçons, puis en le fouettant.

Montez la crème liquide en chantilly et incorporez-la délicatement dans le sabayon bien froid. Répartissez ce sabayon sur les fruits en les laissant dépasser un peu. Faites colorer sous le gril du four pendant quelques minutes ou utilisez un chalumeau. Saupoudrez de sucre glace et décorez avec des feuilles de menthe. Servez aussitôt.

Pour 4
Préparation : 5 min
Cuisson : 15 min
Réfrigération : 3 h
Difficulté : *

- 1 casserole
- 1 saladier
- 1 mixeur plongeant
- papier film
- 4 verrines

INGRÉDIENTS :

- 4 pêches jaunes bien mûres
- 100 g de sucre
- 1/2 l d'eau
- 1 citron
- 1 citron vert
- 1 petit bouquet de basilic

Soupe glacée de pêches et basilic

Faites frémir dans une casserole l'eau avec le sucre et le jus du citron. Épluchez les pêches, coupez-les en quatre et enlevez les noyaux. Déposez les quartiers de pêches dans le sirop frémissant. Laissez cuire doucement pendant 10 à 15 minutes selon la maturité des fruits.

Laissez refroidir à température ambiante et mixez le tout à l'aide d'un petit mixeur plongeant. Débarrassez cette soupe dans un saladier. Filmez-la et stockez-la au réfrigérateur pendant au moins 3 heures.

Émincez quelques feuilles de basilic et incorporez-les dans la soupe de pêches.

Placez le tout pendant encore 15 à 20 minutes au congélateur pour bien glacer la soupe. Servez en verrines. Décorez avec des rondelles de citron vert et des feuilles de basilic.

variante

Pour une soupe plus parfumée, ajoutez 5 cl de porto blanc avec le basilic.

truc de cuisinier

Pour enlever plus facilement la peau des pêches, plongez-les pendant 20 secondes dans de l'eau bouillante et rafraîchissez-les immédiatement.

Verrines tout framboises

Pour 6
Préparation : 25 min
Cuisson : 3 min
Réfrigération : 2 h
Difficulté : * *

- 2 casseroles
- 2 saladiers
- 1 mixeur plongeant
- 1 fouet
- 6 verrines

INGRÉDIENTS :

Mousse de framboises :

- 200 g + 100 g de framboises
- 80 g de sucre
- 5 cl d'eau
- 3 feuilles de gélatine (6 g)
- 20 cl de crème liquide

Gelée de framboises :

- 100 g de coulis de framboises
- 20 g de sucre
- 1/2 citron
- 1/2 feuille de gélatine (1 g)

Faites tremper 3 feuilles de gélatine dans un grand volume d'eau froide. Dans une casserole, faites frémir 5 cl d'eau avec 80 g de sucre. Essorez la gélatine et incorporez-la dans le sirop bouillant. Mélangez bien.

Mixez 200 g de framboises, puis ajoutez-les au sirop. Débarrassez le tout dans un saladier. Laissez refroidir en laissant prendre, à peine, la gélatine. Fouettez 20 cl de crème liquide en chantilly. Incorporez-la délicatement au sirop de framboises.

Répartissez quelques framboises entières au fond des verrines. Complétez-les avec la mousse de framboises. Arrêtez-vous à 1 cm du bord. Laissez refroidir pendant au moins 2 heures.

Tremper la demi-feuille de gélatine dans un grand volume d'eau froide. Faites chauffer au micro-ondes, pendant quelques secondes, le coulis de framboises avec 20 g de sucre et quelques gouttes de jus de citron. Incorporez la gélatine essorée. Mélangez bien et laissez refroidir. Complétez les verrines avec cette gelée.

variante

Renforcez le parfum de la mousse de framboises avec une liqueur ou de l'eau-de-vie de framboises.

truc de cuisinier

Vous pouvez remplacer les 200 g de framboises fraîches par un coulis prêt à l'emploi.

Pour 4
Préparation : 15 min
Cuisson : 10 min
Difficulté : * *

- 1 couteau
- 1 wok

INGRÉDIENTS :

- 1 ananas victoria
- 25 g de beurre
- 25 g de cassonade
- 1 gousse de vanille
- 10 cl de rhum

Ananas flambé

Épluchez l'ananas en retirant bien tous les yeux noirs. Coupez-le en quatre dans la hauteur afin de retirer sur chaque quartier le cœur un peu dur. Coupez ensuite chaque quartier en morceau d'1/2 cm d'épaisseur. Fendez la gousse de vanille en deux et grattez l'intérieur avec la pointe d'un couteau pour retirer toutes les graines.

Dans un wok, faites fondre le beurre. Ajoutez la cassonade et laissez caraméliser quelques secondes. Ajoutez alors l'ananas et les graines de vanille. Enrobez bien du caramel et laissez cuire 5 minutes en remuant fréquemment. Versez le rhum et flambez l'ananas. Quand les flammes s'éteignent, coupez le feu et servez aussitôt.

Pour 4
Préparation : 15 min
Cuisson : 8 min
Repos : 2 h
Difficulté : * *

- 1 couteau
- 1 casserole
- 1 wok

INGRÉDIENTS :

- 6 pêches jaunes et blanches
- 25 g de beurre
- 25 g de cassonade
- 1 gousse de vanille
- 15 cl de vin blanc sec

Compote de pêches au vin blanc

Ébouillantez pendant 1 minute les pêches. Passez-les ensuite sous l'eau froide et épluchez-les. Fendez la gousse de vanille en deux. Dans un wok, faites fondre le beurre. Ajoutez la cassonade et laissez caraméliser quelques secondes.

Ajoutez alors les pêches et la vanille. Enrobez bien du caramel et laissez cuire 5 minutes en remuant fréquemment. Versez le vin blanc, portez à ébullition et laissez à nouveau cuire 2 minutes. Versez dans un saladier et gardez au réfrigérateur pendant 2 heures avant de servir.

Pour 4
Préparation : 15 min
Cuisson : 1 min
Repos : 1 h
Difficulté : * *

- 4 verrines
- 2 casseroles
- 1 saladier

INGRÉDIENTS :

- 3 citrons
- 500 g de framboises
- 120 g de sucre
- 1 œuf – 2 jaunes
- 1 c. à s. de fécule de maïs
- 30 g de beurre
- 5 cl de crème liquide
- 15 cl de coulis de fruits rouges
- 4 feuilles de menthe

Crèmes citron-framboises

Pressez les citrons de manière à obtenir 15 cl de jus. Ajoutez 20 g de sucre et faites frémir le tout dans une petite casserole.

Dans un saladier, blanchissez l'œuf et les jaunes avec 100 g de sucre puis ajoutez la fécule. Versez le jus de citron bouillant dans ce mélange. Faites épaissir le tout dans une casserole, à feu doux, en remuant constamment, sans faire bouillir.

Hors du feu, ajoutez le beurre en morceaux et la crème. Répartissez le tout au fond des verrines et laissez refroidir au moins 1 heure.

Ajoutez du coulis de fruits rouges sur 1 cm de hauteur. Décorez les verrines avec les framboises et les feuilles de menthe.

Pour 4
Préparation : 20 min
Difficulté : * *

- 4 assiettes
- 1 bol
- 1 couteau fin bien aiguisé

INGRÉDIENTS :

- 2 petits ananas victorias
- 1 citron vert
- 4 boules de glace au fromage blanc
- 5 cl de sirop de canne
- 8 fraises
- poivre du moulin
- quelques feuilles de menthe

Carpaccio d'ananas, glace au fromage blanc

Épluchez les ananas, retirez les yeux, et fendez-les en 2 (comptez un demi-ananas par personne). Supprimez le cœur et émincez les demi-ananas à l'aide d'un couteau ou d'une trancheuse à jambon. Répartissez bien à plat et en spirale ces fines tranches dans les assiettes.

Mélangez dans un bol le jus du citron avec le sirop de canne. Versez ce sirop sur les tranches d'ananas.

Parsemez de feuilles de menthe ciselées et de poivre. Déposez au centre une belle quenelle de glace au fromage blanc. Décorez avec les fraises et le reste de menthe.

Pour 4
Préparation : 15 min
Cuisson : 15 min
Difficulté : * *

- 1 poêle
- 1 casserole
- 1 passoire
- 1 presse-agrumes
- 1 compotier

INGRÉDIENTS :

- 3 poires
- 3 pommes
- 1 petite grappe de raisin blanc
- 1 petite grappe de raisin noir
- 6 abricots secs
- 1 citron jaune
- 2 cuil. à soupe de pistaches
- 2 gousses de vanille
- 50 g de beurre salé
- 30 cl d'eau
- 50 g de sucre
- 1 anis étoilé
- 1 pincée de cannelle

Salade d'automne

Lavez à l'eau claire les pommes et les poires et essuyez-les soigneusement. Prélevez les grains de raisin, mettez-les dans une passoire pour les rincer à l'eau courante sans les abîmer.

Taillez les poires en lamelles. Pressez le citron et versez un peu de jus sur les poires coupées pour les empêcher de noircir. Coupez les pommes en quatre pour enlever le trognon et les pépins, et recoupez chaque quartier en deux. Émincez les abricots secs.

Faites chauffer le beurre salé dans une poêle et faites dorer les quartiers de pommes. Pendant ce temps préparez un sirop de sucre en faisant fondre le sucre dans l'eau aromatisée avec l'anis étoilé et les gousses de vanille fendue. Laissez tiédir.

Rassemblez dans un compotier fruits cuits, fruits secs et fruits crus. Mouillez légèrement avec le sirop de sucre aromatisé. Parsemez de pistaches et de cannelle et dégustez sans attendre.

variante

Augmentez la quantité de fruits secs en ajoutant des figues et des raisins de Corinthe.

truc de cuisinier

Choisissez des pommes acidulées type reinette ou royal gala pour qu'elles caramélisent dans le beurre salé.

Pour 6
Préparation : 25 min
Cuisson : 45 min
Difficulté : * *

- 1 saladier
- 1 économe
- 1 rouleau à pâtisserie
- 1 moule à gratin

INGRÉDIENTS :

- 3 ou 4 pommes
- 150 g de farine
- 120 g de sucre
- 120 g de beurre
- 1 œuf
- 1 cuil. à café de cannelle en poudre
- 1 sachet de levure
- 1 pincée de sel

Cobbler aux pommes

Préchauffez le four à 200 °C (th. 6-7). Beurrez un moule à gratin. Épluchez, épépinez et coupez les pommes en petits morceaux. Déposez-les dans le plat. Parsemez de cannelle et de sucre.

Dans un saladier, mélangez avec les doigts la farine, la levure, le sel et le beurre coupé en morceaux de façon à former une pâte élastique.

Abaissez la pâte et découpez-la en bandes de 1 cm de large. Déposez les bandes en croisillons sur les fruits.

Battez l'œuf avec 1 cuillère à soupe d'eau et enduisez les bandes de pâte. Enfournez pour 45 minutes environ.

variantes

Remplacez les pommes par des pêches, des poires, des bananes ou un mélange de fruits.

truc de cuisinier

Faites des heureux en accompagnant ce dessert de crème fraîche épaisse.

Pour 4
Préparation : 5 min
Difficulté : *
€

- 1 robot blender

INGRÉDIENTS :

- 75 cl de lait fermenté (lait ribot)
- 125 g de framboises
- 2 cuil. à soupe d'eau de rose
- 6 glaçons

Lassi à la framboise et à l'eau de rose

Mettez tous les ingrédients dans le bol de votre robot.

Mixez jusqu'à obtenir une consistance mousseuse.

Servez immédiatement dans de grands verres avec des pailles.

Pour 4
Préparation : 15 min
Cuisson : 5 min
Difficulté : *
€

- 1 casserole
- 1 passoire
- 1 bol

INGRÉDIENTS :

- 30 cl d'eau
- 2 cuil. à soupe de miel liquide
- 1 cuil. à café bombée de fleurs séchées d'hibiscus
- 1 gousse de vanille
- 2 tours de moulin à poivre
- 600 g de fraises

Soupe de fraises à l'hibiscus

Versez l'eau, le miel, le poivre et les fleurs d'hibiscus dans une casserole. Ouvrez la gousse de vanille en deux, grattez les graines avec la pointe d'un couteau et mettez-les dans la casserole avec la gousse. Portez à ébullition sur feu doux.

Retirez la casserole du feu, couvrez et laissez infuser pendant 20 minutes. Filtrez au-dessus du bol et laissez refroidir.

Pendant ce temps, lavez et équeutez les fraises, coupez-les en deux. Mettez-les dans le sirop refroidi. Couvrez et laissez reposer au frais, jusqu'au moment de servir.

Pour 6
Préparation : 30 min
Cuisson : 35 min
Difficulté : * *
€ € € €

- 1 grille-pain
- 1 saladier
- 1 plat à gratin résistant au feu
- 1 pinceau
- 6 assiettes

INGRÉDIENTS :

- 6 belles poires mûres mais fermes
- 100 g de beurre
- 5 cl de crème épaisse
- 10 cl de crème liquide
- 50 g de sucre en poudre
- 50 g d'amandes pelées
- 50 g de pistaches pelées
- 2 tranches de pain d'épices
- 10 cl de chartreuse jaune
- 2 c. à s. de miel liquide
- 1 morceau d'écorce d'orange confite

TUTTI FRUTTI

Poires farcies au pain d'épices

Faites griller le pain d'épices. Coupez-le en petits dés. Concassez les amandes et les pistaches. Hachez l'écorce d'orange.

Pelez les poires en laissant la queue. Coupez un chapeau aux 2/3 de la hauteur. Avec une petite cuillère, retirez le cœur et un peu de pulpe. Mélangez 60 g de beurre mou, le pain d'épices, les fruits secs, l'écorce d'orange, la crème épaisse, le miel, 5 cl de chartreuse. Remplissez-en les poires. Remettez les chapeaux.

Dans un plat, enduisez les poires du reste de beurre fondu. Enfournez-les 20 minutes à 180 °C (th. 6). Saupoudrez de sucre. Cuisez encore 10 minutes en arrosant souvent.

Déposez les poires sur les assiettes. Sur le feu, déglacez le plat de cuisson avec 5 cl de chartreuse et la crème liquide. Remuez, laissez frémir 2 minutes. Entourez les poires de petites touches de sauce.

variantes

Remplacez la chartreuse par une liqueur à l'orange ou aux noix. Ajoutez une quenelle de glace à la cannelle ou servez les poires sur un lit de sauce chocolat.

trucs de cuisinier

Les poires peuvent aussi être creusées par le bas, c'est un peu plus difficile mais la présentation en est flattée. Pour plus de goût, faites rissoler les dés de pain d'épices dans un peu de beurre jusqu'à ce qu'ils soient croustillants.

Pour 6
Préparation : 20 min
Repos : 10 min
Cuisson : 25 min
Difficulté : * *
€ € € €

- 1 saladier
- 1 plaque allant au four
- 1 poêle antiadhésive
- 2 casseroles
- 6 verres

INGRÉDIENTS :

- 6 bananes un peu fermes
- le jus d'un citron vert
- 20 g de beurre
- 1 c. à s. de sucre de canne roux
- 1 c. à s. de rhum ambré
- 10 cl de crème liquide
- 8 Carambars®
- fleur de sel

Pour le streusel :
- 40 g de pain d'épices rassis en poudre
- 20 g de sucre de canne
- 40 g de beurre doux
- 40 g de noisettes en poudre

Verrines de banane façon streusel

Du bout des doigts, mélangez tous les ingrédients du streusel. Sur une plaque allant au four, sablez-le entre vos mains en miettes grossières. Enfournez à 180 °C (th. 6) 12 à 15 minutes. Laissez refroidir.

Pelez et coupez les bananes en dés. Arrosez-les de jus de citron, attendez 10 minutes, puis sur feu vif, faites-les dorer rapidement dans le beurre chaud en les saupoudrant à mi-cuisson de sucre roux. Flambez-les avec le rhum tiédi. Répartissez-les dans les verres. Laissez-les tiédir.

Versez les Carambars® coupés en morceaux dans la crème. Portez sur feu doux. Laissez-les fondre en remuant de temps en temps.

Répartissez le caramel tiédi sur les bananes. Parsemez de streusel, de pain d'épices et de quelques cristaux de fleur de sel.

variante

Remplacez les bananes par toutes sortes de fruits poêlés : pommes, poires, mangues, ananas.

trucs de cuisinier

Pour la poudre de pain d'épices, passez les tranches dans le four à 90 °C environ 20 minutes pour les dessécher puis laissez-les refroidir et mixez-les en poudre fine comme de la farine. Pour éviter tout risque d'incendie, n'oubliez pas d'éteindre votre hotte avant de flamber les bananes.

Bavaroise

Pour 6
Préparation : 20 min
Congélation : 2 h
Difficulté : * *

- 2 saladiers
- 1 casserole
- 1 batteur électrique
- 1 fouet
- 1 mixeur
- 1 passoire fine
- 1 moule en forme de couronne (en silicone)
- 1 grille

INGRÉDIENTS :

- 250 g de groseilles
- 10 cl d'eau
- 3 feuilles de gélatine (6 g)
- 150 g de sucre
- 20 cl de crème liquide
- 15 biscuits de Reims
- 80 g de gelée de groseilles
- 250 g de fruits rouges au choix

Trempez les feuilles de gélatine dans un grand volume d'eau froide. Montez la crème liquide en chantilly. Réservez-la au frais.

Portez l'eau et le sucre à ébullition, ajoutez la gélatine. Versez sur les groseilles, mixez puis passez à la passoire fine. Incorporez délicatement la crème Chantilly.

Versez la mousse à la groseille dans le moule. Découpez les biscuits de Reims à la taille du moule et disposez-les sur la mousse. Réservez la bavaroise pendant 2 heures au congélateur.

Démoulez la bavaroise, placez-la sur une grille. Faites chauffer la gelée de groseilles de manière à ce qu'elle soit liquide (rajoutez si besoin un peu d'eau). Nappez la bavaroise avec la gelée. Garnissez le centre avec les fruits rouges. Laissez décongeler avant de déguster.

variante

Ajoutez des framboises dans la mousse.

truc de pâtissier

Vérifiez que le coulis de groseilles n'est pas trop chaud (moins de 35 °C) avant d'incorporer la crème Chantilly.

à la groseille

Pour 4
Préparation : 10 min
Marinade : 1 h
Cuisson : 8 min
Difficulté : * *

- 1 casserole
- 1 plancha
- 4 assiettes

INGRÉDIENTS :

- 12 figues violettes
- 75 cl de vin rouge corsé
- 150 g de sucre
- 1 bâton de cannelle
- 1 gousse de vanille
- 2 clous de girofle
- 4 grains de poivre
- 1/2 citron non traité
- 1/2 orange non traitée

Figues rôties marinées aux épices

Versez le sucre dans une casserole, mouillez-le avec le vin, ajoutez la cannelle, la vanille, le poivre et les clous de girofle. Prélevez le zeste de la demi-orange et du demi-citron, ajoutez-les ainsi que le jus des fruits.

Coupez les figues en deux et faites-les mariner pendant 12 heures.

Égouttez. Faites réduire la marinade des trois quarts à feu vif pour obtenir un liquide sirupeux.

Faites chauffer la plancha. Déposez les demi-figues et laissez-les cuire en les retournant délicatement pendant 4 minutes de chaque côté. Déposez trois fruits par assiette et nappez de marinade réduite.

Pour 4
Préparation : 10 min
Cuisson : 3 min
Difficulté : * *

- 1 saladier
- 1 plancha

INGRÉDIENTS :

- 130 g de farine
- 12 cl de lait
- 1 œuf
- 10 g de levure fraîche de boulanger
- 30 g de sucre
- sel

Blinis sucrés

Cassez l'œuf en séparant le blanc du jaune. Versez la farine dans un saladier, ajoutez une pincée de sel, le sucre et le jaune d'oeuf.

Délayez la levure dans un petit bol avec le lait préalablement tiédi, ajoutez à la farine et fouettez pour obtenir une pâte lisse sans grumeaux.

Battez le blanc d'œuf en neige ferme avec une petite pincée de sel, puis incorporez-le délicatement à la préparation.

Huilez la plancha et faites-la bien chauffer. Déposez au centre une petite louche de pâte de la forme d'une petite galette ronde. Laissez cuire 1 minute, puis retournez-la et faites cuire l'autre face pendant 1 minute. Gardez les blinis au chaud sur la côté de la plancha en attendant qu'ils soient tous prêts. Servez chaud ou tièdes avec des fruits rôtis.

Pour 4
Préparation : 13 min
Cuisson : 13 min
Repos : 1 h
Difficulté : * *
€ € € €

- 1 économe
- 1 mixeur
- 1 batteur
- 1 casserole

INGRÉDIENTS :

- 2 pommes
- 2 poires
- 2 sachets de sucre vanillé
- 7 cl de crème fleurette froide
- 1 cuil. à soupe d'amaretto

Compote pomme-poire, chantilly à l'amaretto

Pelez les pommes et les poires, retirez les cœurs et coupez-les en cubes. Mettez-les dans une casserole avec 1 sachet de sucre vanillé et 8 cl d'eau. Faites cuire 13 minutes.

Mixez et répartissez la compote dans 4 ramequins. Laissez refroidir en plongeant les ramequins dans un bain d'eau glacée, environ 1 heure.

Montez la crème froide en chantilly avec le sucre vanillé restant. Ajoutez l'amaretto, mélangez.

Dressez la chantilly sur la compote. Servez frais.

variante

Préparez une compote avec des poires uniquement et, dans la chantilly, remplacez l'amaretto par un peu de rhum.

truc de cuisinier

Plus les morceaux de fruits seront petits, plus vite ils cuiront.

Pour 4
Préparation : 20 min
Cuisson : 20 min
Difficulté : * *

- 4 mini-cocottes rondes
- 1 saladier
- 1 batteur ou 1 fouet électrique
- 1 poche à douille cannelée
- 1 chalumeau

INGRÉDIENTS :

- 2 pêches blanches
- 4 cuil. à café de sirop d'érable
- 40 g de beurre
- 1 cuil. à soupe de rhum
- 2 blancs d'œufs
- 100 g de sucre
- 1/2 citron
- 4 boules de glace coco

Cocottes de pêches meringuées, cœur glacé

Coupez les pêches en deux. Retirez le noyau. Supprimez éventuellement la peau. Beurrez grassement 4 mini-cocottes. Déposez les 4 demi-pêches, partie creuse vers le haut. Arrosez de sirop d'érable, puis de rhum. Ajoutez par-dessus une noix de beurre.

Faites cuire les pêches, sans couvercle, pendant 20 minutes dans un four préchauffé à 180 °C (th. 6). Laissez-les refroidir à température ambiante.

Déposez les blancs d'œufs et un filet de jus de citron dans la cuve d'un batteur électrique. Montez-les en neige. Incorporez 100 g de sucre en une seule fois. Fouettez de nouveau 2 à 3 minutes de manière à obtenir une meringue française. Débarrassez cette meringue dans une poche à douille cannelée. Déposez une boule de glace au centre de chaque pêche rôtie. Recouvrez-les de meringue.

Colorez la meringue à l'aide d'un chalumeau ou sous le gril du four. Servez immédiatement.

variante

Versez un coulis de fruits exotiques autour des pêches rôties.

truc de cuisinier

N'hésitez pas à ajouter quelques gouttes de citron dans les blancs en neige : ils seront plus lisses et plus blancs.

glaces et sorbets

Pour 4 (environ 1 l)
Préparation : 15 min
Cuisson : 5 min
Congélation : selon votre appareil
Difficulté : * *
€

- 1 casserole
- 1 saladier
- 1 mixeur
- 1 passoire fine
- 1 sorbetière (ou turbine à glace)

INGRÉDIENTS :

- 4 bananes mûres
- 2 c. à s. de beurre de cacahuète
- 20 cl d'eau
- 110 g de sucre

Sorbet banane-cacahuète

Épluchez les bananes, coupez-les en rondelles. Prélevez 500 g et disposez-les dans la cuve du mixeur.

Portez à ébullition l'eau avec le sucre. Versez sur les bananes, mixez.

Incorporez le beurre de cacahuète et mélangez.

Versez la préparation dans votre sorbetière, que vous utiliserez selon le mode d'emploi.

variante

Rajoutez des cacahuètes hachées sur vos glaces, ou dans la préparation avant de verser dans la sorbetière.

truc de cuisinier

Remplacez la moitié du sucre par du glucose, il a un pouvoir anti-cristallisant.

GLACES & SORBETS

Glace au chocolat

Pour 4 (environ 1 l)
Préparation : 10 min
Cuisson : 10 min
Congélation : selon votre appareil
Difficulté : * *

€ € € €

- 1 casserole
- 1 saladier
- 1 fouet
- 1 mixeur plongeant
- 1 sorbetière (ou turbine à glace)

INGRÉDIENTS :

- 200 g de chocolat noir à 70 % de cacao
- 50 cl de lait
- 4 jaunes d'œufs
- 100 g de sucre

Portez le lait à ébullition avec la moitié du sucre. Hachez le chocolat en petits morceaux.

Dans un saladier, battez les jaunes d'œufs avec le restant du sucre.

Lorsque le lait est bouillant, versez-le sur le mélange œufs-sucre. Remettez le tout sur feu doux et remuez jusqu'à ce que la préparation épaississe (attention à ne pas faire bouillir). Versez dans un saladier, ajoutez le chocolat haché, mixez. Laissez refroidir.

Versez la préparation dans votre sorbetière, que vous utiliserez selon le mode d'emploi.

variante

Choisissez une tablette de chocolat aux noisettes, c'est également délicieux.

truc de cuisinier

Utilisez un chocolat de bonne qualité, c'est lui qui fera une glace savoureuse.

Pour 4 (environ 1 l)
Préparation : 15 min
Cuisson : 5 min
Congélation : selon votre appareil
Difficulté : * *
€ € € €

- 1 casserole
- 1 saladier
- 1 balance
- 1 mixeur plongeant
- 1 passoire fine
- 1 sorbetière (ou turbine à glace)

INGRÉDIENTS :

- 6 pêches jaunes bien mûres
- 110 g de sucre
- le jus d'1/2 citron jaune
- 20 cl d'eau

Sorbet aux pêches

Lavez et épluchez les pêches, retirez les noyaux, puis mixez-les.

Pesez 500 g de purée de pêches.

Portez à ébullition l'eau avec le sucre. Hors du feu, ajoutez la purée de pêches ainsi que le jus de citron.

Mixez, puis passez à travers une passoire fine. Laissez refroidir.

Versez la préparation dans votre sorbetière, que vous utiliserez selon le mode d'emploi.

variante

Utilisez des pêches de vigne.

truc de cuisinier

Choisissez des pêches bien mûres, la qualité des fruits est essentielle pour réussir un bon sorbet.

Glace aux pralines

Pour 4 (environ 1 l)
Préparation : 15 min
Cuisson : 10 min
Congélation : selon votre appareil
Difficulté : * *

- 1 casserole
- 1 saladier
- 1 fouet
- 1 mixeur plongeant
- 1 sorbetière (ou turbine à glace)

INGRÉDIENTS :

- 50 cl de lait
- 10 cl de crème liquide
- 200 g de pralines roses
- 4 jaunes d'œufs
- 80 g de sucre

Portez le lait à ébullition avec la crème et la moitié du sucre. Hachez les pralines en petits morceaux.

Dans un saladier, battez les jaunes d'œufs avec le restant du sucre.

Lorsque le lait est bouillant, versez-le sur la préparation œufs-sucre. Remettez le tout sur feu doux et remuez jusqu'à ce que le mélange épaississe (attention à ne pas faire bouillir). Versez dans un saladier, ajoutez les pralines, mixez. Laissez refroidir.

Versez la préparation dans votre sorbetière, que vous utiliserez selon le mode d'emploi.

Glace au spéculoos

Pour 4 (environ 1 l)
Préparation : 15 min
Cuisson : 10 min
Congélation : selon votre appareil
Difficulté : * *

- 1 casserole
- 1 saladier
- 1 fouet
- 1 mixeur plongeant
- 1 sorbetière (ou turbine à glace)

INGRÉDIENTS :

- 100 g de pâte de spéculoos
- 50 cl de lait
- 10 cl de crème liquide
- 6 jaunes d'œufs
- 100 g de sucre

Portez le lait à ébullition avec la moitié du sucre. Dans un saladier, battez les jaunes d'œufs avec le restant du sucre.

Lorsque le lait est bouillant, versez-le sur le mélange œufs-sucre. Remettez le tout sur feu doux et remuez jusqu'à ce que le mélange épaississe (attention à ne pas faire bouillir). Versez dans un saladier, ajoutez la crème ainsi que la pâte de spéculoos, mixez. Laissez refroidir.

Versez la préparation dans votre sorbetière, que vous utiliserez selon le mode d'emploi.

Pour 4
Préparation : 15 min
Cuisson : 5 min
Congélation : 3 h
Difficulté : * *

- 2 saladiers
- 1 fouet
- 1 casserole
- 1 mixeur
- 1 bac à glace

INGRÉDIENTS :

- 2 gousses de vanille
- 6 jaunes d'œufs
- 150 g de sucre
- 1 feuille de gélatine (2 g)
- 50 cl de crème fleurette

Glace à la vanille
sans sorbetière

Trempez la feuille de gélatine dans un grand volume d'eau froide. Montez 45 cl de crème liquide en chantilly. Réservez-la au frais.

Faites chauffer le restant de la crème avec la feuille de gélatine préalablement égouttée. Ajoutez les gousses de vanille fendues en 2 puis grattées, mélangez.

Dans une casserole, portez à ébullition le sucre avec 5 cl d'eau. Pendant ce temps, fouettez les jaunes d'œufs, puis versez petit à petit le sirop chaud. Continuez de fouetter pendant encore 5 à 10 minutes (jusqu'à ce que le mélange triple de volume). Ajoutez délicatement le mélange à la vanille après avoir retiré les gousses, puis incorporez peu à peu la crème Chantilly aux jaunes d'œufs montés.

Réservez dans un bac à glace et placez au congélateur pendant au moins 3 heures.

Pour 4
Préparation : 15 min
Cuisson : 2 min
Congélation : 3 h
Difficulté : * *

- 2 saladiers
- 1 fouet
- 1 passoire fine
- 1 casserole
- 1 mixeur
- 1 bac à glace

INGRÉDIENTS :

- 300 g de fraises
- 1 feuille de gélatine (2 g)
- 2 blancs d'œufs
- 10 g de sucre
- 25 cl de crème fleurette

Glace à la fraise
sans sorbetière

Trempez la feuille de gélatine dans un grand volume d'eau froide. Montez la crème liquide en chantilly. Réservez-la au frais.

Équeutez les fraises, coupez-les en 2, puis mixez-les. Filtrez le coulis à travers une passoire fine.

Égouttez la gélatine. Faites chauffer la moitié du coulis de fraises. Ajoutez la gélatine. Mélangez, puis versez le restant du coulis.

Dans un saladier, montez les blancs d'œufs en neige, puis incorporez petit à petit le sucre. Mélangez délicatement les blancs d'œufs avec le coulis de fraises, puis incorporez la crème Chantilly. Réservez dans un bac à glace et placez au congélateur pendant au moins 3 heures.

GLACES & SORBETS

Pour 4
Préparation : 15 min
Cuisson : 15 min
Congélation : 15 min
Difficulté : * * *

- 2 casseroles
- 1 saladier
- 1 fouet
- 1 grille
- 4 verres à cocktail

INGRÉDIENTS :

- 4 pêches jaunes
- 1 gousse de vanille
- 250 g de gelée de groseilles
- quelques amandes bâtons
- 4 boules de sorbet à la framboise
- 200 g de sucre
- 1 l d'eau
- glaçons

Coupes melba

Placez les verres à cocktail au congélateur. Portez une casserole d'eau à ébullition, ébouillantez les pêches pendant 30 à 40 secondes, puis refroidissez-les immédiatement dans un saladier d'eau froide avec des glaçons. Retirez la peau des pêches.

Dans une autre casserole, portez à ébullition l'eau avec le sucre et la gousse de vanille fendue en 2 et grattée. Faites cuire les pêches dans ce sirop pendant 6 à 8 minutes, puis égouttez-les.

Placez les pêches sur une grille, puis pendant 15 minutes au congélateur afin qu'elles soient bien froides. Sortez-les du congélateur et nappez-les de gelée de groseilles.

Garnissez le fond des verres avec le sorbet à la framboise. Au moment de servir, disposez les pêches dans les verres, décorez avec les amandes.

variante

Remplacez le sorbet à la framboise par le sorbet cassis aux brisures de meringue (recette p. 470-471).

truc de cuisinier

Retirez le noyau des pêches après cuisson à l'aide de ciseaux : pincez le noyau, tournez d'un quart de tour, puis tirez le noyau vers vous.

GLACES & SORBETS

Pour 4
Préparation : 15 min
Cuisson : 5 min
Difficulté : * *

Banana split

- 3 poches à douille
- 1 casserole
- 1 fouet
- 4 coupes allongées

INGRÉDIENTS :

- 12 bananes frecinettes (mini-bananes)
- 4 boules de glace vanille
- 4 boules de glace chocolat
- 4 boules de sorbet fraise
- 1 bombe de crème Chantilly
- quelques amandes effilées

Pour la sauce au chocolat :

- 100 g de chocolat noir
- 10 cl de crème liquide
- 2 cl de lait

Réalisez la sauce au chocolat : faites fondre le chocolat. Faites chauffer le lait et la crème, puis versez petit à petit sur le chocolat fondu, mélangez.

Retirez la peau des bananes, coupez-les en 2 dans le sens de la longueur. Remplissez les 3 poches à douille avec les 3 glaces différentes.

Formez un boudin de glace à la vanille sur 4 demi-bananes, refermez avec 4 autres demi-bananes, renouvelez l'opération avec la glace au chocolat et le sorbet à la fraise.

Faites griller les amandes effilées dans une poêle à sec. Versez la sauce au chocolat au fond des assiettes à dessert, posez dans chacune une banane de chaque parfum. Formez de jolies rosaces de chantilly de long des fruits, parsemez d'amandes effilées.

variante

Faites caraméliser les bananes dans une poêle avec un peu de beurre et de sucre, puis faites-les refroidir avant de les déposer sur les glaces.

truc de cuisinier

Ne conservez jamais les bananes au réfrigérateur : au froid, elles s'assèchent en eau à cause de la dégradation de leurs tissus et vont donc noircir.

GLACES & SORBETS

Pour 4 (environ 1 l)
Préparation : 15 min
Cuisson : 5 min
Congélation : selon votre appareil
Difficulté : * *
€ € € €

Sorbet
aux brisures

- 1 casserole
- 1 saladier
- 1 mixeur plongeant
- 1 passoire fine
- 1 sorbetière (ou turbine à glace)

INGRÉDIENTS :

- 500 g de cassis
- 12 petites meringues
- 250 g de sucre
- le jus d'1/2 citron jaune
- 40 cl d'eau

Cassez les meringues en petits morceaux.

Dans une casserole, portez à ébullition l'eau avec le sucre.
Laissez refroidir ce sirop.

Mixez les cassis avec le sirop froid et le jus du demi-citron. Passez à travers une passoire fine.

Versez la préparation dans votre sorbetière, que vous utiliserez selon le mode d'emploi. À la moitié du temps de refroidissement, ajoutez les brisures de meringue.

variante

Remplacez les brisures de meringue par des cubes de citron confit.

cassis
de meringue

truc de cuisinier

Ajoutez 5 cl de crème de cassis. En plus de renforcer le goût, l'alcool améliorera la texture du sorbet.

Pour 75 cl de glace
Préparation : 20 min
Turbinage : 20 min
Difficulté : * *

€ € € €

- 2 jattes
- 1 casserole
- 1 fouet électrique
- 1 turbine à glace

INGRÉDIENTS :

- 180 g de chocolat au lait
- 45 cl de lait frais entier
- 15 cl de crème fleurette
- 30 g de sucre en poudre
- 70 g de crème de marrons
- 4 jaunes d'œufs
- 50 g de brisures de marrons glacés
- 1 cuil. à soupe de whisky ou de rhum ambré

Glace chocolat au lait
et crème de marrons

Hachez finement le chocolat. Arrosez d'alcool les brisures de marrons et laissez-les macérer. Mélangez les jaunes d'œufs avec 20 g de sucre, sans blanchir. Portez le lait à ébullition avec la crème et 10 g de sucre. Versez le tout sur les jaunes en mélangeant, puis reversez dans la casserole et remuez quelques instants sur feu doux, jusqu'à ce que la crème nappe la cuillère.

Versez aussitôt cette crème sur le chocolat en mélangeant. Incorporez ensuite la crème de marrons. Laissez refroidir le mélange, puis réfrigérez-le. Passez ensuite en sorbetière. Lorsque la glace commence à prendre, incorporez petit à petit les brisures de marrons et terminez le turbinage. Placez au congélateur.

Pour 50 cl de glace
Préparation : 25 min
Turbinage : 20 min
Difficulté : * *

€ € € €

- 2 jattes
- 1 casserole
- 1 fouet électrique
- 1 turbine à glace

INGRÉDIENTS :

- 140 g de chocolat blanc
- 40 cl de lait frais entier
- 5 cl de crème fleurette
- 40 g de sucre en poudre
- 4 jaunes d'œufs
- 15 g de racine de gingembre pelée
- 15 g de gingembre confit moelleux

Glace chocolat blanc
et gingembre

Hachez le chocolat blanc. Coupez la racine de gingembre en petits bâtonnets et le gingembre confit en tout petits dés. Mélangez les jaunes d'œufs avec la moitié du sucre sans les faire mousser. Portez à ébullition le lait et la crème avec le reste du sucre et la racine de gingembre. Couvrez et laissez infuser hors du feu pendant 10 minutes. Filtrez le lait parfumé et réchauffez-le. Versez-le en mince filet sur les jaunes d'œufs en mélangeant, puis reversez l'ensemble dans la casserole. Faites chauffer doucement en remuant jusqu'à ce que la crème nappe la cuillère.

Versez alors petit à petit sur le chocolat en remuant. Lorsqu'il est fondu et la crème bien lisse, laissez refroidir à température ambiante, puis au réfrigérateur. Mettez à turbiner et incorporez le gingembre confit à la fin. Placez au congélateur.

Pour 4 (environ 1 l)
Préparation : 15 min
Cuisson : 15 min
Congélation : selon votre appareil
Difficulté : * *

Sorbet figue-framboise

- 2 casseroles
- 1 saladier
- 1 mixeur plongeant
- 1 passoire fine
- 1 sorbetière (ou turbine à glace)

INGRÉDIENTS :

- 300 g de framboises
- 200 g de figues fraîches
- 120 g de sucre
- le jus d'1/2 citron jaune
- 25 cl d'eau

Lavez les figues et les framboises puis coupez les figues en 4.

Dans une casserole, faites compoter les figues et les framboises avec la moitié du sucre pendant 10 minutes à feu doux.

Dans une autre casserole, portez à ébullition l'eau avec le reste du sucre, versez sur la compotée. Mixez, puis passez à travers une passoire fine. Ajoutez le jus de citron. Laissez refroidir.

Versez la préparation dans votre sorbetière, que vous utiliserez selon le mode d'emploi.

variante

Rajoutez quelques dés de figues séchées dans le mélange avant de le faire prendre dans la sorbetière.

truc de cuisinier

Pour que la glace prenne bien, versez impérativement un mélange froid dans la sorbetière.

Pour 4 (environ 1 l)
Préparation : 15 min
Cuisson : 5 min
Congélation : selon votre appareil
Difficulté : * *
€ € € €

- 1 casserole
- 1 saladier
- 1 mixeur plongeant
- 1 passoire fine
- 1 sorbetière (ou turbine à glace)

INGRÉDIENTS :

- 2 mangues bien mûres
- 10 cl de jus de fruits de la passion
- 20 cl d'eau
- 120 g de sucre
- le jus d'1/2 citron vert

Sorbet mangue-passion

Épluchez les mangues, prélevez la chair, puis mixez-la. Pesez 400 g de purée de mangue.

Portez à ébullition l'eau avec le sucre, ajoutez le jus de fruits de la passion ainsi que le jus de citron.

Mixez, puis passez à travers une passoire fine. Faites refroidir.

Versez la préparation dans votre sorbetière, que vous utiliserez selon le mode d'emploi.

variante

Remplacez la moitié de la purée de mangue par de la purée de banane.

truc de cuisinier

Ajoutez 5 cl de Passoa®, l'alcool va renforcer le goût du sorbet et empêcher la glace de trop cristalliser.

Glace au caramel

Pour 4 (environ 1 l)
Préparation : 20 min
Cuisson : 15 min
Congélation : selon votre appareil
Difficulté : * *
€ € € €

- 3 casseroles
- 1 saladier
- 1 fouet
- 1 mixeur plongeant
- 1 sorbetière (ou turbine à glace)

INGRÉDIENTS :

- 50 cl de lait
- 15 cl de crème liquide
- 1 gousse de vanille
- 3 jaunes d'œufs
- 120 g de sucre

Portez le lait à ébullition avec la gousse de vanille fendue en 2 et grattée.

Dans un saladier, battez les jaunes d'œufs avec 20 g de sucre. Retirez la gousse de vanille du lait. Portez la crème à ébullition.

Dans une autre casserole, versez le restant de sucre, faites-le cuire au caramel, puis incorporez la crème liquide chaude petit à petit. Ajoutez le lait, portez de nouveau le tout à ébullition, versez sur le mélange œufs-sucre. Remettez le tout sur feu doux et remuez jusqu'à ce que le mélange épaississe (attention à ne pas faire bouillir). Placez dans un saladier, mixez.

Versez la préparation dans votre sorbetière, que vous utiliserez selon le mode d'emploi.

variante

Ajoutez des petits bouts de noisettes caramélisées au mélange avant de le verser dans la turbine.

truc de cuisinier

Ajoutez 1 pincée de fleur de sel dans la glace pour lui donner plus de finesse.

GLACES & SORBETS

Pour 4 (environ 1 l)
Préparation : 15 min
Cuisson : 5 min
Congélation : selon votre appareil
Difficulté : * *
€ € € €

- 1 casserole
- 1 saladier
- 1 mixeur plongeant
- 1 passoire fine
- 1 sorbetière (ou turbine à glace)

INGRÉDIENTS :

- 5 yaourts nature
- 10 cl de lait
- 5 cl d'eau
- 125 g de sucre
- le jus d'1/2 citron vert
- 1 bouquet de basilic

Sorbet yaourt-basilic

Lavez le basilic, prélevez une cinquantaine de feuilles.

Dans une casserole, portez l'eau et le sucre à ébullition. Laissez refroidir ce sirop.

Une fois que le sirop est froid, ajoutez les yaourts, le lait, le jus de citron vert puis les feuilles de basilic. Mixez. Filtrez à travers une passoire fine afin de retirer les petits morceaux de basilic restant.

Versez la préparation dans votre sorbetière, que vous utiliserez selon le mode d'emploi.

variante

Ajoutez un trait d'huile d'olive citronnée.

truc de cuisinier

L'addition d'1 demi-cuillerée à café de gomme de caroube limitera la formation de cristaux et retardera la fonte de la glace.

Esquimaux vanille
et chocolat praliné

Pour 4
Préparation : 15 min
Cuisson : 10 min
Congélation : 6 h 45
Difficulté : * *

- 1 fouet
- 1 boîte en plastique
- 4 moules à esquimaux
- 4 bâtonnets à esquimaux
- 1 verre doseur

INGRÉDIENTS :

- 50 cl de lait
- 1 gousse de vanille
- 4 jaunes d'œufs
- 100 g de sucre
- 20 g de noisettes entières
- 160 g de chocolat
- 65 g de beurre

Versez le lait dans une casserole. Fendez la gousse de vanille, grattez l'intérieur avec la pointe d'un couteau pour en extraire les graines. Ajoutez les graines et la gousse au contenu de la casserole. Faites chauffer le lait jusqu'à ébullition.

Battez les jaunes d'œufs et le sucre jusqu'à ce que le mélange blanchisse, retirez la gousse puis versez le lait vanillé sur le mélange œufs/sucre tout en fouettant. Transvasez dans la casserole et faites épaissir à feu doux tout en mélangeant pendant 15 minutes, la crème doit être assez épaisse pour napper la cuillère. Versez dans une boîte en plastique, filmez-la et laissez refroidir complètement.

Entreposez la crème refroidie au congélateur. Toutes les 30 minutes, pendant 2 heures 30, battez doucement la préparation avec un fouet pour dissoudre les cristaux de glace. Remplissez alors 4 moules à esquimaux de crème glacée, glissez les bâtonnets et laissez prendre pendant 4 heures.

Hachez les noisettes. Faites fondre le chocolat et le beurre au bain-marie. Versez l'ensemble dans un récipient haut et étroit, type verre doseur. Laissez tiédir. Trempez successivement chaque esquimau dans le chocolat. Soulevez le verre si nécessaire pour que le chocolat coule et recouvre toute la surface de l'esquimau. Disposez une feuille de papier cuisson sur une assiette. Posez les esquimaux sur l'assiette, parsemez-les d'éclats de noisettes et replacez au congélateur pour 15 minutes.

variantes

Remplacez les noisettes par des noix de pécan hachées. Pour un effet *cookies and cream*, ajoutez à la crème, avant de la réfrigérer, une poignée de brisures de cookies au chocolat.

truc de cuisinier

Pour rattraper une crème anglaise trop cuite, passez-la au mixeur, elle retrouvera ainsi une texture bien lisse.

Sorbet à la pomme verte

Pour 4 (environ 1 l)
Préparation : 15 min
Cuisson : 5 min
Congélation : selon votre appareil
Difficulté : * *
€

- 1 casserole
- 1 saladier
- 1 passoire fine
- 1 mixeur plongeant
- 1 sorbetière (ou turbine à glace)

INGRÉDIENTS :

- 5 pommes vertes
- le jus d'1 citron jaune
- 150 g de sucre
- 5 cl de manzana
- 20 cl d'eau

Lavez les pommes, coupez-les en 4, puis retirez les pépins. Mixez-les avec le jus de citron. Passez à travers une passoire fine. Prélevez 50 cl de jus de pommes.

Dans une casserole, portez à ébullition l'eau et le sucre. Laissez refroidir, puis mélangez avec le jus de pommes et la manzana.

Versez la préparation dans votre sorbetière, que vous utiliserez selon le mode d'emploi.

Sorbet à la noix de coco

Pour 4 (environ 1 l)
Préparation : 15 min
Cuisson : 5 min
Congélation : selon votre appareil
Difficulté : * *
€ €

- 1 casserole
- 1 saladier
- 1 économe
- 1 zesteur
- 1 mixeur plongeant
- 1 sorbetière (ou turbine à glace)

INGRÉDIENTS :

- 1 noix de coco
- 25 cl de lait de coco
- 50 cl de lait
- 100 g de sucre
- 1 citron vert non traité

Lavez le citron vert, prélevez les zestes, puis hachez-les finement. Cassez la noix de coco, retirez la coque puis la peau marron à l'aide d'un économe. Mixez la chair de noix de coco.

Portez à ébullition le lait de coco avec le lait et le sucre. Ajoutez la noix de coco, mixez à nouveau, puis ajoutez les zestes du citron vert et mélangez.

Versez la préparation dans votre sorbetière, que vous utiliserez selon le mode d'emploi.

GLACES & SORBETS

Crème glacée
double chocolat

Pour 6
Préparation : 20 min
Cuisson : 10 min
Congélation : 3 h + 1 nuit
Difficulté : * * *

- 1 sorbetière
- 1 casserole
- 1 fouet électrique

INGRÉDIENTS :

- 300 g de chocolat noir
- 100 g de sucre
- 40 cl de lait entier
- 40 cl de crème fraîche épaisse

Cassez 200 g de chocolat noir en carrés. Faites chauffer le lait et faites-y fondre le chocolat. Mélangez bien et retirez du feu. Laissez refroidir.

Battez la crème avec un fouet électrique pour bien la faire mousser. Fouettez la crème avec le sucre jusqu'à ce qu'elle forme des crêtes. Ajoutez-la au chocolat et mélangez bien.

Détaillez le reste du chocolat en pépites. Réservez. Faites prendre la glace dans une sorbetière en suivant les instructions du fabricant, ou au congélateur pendant 3 heures. Dans ce cas, sortez-la toutes les 45 minutes et fouettez-la. La dernière fois, incorporez les pépites. Laissez 1 nuit au congélateur.

Crème glacée
aux cookies

Pour 6
Préparation : 15 min
Cuisson : 35 min
Congélation : 3 h + 1 nuit
Difficulté : * * *

- 1 sorbetière
- 1 casserole
- 1 saladier
- 1 fouet

INGRÉDIENTS :

- 300 g de cookies aux pépites de chocolat
- 100 g de sucre en poudre
- 60 cl de crème fraîche
- 4 jaunes d'œufs
- 1 gousse de vanille

Faites chauffer la crème fraîche sans bouillir avec la gousse de vanille fendue en 2 dans le sens de la longueur. Retirez du feu et laissez infuser 15 minutes.

Battez les jaunes d'œufs avec le sucre dans un saladier jusqu'à ce que l'appareil devienne mousseux et aéré. Chauffez de nouveau la crème, retirez la gousse et versez-y les œufs.

Faites cuire en remuant jusqu'à ce que le mélange épaississe. Laissez refroidir, puis faites prendre dans la sorbetière ou au congélateur pendant 3 heures. Dans ce cas, retirez du congélateur toutes les 45 minutes, fouettez et replacez au congélateur.

Émiettez les cookies et ajoutez-les à la glace ramollie. Mélangez et laissez au congélateur pendant 1 nuit avant de déguster.

Pour 4
Préparation : 30 min
Cuisson : 1 h 10
Congélation : 30 min
Difficulté : * *

- 1 casserole
- 1 fouet
- 1 couteau

INGRÉDIENTS :

- 4 citrons jaunes bio
- 1 l d'eau
- 500 g de sucre
- 8 boules de sorbet au citron, soit 40 cl
- 4 petites meringues

Citrons givrés

Lavez les citrons, coupez leur base (jetez-la) et un chapeau à l'autre extrémité. À l'aide d'un petit couteau, incisez l'intérieur du citron, de manière à enlever toute la pulpe.

Placez les citrons (avec les chapeaux) dans une casserole, recouvrez-les d'eau froide, portez à ébullition et égouttez-les. Renouvelez l'opération 2 fois, cela sert à ôter l'amertume.

Versez le sucre et l'eau dans la casserole, portez à ébullition, ajoutez les citrons, laissez-les confire à feu doux pendant 1 heure environ. Retirez les citrons, laissez refroidir, puis placez-les au congélateur pendant au moins 30 minutes.

Placez 1 meringue dans le fond de chaque citron, garnissez de sorbet citron, puis remettez les chapeaux.

variante

Ajoutez 1 cuillerée à soupe de confiture de cassis au fond de chaque citron.

truc de cuisinier

Réalisez vous-même les meringues : montez 2 blancs d'œufs en neige, puis ajoutez petit à petit 120 g de sucre. Dressez de petites boules à l'aide d'une poche à douille sur une plaque à four recouverte de papier sulfurisé. Enfournez à 100 °C (th. 3/4) pendant 1 heure environ.

GLACES & SORBETS

Glace à la pistache

Pour 4 (environ 1 l)
Préparation : 15 min
Cuisson : 10 min
Congélation : selon votre appareil
Difficulté : * *
€ €

- 1 casserole
- 1 saladier
- 1 fouet
- 1 mixeur plongeant
- 1 sorbetière (ou turbine à glace)

INGRÉDIENTS :

- 50 g de pâte de pistache
- 50 cl de lait
- 10 cl de crème liquide
- 6 jaunes d'œufs
- 100 g de sucre

Portez le lait à ébullition avec la moitié du sucre. Dans un saladier, battez les jaunes d'œufs avec le restant du sucre.

Lorsque le lait est bouillant, versez-le sur le mélange œufs-sucre. Remettez le tout sur feu doux et remuez jusqu'à ce que la préparation épaississe (attention à ne pas faire bouillir). Versez dans un saladier, ajoutez la crème liquide ainsi que la pâte de pistache, mixez. Laissez refroidir.

Versez la préparation dans votre sorbetière, que vous utiliserez selon le mode d'emploi.

Glace aux marrons

Pour 4 (environ 1 l)
Préparation : 15 min
Cuisson : 10 min
Congélation : selon votre appareil
Difficulté : * *
€

- 1 casserole
- 1 saladier
- 1 fouet
- 1 mixeur plongeant
- 1 sorbetière (ou turbine à glace)

INGRÉDIENTS :

- 200 g de crème de marrons
- 50 cl de lait
- 10 cl de crème liquide
- 3 jaunes d'œufs
- 50 g de sucre

Portez le lait à ébullition. Dans un saladier, battez les jaunes d'œufs avec le sucre.

Lorsque le lait est bouillant, versez-le sur le mélange œufs-sucre. Remettez le tout sur feu doux et remuez jusqu'à ce que la préparation épaississe (attention à ne pas faire bouillir). Versez dans un saladier, ajoutez la crème liquide ainsi que la crème de marrons, mixez. Laissez refroidir.

Versez la préparation dans votre sorbetière, que vous utiliserez selon le mode d'emploi.

Pour 6
Préparation : 15 min
Cuisson : 25 min
Congélation : 3 h + 1 nuit
Difficulté : * * *

- 1 casserole
- 2 saladiers
- 1 fouet

INGRÉDIENTS :

- 150 g de fromage à tartiner
- 100 g de confiture de myrtille
- 100 g de myrtilles
- 100 g de biscuits sablés
- 100 g de sucre
- 30 cl de lait entier
- 30 cl de crème fraîche épaisse
- 4 jaunes d'œufs
- 1 gousse de vanille

GLACES & SORBETS

Crème glacée cheesecake et myrtilles

Fendez la gousse de vanille en 2 dans le sens de la longueur et grattez-la au dessus d'une casserole. Faites-y chauffer le lait et la crème, puis laissez infuser 15 minutes.

Battez les jaunes et le sucre dans un saladier, puis réchauffez la crème et versez sur les œufs en mélangeant. Remettez le tout sur feu doux et tournez jusqu'à ce que le mélange épaississe.

Versez dans un saladier, ajoutez le fromage, puis mettez au congélateur pendant 3 heures. Retirez chaque heure, battez le mélange et remettez-le au congélateur.

Sortez du congélateur pour faire légèrement ramollir, introduisez les biscuits émiettés, la confiture et les fruits. Mélangez bien et congelez 1 nuit entière avant de servir.

variante

Variez les fruits rouges à l'infini.

truc de cuisinier

Faites prendre la crème glacée dans un récipient dans lequel il sera facile de fouetter le mélange.

Happy
Days

Granités mojito

Pour 4
Préparation : 15 min
Infusion : 10 min
Cuisson : 5 min
Congélation : 3 h
Difficulté : * *
€ €

- 1 casserole • 1 saladier
- 1 zesteur • 1 presse-agrumes
- 1 mixeur • 1 passoire fine
- 1 récipient large • 1 fourchette
- 1 fouet • 4 verres tumbler

INGRÉDIENTS :

- 1 citron vert
- 20 cl de rhum blanc
- 1 bouquet de menthe
- 100 g de sucre
- 50 cl d'eau
- sirop à la menthe

Lavez le citron vert. Prélevez les zestes et le jus. Portez l'eau à ébullition avec le sucre et les zestes du citron. Laissez infuser pendant 10 minutes, retirez les zestes de ce sirop.

Lavez la menthe, prélevez une cinquantaine de feuilles. Mixez-les avec le sirop, filtrez à travers une passoire fine. Ajoutez le rhum et le jus du citron, mélangez. Versez dans un récipient large. Placez au congélateur pour 3 heures. Toutes les 30 minutes, grattez la préparation à l'aide d'une fourchette jusqu'à l'obtention d'un mélange pailleté et stable.

Servez dans des verres bien froids, versez au fond de chaque verre 1 trait de sirop de menthe, ajoutez le granité, décorez d'un petit bouquet de menthe.

Granités tequila sunrise

Pour 4
Préparation : 15 min
Infusion : 10 min
Cuisson : 5 min
Congélation : 3 h
Difficulté : * *
€ €

- 1 saladier • 1 casserole
- 1 fouet • 1 zesteur
- 1 récipient large
- 1 fourchette
- 4 verres à cocktail

INGRÉDIENTS :

- 50 cl de jus d'orange
- 1 citron bio
- 1 orange bio
- 20 cl de tequila
- 100 g de sucre
- sirop de grenadine

Lavez le citron et l'orange. Prélevez les zestes. Portez la moitié du jus d'orange à ébullition avec le sucre et les zestes. Laissez infuser pendant 10 minutes, retirez les zestes. Ajoutez la tequila, et le restant du jus d'orange, mélangez.

Versez dans un récipient large. Placez au congélateur pour 3 heures. Toutes les 30 minutes, grattez la préparation à l'aide d'une fourchette jusqu'à l'obtention d'un mélange pailleté et stable.

Servez dans des verres bien froids : versez au fond de chaque verre 1 trait de sirop de grenadine, ajoutez le granité, décorez d'1 tranche d'orange.

Pour 4
Préparation : 15 min
Cuisson : 5 min
Congélation : 3 h
Difficulté : * *

- 1 casserole
- 1 fouet
- 1 moule à charlotte

INGRÉDIENTS :

- 30 biscuits à la cuiller
- 50 cl de sorbet au citron
- 200 g de framboises fraîches
- 25 cl de coulis de framboises
- 2 cl d'eau-de-vie de framboise
- 1 bombe de crème Chantilly

Pour le sirop :

- 5 cl d'eau-de-vie de framboise
- 100 g de sucre
- 30 cl d'eau

Charlotte glacée citron-framboise

Réalisez le sirop : dans une casserole, portez à ébullition l'eau avec le sucre, puis ajoutez l'eau-de-vie de framboise et mélangez. Imbibez légèrement les biscuits à la cuiller dans ce sirop.

Tapissez le moule à charlotte avec les biscuits imbibés. Mélangez le coulis de framboise avec l'eau-de-vie. Versez une fine couche de ce coulis dans le moule, ajoutez une couche de sorbet citron. Placez le moule au congélateur pendant 20 minutes.

Renouvelez l'opération 2 fois. Pour finir, placez le moule au congélateur pendant au moins 2 heures.

Au moment de servir, démoulez et décorez avec de la chantilly et des framboises fraîches.

variante

Remplacez le sorbet citron par de la glace à la verveine (recette p. 508).

truc de cuisinier

Réalisez vous-même la chantilly : fouettez 25 cl de crème fleurette bien froide avec 25 g de sucre et les graines d'1 gousse de vanille (ou utilisez un siphon).

GLACES & SORBETS

Pour 4
Préparation : 15 min
Cuisson : 2 min
Congélation : 2 h
Difficulté : * *

Vacherin

Trempez les feuilles de gélatine dans un grand volume d'eau froide. Montez la crème liquide en chantilly. Réservez-la au frais.

Lavez les fraises, équeutez-les, puis mixez-les avec le champagne et filtrez à travers une passoire fine. Faites chauffer une petite partie du coulis avec la gélatine essorée afin de la dissoudre. Mélangez de nouveau l'ensemble.

- 2 saladiers
- 1 fouet
- 1 mixeur
- 1 casserole
- 1 batteur électrique
- 1 passoire fine
- 1 moule à charlotte

INGRÉDIENTS :

- 250 g de fraises
- 15 cl de champagne
- 20 petites meringues
- 2 feuilles de gélatine (4 g)
- 3 blancs d'œufs
- 120 g de sucre
- 20 cl de crème liquide

Pour la décoration :
- 1 bombe de crème Chantilly
- quelques fraises
- 1 dizaine de petites meringues

fraise-champagne

Montez les blancs d'œufs en neige, versez petit à petit le sucre. Incorporez-les délicatement au coulis de fraises, puis ajoutez petit à petit la crème Chantilly.

Versez la mousse dans le moule. Terminez par une couche de petites meringues. Faites prendre au congélateur pendant au moins 2 heures, démoulez, puis recouvrez de chantilly. Décorez avec des fraises et de petites meringues.

variante

Vous pouvez remplacer les fraises par de la rhubarbe cuite, pour un rendu plus original.

truc de cuisinier

Recouvrez les meringues d'une fine couche de chocolat blanc afin de les protéger contre l'humidité ; elles garderont ainsi leur croustillant.

Pour 4 (environ 1 l)
Préparation : 15 min
Cuisson : 15 min
Congélation : selon votre appareil
Difficulté : * *
€

- 2 casseroles
- 1 saladier
- 1 mixeur plongeant
- 1 passoire fine
- 1 sorbetière (ou turbine à glace)

INGRÉDIENTS :

- 600 g d'abricots bien mûrs
- 1 branche d'estragon frais
- 110 g de sucre
- le jus d'1/2 citron jaune
- 25 cl d'eau

Sorbet abricot-estragon

Lavez les abricots, retirez les noyaux puis coupez-les en 4. Lavez l'estragon puis ciselez-le finement.

Dans une casserole, faites compoter à feu doux les abricots avec la moitié du sucre pendant 10 minutes.

Dans une autre casserole, portez à ébullition l'eau avec le reste du sucre, versez sur la compotée. Mixez, puis passez à travers une passoire fine. Ajoutez le jus de citron. Laissez refroidir.

Incorporez l'estragon ciselé, puis versez la préparation dans votre sorbetière, que vous utiliserez selon le mode d'emploi.

variante

Remplacez les abricots par de la rhubarbe. Rajoutez alors 50 g de sucre.

truc de cuisinier

Si vous voulez obtenir un sorbet plus prononcé en estragon, vous pouvez laisser infuser une branche dans la casserole pendant 10 minutes (avant de verser sur la compotée).

Pour 4
Préparation : 15 min
Cuisson : 15 min
Difficulté : * * *
€ € € €

- 2 casseroles
- 1 fouet
- 1 grille
- 1 emporte-pièce
- 4 petites assiettes

INGRÉDIENTS :

- 4 poires
- 250 g de sucre
- 1 gousse de vanille
- 4 boules de glace vanille (p. 8)
- 100 g d'amandes effilées
- 1 l d'eau

Pour le glaçage au chocolat :

- 100 g de chocolat noir
- 10 cl de crème
- 20 g de beurre

Belle-Hélène

Détaillez les poires en cylindres à l'aide d'un emporte-pièce puis évidez le cœur. Portez à ébullition l'eau, le sucre et la gousse de vanille fendue en 2 et grattée, ajoutez les cylindres de poires. Faites cuire à feu doux pendant environ 10 minutes. Égouttez les poires.

Réalisez le glaçage au chocolat : faites fondre le chocolat. Portez la crème à ébullition, versez sur le chocolat fondu, incorporez le beurre.

Sur une grille, nappez partiellement les cylindres de poires avec la sauce au chocolat. Disposez-les sur de petites assiettes.

Faites griller les amandes effilées dans une poêle à sec. Roulez les boules de glace vanille dans les amandes effilées, placez-les sur les poires, servez immédiatement.

variante

Remplacez la glace à la vanille par de la glace à la noisette ou aux pralines.

truc de cuisinier

Utilisez des poires williams, comice ou beurré Hardy, ces variétés de poires se « tiennent » bien après cuisson.

Pour 4
Préparation : 15 min
Cuisson : 5 min
Congélation : 2 h
Difficulté : * *
€

- 1 moule en silicone (avec 4 empreintes minimum)
- 2 casseroles
- 1 grille

INGRÉDIENTS :

- 50 cl de glace à la vanille
- 150 g de pralin (ou brisures de noisettes caramélisées)
- 4 petites meringues

Pour la sauce caramel :

- 100 g de sucre
- 1 gousse de vanille
- 10 cl de crème liquide

GLACES & SORBETS

Mystères

Remplissez les empreintes du moule en silicone avec de la glace à la vanille, insérez 1 meringue sur chacune et placez le moule au congélateur pendant au moins 2 heures.

Réalisez la sauce caramel : faites chauffer la crème avec la gousse de vanille fendue en 2 et grattée. Dans une autre casserole, faites chauffer le sucre pour le faire caraméliser. Retirez la gousse de vanille, puis versez petit à petit la crème sur le caramel. Portez à ébullition. Laissez refroidir.

Démoulez les glaces à la vanille, disposez-les sur une grille, puis nappez-les avec la sauce caramel tiède et parsemez de pralin.

Réservez au congélateur jusqu'au moment de servir.

variante

Utilisez un sorbet à la framboise, réalisez un caramel à base de sirop de violette (à la place du sucre), parsemez de quelques brisures de bonbons à la violette et décorez avec des framboises fraîches.

truc de cuisinier

Réalisez vous-même les noisettes caramélisées : portez à ébullition 5 cl d'eau avec 100 g de sucre, ajoutez 300 g de noisettes torréfiées, mélangez jusqu'à la caramélisation. Incorporez un petit bout de beurre à la fin, afin que les noisettes ne collent pas entre elles. Mixez-les grossièrement.

GLACES & SORBETS

Pour 4
Préparation : 15 min
Cuisson : 2 min
Congélation : 2 h
Difficulté : * *

2 saladiers
- 1 fouet
- 1 casserole
- 1 batteur électrique
- papier sulfurisé
- 1 spatule
- 4 petits ramequins à soufflé

INGRÉDIENTS :

- 100 g de sucre à barbe à papa (+ pour le décor)
- 30 cl de crème fleurette
- 3 blancs d'œufs
- 50 g de sucre
- 2 feuilles de gélatine (4 g)

Soufflés glacés à la barbe à papa

Faites tremper les feuilles de gélatine dans un grand volume d'eau froide. Montez 25 cl de crème liquide en chantilly à l'aide d'un fouet.

Dans un saladier, montez les blancs d'œufs en neige, puis versez petit à petit le sucre. Incorporez ensuite le sucre à barbe à papa.

Faites chauffer le restant de crème, ajoutez la gélatine essorée, mélangez. Intégrez aux blancs d'œufs montés en neige. Incorporez ensuite la crème Chantilly.

Placez des bandes de papier sulfurisé à l'intérieur des ramequins (de 3 cm plus haut que les moules). Garnissez les soufflés à hauteur des papiers sulfurisés. Lissez si besoin avec une spatule. Placez les soufflés au moins 2 heures au congélateur. Au moment de servir, retirez les bandes de papier sulfurisé et saupoudrez de sucre à barbe à papa.

variante

Ajoutez 1 cuillerée à soupe de confiture de fraises dans chaque soufflé.

truc de cuisinier

Vous pouvez remplacer les bandes de papier sulfurisé par des cercles en inox, que vous placerez par-dessus les moules. Il vous suffira simplement de les chauffer pour les retirer au moment de servir.

Sorbet litchi-rose

Pour 4 (environ 1 l)
Préparation : 10 min
Cuisson : 5 min
Congélation : selon votre appareil
Difficulté : * *
€ € € €

- 1 casserole
- 1 saladier
- 1 mixeur plongeant
- 1 passoire fine
- 1 sorbetière (ou turbine à glace)

INGRÉDIENTS :

- 650 g de litchis au sirop
- 5 cl de sirop à la rose
- 80 g de sucre
- 10 cl d'eau

Retirez si nécessaire les noyaux des litchis. Dans une casserole, portez à ébullition l'eau avec le sucre. Laissez refroidir le sirop, puis ajoutez les litchis.

Mixez, puis filtrez à travers une passoire fine. Ajoutez le sirop de rose. Laissez refroidir.

Versez la préparation dans votre sorbetière, que vous utiliserez selon le mode d'emploi.

Sorbet melon-verveine

Pour 4 (environ 1 l)
Préparation : 15 min
Infusion : 10 min
Cuisson : 5 min
Congélation : selon votre appareil
Difficulté : * *
€ € € €

- 1 casserole
- 1 saladier
- 1 mixeur plongeant
- 1 passoire fine
- 1 sorbetière (ou turbine à glace)

INGRÉDIENTS :

- 1 melon
- 1 petit bouquet de verveine
- 130 g de sucre
- le jus d'1/2 citron vert
- 12,5 cl d'eau

Coupez le melon en 2, retirez les pépins et la peau. Coupez la chair en cubes. Prélevez 500 g. Lavez la verveine, récupérez les feuilles.

Dans une casserole, portez à ébullition l'eau avec le sucre, ajoutez la moitié de la verveine. Laissez infuser pendant 10 minutes, retirez les feuilles de verveine puis versez sur les cubes de melon. Mixez, puis passez à travers une passoire fine. Ajoutez le jus de citron. Laissez refroidir. Incorporez le restant de verveine préalablement ciselée.

Versez la préparation dans votre sorbetière, que vous utiliserez selon le mode d'emploi.

Pour 4
Préparation : 15 min
Cuisson : 5 min
Congélation : 2 h
Difficulté : * *

- 2 casseroles
- 2 saladiers
- 1 fouet
- 4 verrines

INGRÉDIENTS :

- 4 sablés bretons
- cacao en poudre pour le décor

Pour le caramel au café :
- 10 cl de crème fleurette
- 2 cuil. à café de café soluble
- 100 g de sucre

Pour la mousse :
- 100 g de mascarpone
- 20 cl de crème liquide
- 50 g de sucre
- 3 jaunes d'œufs

Tiramisus glacés

Confectionnez le caramel au café : portez la crème à ébullition, ajoutez le café soluble et mélangez. Dans une autre casserole, versez le sucre, faites-le cuire jusqu'à ce qu'il forme un caramel, puis ajoutez petit à petit la crème chaude, portez de nouveau le tout à ébullition. Laissez refroidir.

Réalisez la mousse : dans un saladier, montez la crème liquide en chantilly à l'aide d'un fouet. Réservez au frais. Dans un autre saladier, fouettez les jaunes d'œufs avec le sucre jusqu'à ce que le mélange double de volume. Mélangez avec le mascarpone, puis ajoutez délicatement la crème montée en chantilly.

Dans les verrines, disposez une couche de mousse, puis une fine couche de sauce au café, renouvelez l'opération 2 fois. Placez au congélateur au moins 2 heures.

Au moment de servir, saupoudrez chaque verrine de brisures de sablés, puis de cacao.

variante

Dans la sauce, remplacez la crème et le café par du jus de fruits de la passion et 1 gousse de vanille, pour un tiramisu exotique.

truc de cuisinier

Sortez les verrines du congélateur 10 à 15 minutes avant de servir, de manière à ce que la mousse ne soit pas trop dure ; vous apprécierez d'autant plus ces verrines à une température moins froide.

Pour 4 (environ 1 l)
Préparation : 15 min
Cuisson : 5 min
Congélation : selon votre appareil
Difficulté : * *

€

Sorbet au fromage blanc citronné

- 1 casserole
- 1 saladier
- 1 zesteur
- 1 presse-agrumes
- 1 mixeur
- 1 sorbetière (ou turbine à glace)

INGRÉDIENTS :

- 300 g de fromage blanc
- 1 citron jaune bio
- 20 cl de lait
- 150 g de sucre
- 20 cl d'eau

Dans une casserole, portez à ébullition le lait avec l'eau et le sucre. Versez dans un saladier, laissez refroidir. Lavez le citron, puis prélevez les zestes et le jus.

Hachez finement les zestes. Une fois que le sirop est froid, ajoutez le jus de citron, puis le fromage blanc. Mixez, incorporez ensuite les zestes du citron.

Versez la préparation dans votre sorbetière, que vous utiliserez selon le mode d'emploi.

Pour 4 (environ 1 l)
Préparation : 15 min
Infusion : 10 min
Cuisson : 5 min
Congélation : selon votre appareil
Difficulté : * *

€

Sorbet au lait pamplemousse-vanille

- 1 casserole
- 1 saladier
- 1 mixeur plongeant
- 1 passoire fine
- 1 sorbetière (ou turbine à glace)

INGRÉDIENTS :

- 25 cl de jus de pamplemousse
- 25 cl de lait
- 225 g de sucre
- 1 gousse de vanille
- 12,5 cl d'eau

Fendez en 2 la gousse de vanille, puis grattez-la. Dans une casserole, portez à ébullition l'eau, le lait, le sucre et la vanille. Laissez infuser pendant 10 minutes, puis retirez la gousse de vanille. Refroidissez le tout.

Une fois que le sirop à la vanille est froid, ajoutez le jus de pamplemousse, mixez, puis filtrez à travers une passoire fine.

Versez la préparation dans votre sorbetière, que vous utiliserez selon le mode d'emploi.

GLACES & SORBETS

Glace à la verveine

Pour 4 (environ 1 l)
Préparation : 15 min
Infusion : 10 min
Cuisson : 10 min
Congélation : selon votre appareil
Difficulté : * *
€

- 1 casserole
- 1 saladier
- 1 passoire fine
- 1 fouet
- 1 mixeur plongeant
- 1 sorbetière (ou turbine à glace)

INGRÉDIENTS :

- 50 cl de lait
- 10 cl de crème liquide
- 1 bouquet de verveine fraîche
- 5 jaunes d'œufs
- 110 g de sucre

Portez le lait à ébullition avec la moitié du sucre. Ajoutez les feuilles de verveine. Laissez infuser pendant au moins 10 minutes. Mixez. Filtrez à travers une passoire fine de manière à retirer les feuilles de verveine.

Dans un saladier, battez les jaunes d'œufs avec le restant du sucre.

Remettez la casserole sur le feu et, lorsque le lait est bouillant, versez-le sur la préparation œufs-sucre. Remettez le tout sur feu doux et remuez jusqu'à ce que le mélange épaississe (attention à ne pas faire bouillir). Versez dans un saladier, ajoutez la crème, mixez. Laissez refroidir.

Versez la préparation dans votre sorbetière, que vous utiliserez selon le mode d'emploi.

Sorbet rhubarbe-fraise

Pour 4 (environ 1 l)
Préparation : 15 min
Cuisson : 20 min
Congélation : selon votre appareil
Difficulté : * *
€

- 2 casseroles
- 1 saladier
- 1 mixeur plongeant
- 1 passoire fine
- 1 sorbetière (ou turbine à glace)

INGRÉDIENTS :

- 350 g de rhubarbe
- 200 g de fraises
- 20 cl d'eau
- 150 g de sucre
- le jus d'1/2 citron jaune

Lavez et équeutez les fraises. Épluchez les tiges de rhubarbe.

Dans une casserole, faites compoter à feu doux la rhubarbe avec la moitié du sucre pendant 10 minutes, puis ajoutez les fraises et continuez de faire cuire pendant encore 10 minutes.

Dans une autre casserole, portez à ébullition l'eau avec le restant de sucre, versez sur la compotée. Mixez, puis passez à travers une passoire fine. Ajoutez le jus de citron. Laissez refroidir.

Versez la préparation dans votre sorbetière, que vous utiliserez selon le mode d'emploi.

GLACES & SORBETS

Pour 4
Préparation : 30 min
Cuisson : 15 min
Réfrigération : 6 h 15
Difficulté : * *

- 1 fouet
- 1 fouet électrique
- 4 coupes

INGRÉDIENTS :

Pour la crème glacée :
- 30 cl de crème fleurette
- 20 cl de lait
- 1 gousse de vanille
- 4 jaunes d'œufs
- 100 g de sucre

Pour la chantilly :
- 15 cl de crème liquide entière
- 15 g de sucre glace

Pour la sauce chocolat :
- 100 g de chocolat noir à 70 %
- 10 cl de crème liquide
- 1 filet d'huile de tournesol
- 1 poignée de cacahuètes non salées

Sundaes chocolat, crème glacée maison sans sorbetière

Préparez la crème glacée : versez la crème liquide et le lait dans une casserole. Ouvrez la gousse de vanille, grattez-en l'intérieur pour retirer les graines, ajoutez-les à la crème ainsi que la gousse. Portez à ébullition.

Pendant ce temps, battez avec un fouet électrique les jaunes d'œufs et le sucre jusqu'à ce que le mélange blanchisse. Retirez la gousse de vanille, versez la crème et le lait chauds tout en mélangeant. Transvasez dans la casserole et faites épaissir la crème à feu doux en mélangeant continuellement, une dizaine de minutes. Versez dans un bac à glace ou une boîte en plastique. Réservez au congélateur 6 heures. Pendant les 2 premières heures, battez la préparation au fouet toutes les 30 minutes de manière à dissoudre les cristaux de glace.

Préparez la chantilly : versez la crème dans un saladier, placez-le dans le congélateur 15 minutes. Montez la crème avec un fouet électrique, en incorporant petit à petit le sucre glace.

Préparez la sauce chocolat : coupez le chocolat en morceaux. Faites chauffer la crème liquide et versez-la sur le chocolat, ajoutez l'huile de tournesol. Mélangez jusqu'à ce que la sauce soit lisse, laissez refroidir en remuant de temps à autre pour éviter qu'elle se fige.

Concassez les cacahuètes. Faites-les griller quelques minutes dans une poêle chaude sans matière grasse, en remuant fréquemment. Garnissez 4 coupes de crème glacée, dressez la chantilly sur la glace, puis versez la sauce au chocolat froide en filet, parsemez d'éclats de cacahuètes grillées.

variante

Ajoutez une poignée de pépites ou de copeaux de chocolat dans la crème avant de la réfrigérer.

truc de cuisinier

Pour concasser les cacahuètes, enfermez-les dans un sac plastique, puis tapez sur le sac avec une boîte de conserve. Utilisez une poche à douille pour dresser la crème glacée dans les coupes pour un effet bluffant !

GLACES & SORBETS

beaux gâteaux

Pour 6
Préparation : 20 min
Réfrigération : 2 h
Difficulté : * *

- 2 saladiers
- 1 assiette creuse
- 1 fouet
- 1 moule à charlotte
- 1 batteur électrique

INGRÉDIENTS :

- 25 biscuits à la cuillère
- 5 cl de sirop à la fraise
- 200 g de fraises

Pour la mousse :
- 200 g de coulis de fraises
- 15 cl de crème liquide
- 2 blancs d'œufs
- 80 g de sucre
- 3 feuilles de gélatine (6 g)

Charlotte à la fraise

Faites tremper les feuilles de gélatine dans un grand volume d'eau froide.

Dans une assiette creuse, diluez le sirop de fraise avec 15 cl d'eau chaude. Coupez une extrémité des biscuits, puis trempez-les dans le sirop, retirez-les immédiatement. Disposez les biscuits sur le pourtour du moule à charlotte, puis au fond.

Montez les blancs d'œufs en neige, ajoutez le sucre. Égouttez la gélatine, faites-la fondre au micro-ondes avec la moitié du coulis de fraises (40 secondes), ajoutez l'autre moitié du coulis, mélangez délicatement avec les blancs en neige. Montez la crème liquide en chantilly, incorporez-la délicatement au mélange précédent.

Coupez les fraises en quartiers. Étalez une couche de mousse au fond du moule, parsemez de fraises. Disposez une couche de biscuits, puis une couche de mousse parsemée de fraises. Terminez par une couche de biscuits. Réservez la charlotte au moins 2 heures au réfrigérateur. Démoulez-la, puis décorez avec quelques fraises.

variante

Ajoutez quelques bonbons à la fraise dans la mousse.

truc de cuisinier

Chemisez votre moule à charlotte de papier film afin de la démouler plus facilement.

Pour 4
Préparation : 40 min
Cuisson : 8 min par plaque
Difficulté : * * * *
€ € € €

- 2 jattes
- 2 bols
- 1 casserole
- 1 batteur électrique
- 1 plaque à pâtisserie
- du papier sulfurisé
- 1 spatule
- 1 poche à douille cannelée

INGRÉDIENTS :

- 70 g de beurre mou
- 70 g de sucre glace
- 3 œufs
- 4 gavottes
- 60 g de lait entier
- 50 g de farine
- 2 cuil. à soupe de cacao
- 25 cl de lait entier
- 10 cl de crème fleurette
- 60 g de sucre semoule
- 40 g de fécule de maïs
- 1 cuil. à café d'extrait de café liquide
- 100 g de chocolat noir à 70 % haché
- 2 cuil. à café de cognac

Choco-craquant
façon mille-feuille

Préchauffez le four à 180 °C (th. 6). Travaillez le beurre en pommade, puis ajoutez le sucre glace. Battez jusqu'à obtention d'une crème onctueuse. Versez 2 blancs d'œufs légèrement battus et amalgamez-les. Mélangez la farine et le cacao. Ajoutez-les à la préparation. Lorsque la pâte est bien lisse, incorporez les gavottes émiettées.

Étalez la pâte très finement à l'aide d'une spatule sur une plaque recouverte de papier sulfurisé. Avec un couteau, délimitez des rectangles de la taille d'un mille-feuille. Faites cuire pendant 8 minutes. Détachez les rectangles de pâte dès la sortie du four et laissez-les refroidir à plat sur une grille. Procédez de même avec le reste de la pâte.

Portez à ébullition le lait avec la crème. Faites blanchir 3 jaunes d'œufs avec le sucre semoule. Ajoutez l'extrait de café, puis la fécule de maïs. Versez une partie du lait chaud sur les œufs et mélangez. Remettez l'ensemble dans la casserole et remuez sur feu doux pendant 3 minutes. Hors du feu, incorporez le chocolat haché. Lorsqu'il est entièrement fondu, ajoutez le cognac. Laissez refroidir la crème.

Remplissez une poche à douille cannelée de crème au chocolat. Juste avant de servir, montez les mille-feuilles en superposant rectangles et couches de crème. Décorez selon votre inspiration (cacao, sucre glace, copeaux...). Dégustez sans attendre.

variante

Pour un effet bicolore, garnissez vos mille-feuilles avec une crème au chocolat blanc, ou encore une crème à la vanille légèrement alcoolisée.

truc de cuisinier

Si votre crème pâtissière n'est pas assez lisse, donnez-lui un coup de mixeur plongeant : elle sera parfaite.

BEAUX GÂTEAUX

Pour 6
Préparation : 25 min
Réfrigération : 1 h
Cuisson : 5 min
Congélation : 2 h
Difficulté : * * *

- 2 saladiers
- 1 casserole
- 1 bol
- 1 fouet
- 1 moule à gâteau
- papier film
- 1 grille

INGRÉDIENTS :

Pour la crème pâtissière :
- 25 cl de lait
- 3 jaunes d'œufs
- 50 g de sucre
- 40 g de farine

- 1 c. à s. d'eau de rose
- 1,5 feuille de gélatine (3 g)
- 15 cl de crème liquide
- 1 boîte de litchis au sirop
- 10 biscuits à la cuillère
- 1 pot de confiture de rose
- quelques pétales de rose non traités

Gâteau au

Trempez la gélatine dans de l'eau froide. Faites bouillir le lait. Battez les jaunes d'œufs avec le sucre, ajoutez la farine. Versez dessus le lait bouillant, mélangez et portez à ébullition sans cesser de remuer. Réservez au frais au moins 1 heure.

litchi et à la rose

Lissez au fouet la crème pâtissière. Faites chauffez l'eau de rose avec la gélatine au micro-ondes (30 secondes). Mélangez à la crème pâtissière. Montez la crème liquide en chantilly, incorporez-la délicatement.

Coupez les litchis en petits morceaux, gardez le sirop. Placez un papier film au fond du moule. Versez la moitié de la mousse, disposez les litchis, recouvrez de mousse. Trempez les biscuits dans le sirop des litchis, déposez-les par-dessus. Placez 2 heures au congélateur.

Démoulez, retirez le film et retournez le gâteau sur une grille. Faites chauffer la confiture de rose pour qu'elle soit liquide. Nappez le gâteau. Décorez avec les pétales de rose.

variante

Remplacez les litchis par du pamplemousse rose.

truc de cuisinier

Étalez finement la crème pâtissière dans un grand moule, recouvrez-la de papier film et placez-la au congélateur afin qu'elle refroidisse plus rapidement.

Pour 4
Préparation : 20 min
Cuisson : 50 min
Réfrigération : 12 h
Difficulté : * *

- 4 cercles à entremet de 8 cm de diamètre
- 1 plaque de cuisson
- 2 bols • 1 fouet • 1 zesteur
- 1 presse-agrumes

INGRÉDIENTS :

- 240 g de petits-beurre
- 100 g de beurre mou – 450 g de ricotta – 450 g de Saint-Môret® – 1 c. à s. de crème fraîche épaisse – 300 g de sucre
- 6 œufs – 4 citrons verts bio
- 2 c. à s. d'extrait de vanille liquide – 150 g de myrtilles fraîches

Cheesecakes aux myrtilles

Préchauffez le four à 180 °C (th. 6). Réduisez les biscuits en un sable épais. Mélangez-les à la cuillère avec le beurre afin d'obtenir une pâte sableuse. Placez les cercles sur une plaque de cuisson. Répartissez la pâte sur le fond. Tassez bien avec le dos d'une cuillère. Faites cuire pendant 10 minutes et laissez refroidir hors du four.

Zestez 2 citrons verts et hachez les zestes très finement au couteau. Pressez les 4 citrons et mélangez le jus au sucre. Dans un bol, fouettez les fromages pour qu'ils deviennent fluides, ajoutez la crème fraîche puis le jus de citron sucré. Mélangez bien et incorporez les œufs un à un sans cesser de fouetter. Ajoutez enfin la vanille et les zestes.

Versez la crème au citron vert sur les fonds cuits. Répartissez les myrtilles sur le dessus. Faites cuire 40 minutes environ jusqu'à ce que les bords soient cuits et le centre encore un peu moelleux. Laissez refroidir hors du four puis réfrigérez pendant 12 heures. Dégustez bien frais.

Pour 4
Préparation : 20 min
Cuisson : 50 min
Réfrigération : 12 h
Difficulté : * *

- 4 cercles à entremet de 8 cm de diamètre
- 1 plaque de cuisson
- 2 bols • 1 fouet

INGRÉDIENTS :

- 240 g de petits-beurre – 50 g de noix de coco râpée – 100 g de beurre mou – 450 g de ricotta – 450 g de Saint-Môret® – 6 œufs – 1 c. à s. de crème fraîche épaisse – 150 g de sucre – 2 c. à s. d'extrait de vanille liquide – 3 bananes – 2 fruits de la passion

Cheesecakes banane-passion

Préchauffez le four à 180 °C (th. 6). Réduisez les biscuits en un sable épais. Mélangez-les à la cuillère avec le beurre et la noix de coco râpée afin d'obtenir une pâte sableuse. Placez les cercles sur une plaque de cuisson. Répartissez la pâte sur le fond. Tassez bien avec le dos d'une cuillère. Faites cuire pendant 10 minutes et laissez refroidir hors du four.

Dans un bol, fouettez les fromages pour qu'ils deviennent fluides, ajoutez la crème fraîche et le sucre. Mélangez bien et incorporez les œufs un à un sans cesser de fouetter. Ajoutez enfin les bananes que vous aurez écrasées à la fourchette, puis la vanille.

Versez la crème sur les fonds cuits. Faites cuire 40 minutes environ jusqu'à ce que les bords soient cuits et le centre encore un peu moelleux. Laissez refroidir hors du four puis réfrigérez pendant 12 heures. Avant de déguster, répartissez la moitié d'1 fruit de la passion sur chaque entremet en guise de coulis.

Pour 6
Préparation : 15 min
Cuisson : 30 min
Difficulté : * *

- 1 casserole
- 1 saladier
- 1 fouet
- 1 fourchette
- 1 moule à tarte à bord haut

INGRÉDIENTS :

- 1 pâte feuilletée
- 50 cl de lait
- 1 gousse de vanille
- 100 g de sucre
- 2 œufs + 4 jaunes
- 50 g de fécule de maïs

Flan pâtissier

Placez la pâte feuilletée au fond du moule. Piquez-la à l'aide d'une fourchette. Préchauffez le four à 180 °C (th. 6).

Portez le lait à ébullition avec la gousse de vanille fendue en 2 et grattée. Laissez infuser 5 minutes, puis retirez la gousse de vanille. Dans un saladier, battez les œufs et les jaunes avec le sucre, puis incorporez la fécule de maïs. Versez le lait chaud, mélangez. Portez le tout à ébullition.

Versez la crème pâtissière sur la pâte. Enfournez pour 30 minutes environ. Laissez refroidir avant de déguster (conservez le flan au réfrigérateur).

Pour 6
Préparation : 15 min
Cuisson : 25 min
Difficulté : *

- 1 saladier
- 1 fouet électrique
- 1 casserole
- 1 mixeur
- 1 moule à gâteau

INGRÉDIENTS :

- 250 g de pâte d'amandes à 50 % ou 60 %
- 4 œufs
- 80 g de fécule de maïs
- 5 cl de Grand Marnier®
- 100 g de beurre + 1 noix pour le moule
- 80 g d'amandes effilées

Pain de Gênes

Préchauffez le four à 180 °C (th. 6). Mixez la pâte d'amandes avec les œufs. Montez le tout au fouet jusqu'à ce que le mélange triple de volume. Incorporez délicatement la fécule, puis le Grand Marnier. Faites fondre le beurre, ajoutez-le au mélange précédent.

Beurrez le moule, placez au fond les amandes effilées, puis versez la pâte dessus. Enfournez pour 25 minutes environ.

Pour 6
Préparation : 20 min
Cuisson : 15 min
Difficulté : * *

€ € € €

- 3 saladiers
- 1 fouet
- 1 batteur électrique
- 1 plaque de four
- papier sulfurisé
- 1 torchon
- 1 casserole
- 1 grille

INGRÉDIENTS :

Pour le biscuit :
- 4 œufs
- 125 g de sucre
- 65 g de farine
- 65 g de poudre d'amandes
- 25 g de cacao
- 200 g de confiture d'orange

Pour le glaçage :
- 10 cl de crème fraîche
- 80 g de chocolat noir
- 20 g de beurre
- quelques pistaches hachées

Gâteau roulé à l'orange

Préchauffez le four à 190 °C (th. 6-7). Séparez les jaunes des blancs d'œufs. Dans un saladier, battez les jaunes avec le sucre, puis ajoutez la farine, le cacao et la poudre d'amandes. Montez les blancs d'œufs en neige, puis incorporez-les délicatement au mélange précédent.

Étalez le biscuit sur une plaque de four préalablement recouverte de papier sulfurisé. Enfournez pour 9 minutes environ. Retournez le biscuit sur un torchon, retirez le papier sulfurisé. Étalez la confiture d'orange et roulez le gâteau. Coupez les extrémités.

Portez la crème à ébullition, versez-la sur le chocolat préalablement haché, ajoutez le beurre, mélangez.

Placez le gâteau sur une grille, recouvrez-le de glaçage au chocolat. Décorez avec les pistaches hachées.

variante

Remplacez la poudre d'amandes par de la poudre de pistaches.

truc de cuisinier

Une fois le biscuit cuit, étalez la confiture et roulez-le immédiatement afin qu'il se plie sans casser.

Pour 8-10
Préparation : 20 min
Cuisson : 1 h
Réfrigération : 12 h
Difficulté : * *

Tout fraise

- 1 moule à charnière de 20 cm de diamètre et 7 cm de haut environ
- 1 mixeur
- 2 bols
- 1 fouet
- 1 spatule

INGRÉDIENTS :

- 300 g de biscuits Sprits
- 80 g de beurre fondu
- 80 g de cassonade
- 400 g de ricotta
- 500 g de Saint-Môret®
- 1 cuil. à soupe de crème fraîche
- 1 kg de fraises
- 250 g de sucre
- 1 cuil. à soupe d'extrait de vanille liquide
- 6 œufs

Préchauffez le four à 180 °C (th. 6). Réduisez les biscuits en un sable épais, ajoutez le beurre et la cassonade. Mélangez pour obtenir une pâte sableuse. Répartissez cette pâte sur le fond du moule en remontant sur les parois et tassez bien. Faites cuire 10 minutes au four puis laissez refroidir.

Fouettez la ricotta et le Saint-Môret® ensemble pour qu'ils deviennent bien onctueux. Ajoutez, tout en fouettant, la crème fraîche, le sucre, l'extrait de vanille liquide. Incorporez ensuite les œufs un à un à la spatule.

Rincez et équeutez 800 g de fraises et réduisez-les en purée. Ajoutez-les à la préparation, mélangez bien et versez sur le fond de pâte précuit. Faites cuire 50 à 55 minutes jusqu'à ce que les bords soient bien cuits et le centre encore un peu moelleux. Laissez refroidir le cheesecake hors du four, puis au réfrigérateur pendant 12 heures.

Avant de servir, rincez et équeutez les fraises restantes, coupez-les en lamelles. Disposez les lamelles en rosace sur le cheesecake. Dégustez aussitôt avec un coulis de fraises.

variante

Ajoutez des framboises ou d'autres fruits rouges frais dans la purée de fruits.

truc de cuisinier

Pour plus de « croquant », ajoutez 150 g de fraises découpées en petits dés dans la crème.

Forêt-noire

Pour 6
Préparation : 25 min
Cuisson : 20 min
Difficulté : * * *

- 2 saladiers
- 1 casserole
- 1 fouet
- 1 moule à génoise rond de 20 cm de diamètre
- 1 pinceau
- 1 économe

INGRÉDIENTS :

- 100 g de chocolat noir
- 100 g de cerises amarena
- 25 cl de crème liquide
- 1 sachet de sucre vanillé

Pour la génoise :
- 4 œufs
- 80 g de farine
- 50 g de cacao
- 100 g de sucre
- beurre
- farine pour le moule

Pour le sirop :
- 20 cl d'eau
- 100 g de sucre
- 5 cl de kirsch

Préchauffez le four à 180 °C (th. 6). Dans un saladier, battez les œufs et le sucre. Au bain-marie, fouettez jusqu'à ce que le mélange triple de volume. Mélangez la farine avec le cacao, puis incorporez-les délicatement au mélange précédent. Beurrez et farinez le moule, versez la pâte. Faites cuire pendant 20 minutes environ.

Coupez horizontalement la génoise en 3. Portez à ébullition l'eau avec le sucre, ajoutez le kirsch. Imbibez les disques de génoise à l'aide d'un pinceau.

Montez la crème liquide en chantilly, ajoutez le sucre vanillé. Recouvrez un premier disque de génoise de chantilly, ajoutez la moitié des cerises, renouvelez l'opération, terminez le montage par le troisième disque de génoise. Recouvrez l'ensemble du gâteau de chantilly.

Réalisez à l'aide d'un économe des copeaux de chocolat noir. Disposez-les sur la chantilly.

variante

Ajoutez 20 g de cacao dans la chantilly afin d'obtenir une forêt-noire plus chocolatée.

truc de cuisinier

Utilisez un grand couteau à dents pour trancher la génoise.

Pour 6
Préparation : 25 min
Cuisson : 20 min
Réfrigération : 1 h
Difficulté : * * *
€ € € €

- 1 casserole
- 3 saladiers
- 1 fouet
- 1 moule à génoise rond de 20 cm de diamètre
- 1 pinceau

INGRÉDIENTS :

Pour la génoise :
- 4 œufs
- 130 g de farine
- 100 g de sucre
- 5 cl de sirop à la framboise

Pour la crème :
- 200 g de crème pâtissière
- 1 gousse de vanille
- 150 g de beurre

- 250 g de framboises
- 200 g de pâte d'amandes blanche
- beurre
- farine pour le moule

Gâteau d'anniversaire

Préchauffez le four à 180 °C (th. 6). Battez les œufs et le sucre dans un saladier. Placez-le dans un bain-marie, fouettez jusqu'à ce que le mélange triple de volume. Incorporez délicatement la farine. Beurrez et farinez le moule, versez la pâte. Enfournez 20 minutes. Démoulez immédiatement.

Découpez horizontalement la génoise en 3. Diluez le sirop à la framboise avec un peu d'eau, puis imbibez les 3 disques de génoise à l'aide d'un pinceau.

Fouettez la crème pâtissière avec la gousse de vanille grattée, de manière à la rendre lisse. Faites ramollir le beurre 30 secondes au micro-ondes, fouettez-le de manière à avoir une consistance homogène. Mélangez la crème pâtissière avec le beurre. Fouettez l'ensemble jusqu'à ce que le mélange double de volume.

Recouvrez 2 disques de génoise de crème, parsemez de framboises, disposez l'un par-dessus l'autre, ajoutez le troisième disque. Étalez finement la pâte d'amandes pour recouvrir le gâteau. Décorez avec quelques framboises. Laissez au moins 1 heure au réfrigérateur avant de servir.

variante

Remplacez les framboises par des griottines.

truc de cuisinier

La qualité du beurre a une grande importance pour obtenir une crème goûteuse.

Pour 6
Préparation : 25 min
Cuisson : 45 min
Réfrigération : 1 h
Difficulté : * * *

- 1 casserole
- 1 saladier
- 1 fouet
- plaques de four
- papier sulfurisé

INGRÉDIENTS :

- 2 pâtes feuilletées

Pour la crème :
- 40 cl de lait
- 4 jaunes d'œufs
- 40 g de fécule de maïs
- 80 g de sucre
- 80 g de beurre demi-sel
- sucre glace

BEAUX GÂTEAUX

Mille-feuille
au caramel beurre salé

Préchauffez le four à 180 °C (th. 6). Confectionnez 3 rectangles de feuilletage de 25 cm sur 20 cm. Disposez-les sur des plaques de four tapissées de papier sulfurisé. Recouvrez de papier sulfurisé et posez par-dessus une autre plaque ou grille. Enfournez 30 minutes environ.

Faites chauffer doucement le sucre dans la casserole, ajoutez petit à petit le lait, portez à ébullition. Dans un saladier, battez les jaunes d'œufs avec la fécule. Versez le lait, mélangez et portez à ébullition sans cesser de remuer. Ajoutez le beurre, mélangez. Réservez la crème au réfrigérateur.

Lorsque la crème est bien froide, fouettez-la de manière à ce qu'elle soit lisse.

Recouvrez 2 rectangles de feuilletage de crème pâtissière au caramel, disposez-les l'un par-dessus l'autre. Ajoutez le troisième rectangle. Coupez les quatre côtés avec un couteau-scie de manière à obtenir des bords droits. Saupoudrez de sucre glace.

variante

Nappez chaque couche de feuilletage de sauce caramel.

truc de cuisinier

Montez le mille-feuille au dernier moment, le feuilletage restera ainsi très croustillant.

Pour 6-8
Préparation : 20 min
Cuisson : 55 min
Difficulté : * *

- 2 jattes
- 1 robot ménager
- 1 moule à cake de 22-24 cm

INGRÉDIENTS :

- 200 g de farine - 5 g de levure chimique - 170 g de beurre mou - 190 g de sucre semoule - 100 g de crème épaisse - 3 œufs battus en omelette - 1 c. à c. d'extrait naturel de vanille - 40 g de cacao en poudre non sucré

Gâteau marbré

Mélangez la farine avec la levure. Préchauffez le four à 180 °C (th. 6).

Battez le beurre en pommade avec le sucre. Ajoutez la crème fraîche et l'extrait de vanille. Incorporez les œufs. Ajoutez progressivement la farine et la levure.

Lorsque la pâte est parfaitement homogène, partagez-la en 2 parts égales et incorporez le cacao tamisé dans l'une d'elles. Mélangez parfaitement. Versez alternativement la pâte nature et la pâte cacaotée dans le moule beurré et fariné.

Enfournez et laissez cuire pendant environ 55 minutes. La lame d'un couteau introduite dans le gâteau doit en ressortir sèche. Laissez tiédir avant de démouler.

Pour 8
Préparation : 20 min
Cuisson : 50 min
Difficulté : * *

- 2 jattes
- 1 tamis
- 1 robot ménager
- 1 moule à cake de 26-28 cm

INGRÉDIENTS :

- 170 g de farine - 5 g de levure chimique - 50 g de cacao en poudre non sucré - 40 g de poudre d'amandes - 50 g de chocolat noir à 70 % de cacao
- 180 g de beurre mou
- 160 g de sucre de canne blond
- 100 g de crème fleurette
- 3 œufs battus en omelette
- 200 g de fruits rouges confits
- 20 g de pistaches mondées
- 20 g de cerneaux de noix

Cake au chocolat
et aux fruits rouges

Tamisez ensemble la farine, la levure et le cacao. Hachez finement le chocolat. Hachez les pistaches et les noix au couteau.

Beurrez et farinez le moule. Préchauffez le four à 220 °C (th. 7-8).

Battez le beurre mou avec le sucre, puis ajoutez la poudre d'amandes. Incorporez petit à petit les œufs et la crème fleurette. Lorsque le mélange est homogène, ajoutez la farine cacaotée, puis le chocolat. Incorporez enfin les fruits rouges, les pistaches et les noix.

Remplissez le moule et lissez la surface. Faites cuire 10 minutes à 220 °C. Incisez légèrement le gâteau sur toute la longueur pour qu'il se développe régulièrement et poursuivez la cuisson à 180 °C (th. 6) pendant environ 40 minutes.

Pour 8-10
Préparation : 20 min
Cuisson : 1 h
Réfrigération : 12 h
Difficulté : * *

- 1 moule haut à charnière de 20 cm de diamètre
- papier sulfurisé
- 2 bols
- 1 petite casserole
- 1 fouet

INGRÉDIENTS :

- 280 g de cookies au chocolat noir
- 100 g de beurre mou
- 250 g de sucre
- 80 g de farine
- 200 g de chocolat noir pâtissier
- 80 g de cassonade
- 600 g de ricotta
- 300 g de fromage frais type Saint-Môret®
- 6 œufs
- 1 cuil. à soupe de crème fraîche
- 1 cuil. à soupe d'extrait de vanille liquide

Cheesecake tout chocolat

Découpez un ruban de papier sulfurisé de 8 cm de large. Collez-le sur les bords intérieurs du moule avec un peu d'eau ou de beurre en le laissant dépasser de 2 cm. Préchauffez le four à 180 °C (th. 6).

Réduisez les cookies en un sable épais, ajoutez le beurre, le sucre et la farine. Mélangez pour obtenir une pâte sableuse. Répartissez cette pâte sur le fond du moule et les parois et tassez bien. Faites cuire 10 minutes au four puis laissez refroidir.

Faites fondre le chocolat au bain-marie et laissez-le refroidir à température ambiante. Fouettez la ricotta et le fromage frais pour qu'ils deviennent bien onctueux. Ajoutez la crème fraîche et la cassonade. Versez le chocolat fondu froid puis intégrez les œufs un à un. Ajoutez enfin l'extrait de vanille liquide.

Versez la crème au chocolat sur la pâte et faites cuire 50 minutes environ. Laissez refroidir le cheesecake hors du four, puis au réfrigérateur pendant 12 heures. Dégustez bien frais.

variante

Vous pouvez remplacer les cookies par un muesli croustillant au chocolat !

truc de cuisinier

Les mordus de chocolat dégusteront ce cheesecake avec un coulis de chocolat noir ou blanc.

BEAUX GÂTEAUX

Pour 6
Préparation : 1 h
Cuisson : 15 min
Réfrigération : 6 h
Difficulté : * * *
€ € € €

- 2 jattes
- 1 casserole
- 2 bols
- 1 batteur électrique
- 1 plaque à pâtisserie
- du papier sulfurisé
- 1 spatule
- 1 pinceau

INGRÉDIENTS :

- 70 g de poudre d'amandes
- 70 g de sucre glace
- 20 g de cacao
- 4 blancs d'œufs
- 20 g de sucre semoule
- 25 g de chocolat noir fondu

Pour la ganache :

- 200 g de chocolat noir à 70 % finement haché
- 15 cl de crème fleurette
- 50 g de beurre mou
- 1 c. à s. de thé noir en vrac

Pour la chantilly au chocolat :

- 30 g de chocolat noir à 70 % finement haché
- 15 cl de crème fleurette
- 3 c. à c. de sucre semoule

Gâteau chic au parfum de thé

Préchauffez le four à 180 °C (th. 6). Mélangez la poudre d'amandes, le sucre glace et le cacao. Battez les blancs en neige avec le sucre semoule. Mélangez-les délicatement aux poudres précédentes. Étalez la pâte sur une plaque recouverte de papier sulfurisé. Lissez la surface pour obtenir une épaisseur régulière de quelques millimètres. Enfournez pour 15 minutes. À la sortie du four, retournez le biscuit, humidifiez très légèrement le papier et retirez-le délicatement. Découpez le biscuit en 3 rectangles de 10 x 21 cm. Lorsqu'ils sont froids, badigeonnez-en 2 au pinceau avec le chocolat fondu.

Portez la crème à ébullition. Faites-y infuser le thé pendant 10 minutes. Filtrez, versez sur le chocolat et remuez. Si nécessaire, réchauffez légèrement la ganache pour la lisser. Incorporez le beurre et mélangez parfaitement. Lorsque la ganache s'est raffermie, étalez-la sur un des biscuits chocolatés. Égalisez et recouvrez d'un 2e biscuit chocolaté. Placez au réfrigérateur.

Faites bouillir la crème fleurette avec le sucre. Versez-la lentement sur le chocolat en remuant. Lorsqu'elle est complètement refroidie, placez la crème au congélateur pendant 20 minutes, puis montez-la en chantilly.

Étalez deux tiers de cette chantilly sur le gâteau et recouvrez avec le dernier biscuit. Badigeonnez toutes les faces du gâteau avec le reste de la chantilly et lissez à la spatule. Saupoudrez de cacao. Réservez au réfrigérateur jusqu'au moment de servir.

variante

Vous pouvez choisir un earl grey ou encore un thé aux fruits et aux épices.

truc de cuisinier

Le plus simple est de confectionner ce gâteau en deux temps : la veille, biscuit, ganache et crème fleurette chocolatée ; le lendemain, chantilly et finition du gâteau.

Pour 6
Préparation : 15 min
Cuisson : 40 min
Difficulté : *
€ € € €

- 1 saladier
- 1 fouet
- 1 économe
- 1 moule rond de 25 cm de diamètre

INGRÉDIENTS :

- 6 cuil. à soupe de sucre
- 2 œufs
- 6 cuil. à soupe de farine
- 6 cuil. à soupe d'huile
- 1 cuil. à café de levure
- 6 poires
- 50 g d'amandes effilées
- beurre
- farine pour le moule

Gâteau à la poire

Préchauffez le four à 160 °C (th. 5-6).

Dans un saladier, battez les œufs avec le sucre. Ajoutez la farine, la levure puis l'huile.

Épluchez les poires, coupez-les en 2, retirez l'intérieur, puis émincez-les. Incorporez-les à la pâte.

Beurrez et farinez le moule. Versez la pâte dans le moule, parsemez d'amandes effilées. Enfournez pour 40 minutes environ.

Pour 6
Préparation : 10 min
Cuisson : 40 min
Difficulté : *
€ € € €

- 1 saladier
- 1 fouet
- 1 moule à cake

INGRÉDIENTS :

- 1 pot de crème dessert au caramel
- 3 œufs
- 8 cl de sauce caramel
- 100 g de sucre
- 3 cuil. à soupe d'huile
- 300 g de farine
- 1/2 paquet de levure
- beurre
- farine pour le moule

Gâteau au caramel

Préchauffez le four à 160 °C (th. 5-6).

Dans un saladier, battez les œufs avec le sucre et la sauce caramel. Ajoutez le pot de crème dessert au caramel, la farine, la levure puis l'huile.

Beurrez et farinez le moule. Versez la pâte dans le moule, enfournez pour 40 minutes environ.

Pour 8-10
Préparation : 20 min
Cuisson : 1 h
Réfrigération : 12 h
Difficulté : * *

- 1 moule carré à charnière de 20 cm de côté
- 2 bols • 1 fouet

INGRÉDIENTS :

- 80 g de beurre fondu – 300 g de petits-beurre – 50 g de graines de sésame noir – 900 g de cream cheese (ou 450 g de ricotta + 450 g de Saint-Môret®) – 250 g de sucre – 6 œufs – 2 c. à s. de crème fraîche épaisse – 2 c. à s. d'extrait de vanille liquide – 1 c. à s. de fécule de maïs – 200 g de litchis dénoyautés (frais ou en boîte)

Cheesecake
litchi et sésame noir

Préchauffez le four à 180 °C(th. 6). Réduisez les biscuits en un sable grossier. Mélangez-les avec le beurre fondu et 25 g de graines de sésame. Répartissez ce mélange dans le fond du moule et faites cuire 10 minutes puis retirez du four et laissez refroidir.

Dans un bol, fouettez le cream cheese pour qu'il devienne lisse. Ajoutez le sucre, mélangez bien et intégrez les œufs un à un. Finissez par la crème fraîche, l'extrait de vanille et la fécule. Ajoutez enfin les litchis grossièrement hachés.

Versez la crème sur le fond cuit, répartissez les graines de sésame restantes sur la crème et faites cuire pendant 50 minutes environ jusqu'à ce que les bords soient bien cuits et le centre encore un peu moelleux. Sortez du four et laissez refroidir complètement avant de réfrigérer pendant 12 heures. Dégustez bien frais.

Pour 8-10
Préparation : 20 min
Cuisson : 1 h
Réfrigération : 12 h
Difficulté : * *

- 1 moule carré à charnière de 20 cm de côté
- 2 bols • 1 fouet

INGRÉDIENTS :

- 80 g de beurre fondu – 300 g de petits-beurre – 50 g de graines de sésame blanc – 900 g de cream cheese (ou 450 g de ricotta + 450 g de Saint-Môret®) – 6 c. à c. rases de thé vert matcha en poudre – 300 g de sucre – 5 œufs – 2 c. à s. de crème fraîche épaisse – 2 c. à s. d'extrait de vanille liquide

Cheesecake
thé matcha et sésame blanc

Préchauffez le four à 180 °C (th. 6). Réduisez les biscuits en un sable grossier. Mélangez-les avec le beurre fondu et 25 g de graines de sésame. Répartissez ce mélange dans le fond du moule et faites cuire 10 minutes, puis retirez du four et laissez refroidir.

Dans un bol, fouettez le cream cheese pour qu'il devienne lisse. Ajoutez le sucre et le thé matcha, mélangez bien et intégrez les œufs un à un. Finissez par la crème fraîche et l'extrait de vanille.

Versez la crème sur le fond cuit, répartissez les graines de sésame restantes sur la crème et faites cuire pendant 50 minutes environ jusqu'à ce que les bords soient bien cuits et le centre encore un peu moelleux. Sortez du four et laissez refroidir complètement avant de réfrigérer pendant 12 heures. Dégustez bien frais.

Pour 6
Préparation : 25 min
Cuisson : 20 min
Réfrigération : 1 h
Difficulté : * * *

- 2 saladiers
- 1 casserole
- 1 fouet
- 1 moule à génoise rond de 20 cm de diamètre
- 1 moule à gâteau à bord haut
- 1 pinceau

INGRÉDIENTS :

Pour la génoise :
- 4 œufs
- 130 g de farine
- 100 g de sucre
- 5 cl de sirop à la fraise

Pour la crème :
- 200 g de crème pâtissière
- 2 feuilles de gélatine (4 g)
- 1 gousse de vanille
- 20 cl de crème liquide

- 250 g de fraises
- 100 g de pâte d'amandes blanche

Fraisier

Préchauffez le four à 180 °C (th. 6). Battez les œufs et le sucre. Au bain-marie, fouettez jusqu'à ce que le mélange triple de volume. Incorporez délicatement la farine. Beurrez et farinez le moule, versez la pâte. Enfournez 20 minutes. Démoulez immédiatement.

Découpez horizontalement la génoise en 2. Diluez le sirop avec un peu d'eau, imbibez la génoise au pinceau.

Trempez la gélatine dans de l'eau froide. Lissez au fouet la crème pâtissière avec la gousse de vanille grattée . Égouttez la gélatine, faites-la fondre au micro-ondes, ajoutez-la à la crème pâtissière. Montez la crème en chantilly, incorporez-la délicatement.

Dans un moule à bord haut, placez un disque de génoise au fond, des demi-fraises sur le pourtour, puis garnissez le centre de fraises entières. Recouvrez de crème. Posez le deuxième disque, recouvrez de pâte d'amandes. Placez le fraisier 1 heure au réfrigérateur. Démoulez et décorez avec des fraises.

variante

Ajoutez un peu de pâte de pistaches dans la crème.

truc de cuisinier

La crème pâtissière doit être froide au moment d'incorporer la crème Chantilly afin qu'elle ne retombe pas.

BEAUX GÂTEAUX

Préparation : 2 h
Cuisson : 20 min
Repos : 2 h
Difficulté : * * *
€ € € €

- 1 casserole
- 2 saladiers • 1 tamis
- 1 batteur avec crochets
- 1 rouleau
- 2 plaques antiadhésives de 30 x 40
- 1 couteau pointu
- 1 pinceau • carton rigide

INGRÉDIENTS :

- 1 kg + 2 c. à s. de farine pour le travail de la pâte
- 2 œufs entiers + 3 blancs
- 500 g de miel liquide
- 200 g de beurre
- 240 g de sucre de canne roux
- 500 g de sucre glace
- 1/2 sachet de levure chimique
- 2 c. à s. de jus de citron
- 15 cl. lait – 2 c. à c. d'épices pour pain d'épices
- 1 pincée de sel

Pour décorer :
- langues de chat, bonbons et perles de couleurs, fruits secs (abricots, pignons, amandes, pistaches, noisettes, noix de coco râpée)

Maison de

Sur feu doux, faites fondre le miel avec le sucre et le beurre. Tamisez la farine avec la levure chimique, les épices et le sel. Incorporez 2 œufs et le miel tiédi. Travaillez la pâte au batteur puis pétrissez-la avec les mains farinées. Réfrigérez dans un linge. Après 2 heures, étalez la pâte sur les plaques. Badigeonnez de lait. Enfournez 20 minutes à 150 °C (th. 5).

Avec la pointe d'un couteau, découpez un socle dans le pain d'épices tiédi. Marquez dessus un carré de 15 x 15. À l'aide de patrons, découpez les éléments de la maison. Découpez les portes, les fenêtres et l'emplacement d'une cheminée.

Hansel et Gretel

Battez les blancs d'œufs avec le sucre glace et le jus de citron en glaçage épais et collant. Enduisez-en la base des murs. Collez ces derniers sur le socle. Collez le toit. Plantez-y une cheminée. Masquez les bords coupés de glaçage. Laissez sécher 2 heures.

Décorez la maison en collant les éléments avec du glaçage. Saupoudrez de noix de coco en guise de neige.

variante

Pour une grande maison, préparez 3 plaques de pain d'épices. Coupez deux murs pignons de 15 cm de base et de 21 cm sous pignon, 2 murs latéraux de 21 x 15 cm et deux pans de toit de 25 x 12 cm.

truc de cuisinier

Découpez dans du carton rigide 1 triangle de 15 cm de côtés et 1 carré de 15 x 15 pour les pans du toit. Ils vous serviront de patrons. Découpez dans le reste de pain d'épices, sapins, bonhommes, etc., à planter autour de la maison. Maintenez les divers éléments collés en place pendant plusieurs minutes pour permettre au glaçage de sécher un peu.

Pour 8-10
Préparation : 25 min
Cuisson : 1 h
Réfrigération : 12 h
Difficulté : * *

- 1 moule à charnière de 20 cm de diamètre et 6 cm de haut
- 2 bols
- 1 fouet
- 1 petite casserole
- 1 couteau

INGRÉDIENTS :

- 100 g de beurre fondu
- 150 g de palets bretons
- 200 g de noix de coco en poudre
- 600 g de Saint-Môret® (ou Carré Frais®)
- 300 g de fromage blanc à 40 %
- 250 g de sucre
- 2 cuil. à soupe de noix de coco râpée (ou en poudre)
- 5 œufs (à température ambiante)
- 2 cuil. à soupe de crème fraîche épaisse
- 1 cuil. à soupe d'extrait de vanille liquide
- 100 g de chocolat noir
- 10 cl de crème liquide

Cheesecake marbré coco-chocolat

Préchauffez le four à 180 °C (th. 6). Réduisez les palets bretons en un sable épais. Dans un bol, mélangez la poudre de biscuits, 80 g de poudre de noix de coco et le beurre. Répartissez la pâte sur le fond du moule en remontant légèrement sur les parois. Faites cuire 10 minutes puis retirez du four et laissez refroidir quelques instants.

Assouplissez au fouet le fromage frais, puis ajoutez le fromage blanc et enfin le sucre. Fouettez pour que le mélange soit bien homogène. Incorporez les œufs entiers un à un. Ajoutez la crème épaisse, l'extrait de vanille liquide et enfin la poudre de noix de coco restante. Versez la crème sur le fond cuit et refroidi.

Faites fondre le chocolat au bain-marie. Laissez-le refroidir quelques instants puis ajoutez la crème liquide. Remuez bien. Déposez quelques cuillerées de chocolat sur la crème. À l'aide de la pointe d'un couteau, dessinez des marbrures de chocolat sur la crème.

Faites cuire le cheesecake pendant 50 minutes environ jusqu'à ce que les bords soient cuits et le centre encore un peu moelleux. Laissez-le refroidir sur une grille puis placez-le au réfrigérateur pendant 12 heures. Dégustez-le bien frais, saupoudré de noix de coco râpée.

variante

Vous pouvez remplacer les palets bretons par des cookies au chocolat.

truc de cuisinier

Ne vous affolez pas si le chocolat fondu « plonge » dans la crème, cela fera des marbrures à l'intérieur de la crème. Rajoutez juste du chocolat pour réaliser les marbrures du dessus.

Pour 6
Préparation : 20 min
Repos : 30 min
Cuisson : 55 min
Difficulté : * *

- 1 casserole
- 2 saladiers
- 1 fouet
- 1 moule à gâteau

INGRÉDIENTS :

- 8 figues fraîches
- 200 g de framboises
- 2 cuil. à soupe de cassonade
- 180 g de beurre + 1 noix pour le moule
- 180 g de sucre glace + un peu pour la décoration
- 135 g de poudre d'amandes
- 1 œuf + 1 jaune
- 200 g de farine
- 1 cuil. à café de levure chimique
- 1 pincée de sel

Gâteau à la figue et à la framboise

Lavez les figues, coupez-les en quartiers. Dans une casserole, faites-les revenir à feu doux avec la cassonade pendant 10 minutes environ. Ajoutez ensuite les framboises, laissez compoter pendant encore 2 à 3 minutes. Réservez au frais.

Faites ramollir le beurre au micro-ondes pendant 30 secondes. Battez le sucre glace avec le beurre, le sel et la poudre d'amandes de manière à obtenir un mélange homogène et crémeux. Ajoutez le jaune d'œuf et l'œuf entier, puis incorporez la farine et la levure chimique. Divisez la pâte en 2. Laissez-la reposer 30 minutes au réfrigérateur.

Préchauffez le four à 160 °C (th. 5-6). Beurrez le moule. Répartissez la moitié de la pâte au fond du moule, ajoutez la compotée de figues et framboises puis disposez dessus la deuxième partie de la pâte. Enfournez pour 40 minutes environ.

Vérifiez la cuisson avec la lame d'un couteau, elle doit ressortir sèche. Laissez refroidir quelques minutes avant de démouler. Saupoudrez de sucre glace avant de servir.

variante

Remplacez la poudre d'amandes par de la poudre de pistaches.

truc de cuisinier

Servez ce gâteau avec un peu de crème Chantilly.

Pour 6
Préparation : 20 min
Cuisson : 20 min
Difficulté : * * *
€ € € €

- 3 saladiers
- 1 casserole
- 1 fouet
- 1 batteur électrique
- 1 moule à gâteau rond
- 1 pinceau
- 1 grille

INGRÉDIENTS :

- 200 g de crème de marron
- 200 g de mascarpone

Pour le biscuit :

- 3 œufs
- 100 g de sucre
- 1 c. à s. de fécule de maïs
- 80 g de farine de châtaigne
- 50 g de beurre fondu
- 50 g de brisures de marrons confits
- beurre
- farine pour le moule
- rhum

Pour le glaçage :

- 10 cl de crème liquide
- 100 g de chocolat noir
- 25 g de beurre

Délice aux marrons

Préchauffez le four à 180 °C (th. 6). Séparez les blancs des jaunes d'œufs. Battez les jaunes avec le sucre, ajoutez la fécule de maïs, la farine, puis le beurre fondu et les brisures de marrons confits. Montez les blancs d'œufs en neige, incorporez-les délicatement. Versez la pâte dans un moule beurré et fariné. Enfournez 20 minutes environ.

Une fois que le gâteau est froid, divisez-le horizontalement en 3 disques et, au pinceau, imbibez-les légèrement de rhum.

Mélangez le mascarpone avec la crème de marrons. Recouvrez le premier disque de ce mélange, puis renouvelez l'opération. Terminez par un disque de biscuit.

Portez la crème à ébullition, ajoutez le chocolat fondu et le beurre, mélangez. Placez le gâteau sur une grille. Recouvrez-le avec le glaçage au chocolat. Réservez-le au frais avant dégustation.

variante

Ajoutez quelques cassis dans la crème mascarpone aux marrons.

truc de cuisinier

Nappez le gâteau froid (passé 30 minutes au congélateur) avec un glaçage chaud, de manière à ce qu'il soit fin et lisse.

Pour 6
Préparation : 45 min
Cuisson : 23 min
Difficulté : * * *

- 3 bols
- 1 jatte
- 1 batteur électrique
- 1 plaque
- du papier sulfurisé

INGRÉDIENTS :

- 3 œufs
- 90 g de sucre de canne foncé
- 30 g de beurre fondu
- 50 g de farine
- 25 g de cacao
- 1/4 de cuil. à café de bicarbonate de soude
- sucre glace

Pour la crème au lemon curd :

- 1 citron bio
- 2 œufs
- 50 g de beurre
- 90 g de sucre de canne blond
- 10 cl de crème fleurette

Gâteau roulé au lemon curd

Préparez le lemon curd : prélevez et hachez finement le zeste du citron. Battez les œufs avec le sucre sans blanchir. Ajoutez le jus du citron, le beurre en parcelles et le zeste. Faites cuire doucement au bain-marie pendant 15 minutes en remuant sans cesse. Laissez refroidir le lemon curd en le remuant de temps en temps, puis filmez-le et placez-le au réfrigérateur.

Préchauffez le four à 180 °C (th. 6). Mélangez la farine avec le cacao et le bicarbonate de soude. Faites blanchir les œufs avec le sucre. Incorporez le beurre, puis la farine cacaotée. Étalez finement la pâte sur une plaque chemisée de papier sulfurisé. Lissez à la spatule. Enfournez pour 8 minutes. Le biscuit est alors souple au toucher. Retournez-le aussitôt sur une feuille de papier sulfurisé saupoudrée de sucre glace et retirez la feuille de cuisson. Enroulez le gâteau dans la feuille de papier. Enveloppez-le de papier aluminium pour qu'il conserve son humidité et laissez-le refroidir complètement.

Montez la crème fleurette. Mélangez-la au lemon curd. Déroulez délicatement le gâteau et retirez le papier. Recouvrez-le de crème, puis réenroulez-le sans tasser. Enveloppez-le de film alimentaire et placez-le au frais pendant quelques heures. Déposez le gâteau sur le plat de service et décorez-le de copeaux de chocolat, de zestes et de sucre glace.

variante

À partir de cette recette de gâteau roulé, vous pouvez varier les garnitures : confiture et fruits rouges, crème café, lemon curd seul, ou tout ce que votre imagination pourra vous inspirer.

truc de cuisinier

Versé chaud dans des pots stérilisés hermétiques, le lemon curd se conserve plusieurs semaines au réfrigérateur. Sinon, consommez-le dans la semaine.

Pour 8-10
Préparation : 20 min
Cuisson : 1 h
Réfrigération : 12 h
Difficulté : * *
€ € € €

- 1 moule à charnière de 20 cm de diamètre et de 6 cm de haut
- papier sulfurisé
- 2 bols
- 1 fouet

INGRÉDIENTS :

- 180 g de petits-beurre
- 100 g de beurre mou
- 500 g de ricotta
- 400 g de petits-suisses natures à 40 %
- 250 g de sucre
- 4 cuil. à soupe de sirop de coquelicot
- 5 œufs
- 2 cuil. à soupe de crème fraîche
- 1 cuil. à soupe d'extrait de vanille liquide
- 50 g de mini-billes en sucre rose pâle

Cheesecake au sirop de coquelicot

Découpez un ruban de papier sulfurisé de 8 cm de large. Collez-le sur les bords intérieurs du moule avec un peu d'eau ou de beurre en le laissant dépasser de 2 cm. Préchauffez le four à 180 °C (th. 6).

Réduisez les biscuits en poudre, ajoutez le beurre mou et mélangez pour obtenir une pâte sableuse. Répartissez cette pâte sur le fond du moule en remontant légèrement sur les parois. Faites cuire 10 minutes au four puis laissez refroidir.

Assouplissez au fouet la ricotta et les petits-suisses, puis ajoutez le sucre et le sirop de coquelicot. Fouettez pour que le mélange soit bien homogène. Incorporez les œufs entiers un à un. Ajoutez enfin la crème épaisse puis l'extrait de vanille liquide.

Lorsque le fond du gâteau est refroidi, versez la crème et faites cuire 50 minutes environ jusqu'à ce que les bords soient cuits et le centre légèrement mou. Laissez refroidir complètement puis démoulez et réfrigérez pendant 12 heures. Juste avant de servir, décorez de billes de sucre, de pétales de fleurs comestibles ou de fleurs en sucre.

variante

Vous pouvez adapter cette recette avec tout autre sirop de votre choix : grenadine, violette, etc.

truc de cuisinier

Pour décorer, vous trouverez des fleurs comestibles dans le rayon frais des épiceries fines.

Pour 6
Préparation : 15 min
Cuisson : 9 min
Difficulté : *

- 2 saladiers
- 1 fouet
- 1 batteur électrique
- 1 plaque de four
- papier sulfurisé
- 1 torchon

INGRÉDIENTS :

- 4 œufs
- 125 g de sucre
- 65 g de farine
- 65 g de poudre d'amandes
- 25 g de cacao
- 200 g de pâte à tartiner

Gâteau roulé
choco-noisettes

Préchauffez le four à 190 °C (th. 6-7). Séparez les jaunes des blancs d'œufs. Dans un saladier, battez les jaunes avec le sucre, puis ajoutez la farine, le cacao et la poudre d'amandes. Montez les blancs d'œufs en neige, puis incorporez-les délicatement au mélange précédent.

Étalez le biscuit sur une plaque de four préalablement recouverte de papier sulfurisé. Faites cuire 9 minutes environ.

Retournez le biscuit sur un torchon, retirez le papier sulfurisé. Étalez la pâte à tartiner sur le gâteau et roulez-le. Coupez les extrémités.

Pour 6
Préparation : 10 min
Cuisson : 5 min
Réfrigération : 1 h
Difficulté : *

- 1 saladier
- 1 casserole
- 1 plat à gâteau

INGRÉDIENTS :

- 21 crêpes
- 100 g de chocolat noir
- 10 cl de crème liquide
- 200 g de crème de marrons
- sucre glace

Gâteau de crêpes
au chocolat et à la crème de marrons

Faites fondre le chocolat au micro-ondes ou au bain-marie. Portez la crème à ébullition, versez-la petit à petit sur le chocolat fondu.

Étalez une fine couche de cette ganache sur une crêpe, ajoutez une deuxième crêpe par-dessus, étalez une fine couche de crème de marrons, renouvelez l'opération 9 fois, terminez par une crêpe. Saupoudrez légèrement de sucre glace.

Mettez le gâteau au moins 1 heure au réfrigérateur avant de le déguster.

Pour 6
Préparation : 20 min
Cuisson : 20 min
Difficulté : * * *

- 2 saladiers
- 1 fouet
- 1 poche à douille
- 1 batteur électrique
- papier sulfurisé

INGRÉDIENTS :

- 3 blancs d'œufs
- 30 g de sucre
- 70 g de poudre d'amandes
- 70 g de sucre glace
- 20 g de farine
- 50 g de pistaches émondées
- 300 g de crème pâtissière
- 200 g de framboises
- sucre glace

Dacquoise pistache et framboise

Concassez les pistaches. Dans un saladier, mélangez la poudre d'amandes avec le sucre glace et la farine.

Dans un autre saladier, montez les blancs d'œufs en neige, puis ajoutez le sucre. Versez le premier mélange en pluie sur les blancs en neige. Préchauffez le four à 180 °C (th. 6)

Découpez 2 cercles de 20 cm de diamètre dans une feuille de papier sulfurisé. Garnissez la poche à douille avec la pâte, confectionnez 2 disques. Parsemez les biscuits de pistaches. Enfournez 20 minutes environ.

Fouettez la crème pâtissière pour la rendre lisse. Recouvrez-en le premier biscuit, ajoutez les framboises, puis le deuxième biscuit. Saupoudrez de sucre glace.

variante

Ajoutez un peu de sirop d'anis dans la crème pâtissière.

trucs de cuisinier

Pour former de jolis disques bien ronds, réalisez une spirale en partant du centre avec la poche à douille.

La crème pâtissière ne doit pas recouvrir totalement le premier biscuit, elle doit rester à 1 cm du bord.

Pour 6
Préparation : 25 min
Cuisson : 25 min
Difficulté : * * *

- 1 casserole
- 2 saladiers
- 1 fouet
- 1 spatule
- 1 poche à douille cannelée
- 1 poche à douille unie
- 1 plaque de four
- papier sulfurisé
- 1 pinceau

INGRÉDIENTS :

Pour la pâte à choux :
- 10 cl d'eau
- 10 cl de lait
- 1 pincée de sel
- 1 c. à c. de sucre
- 75 g de beurre
- 120 g de farine
- 3 œufs
- 50 g d'amandes effilées

Pour la crème au praliné :
- 150 g de crème pâtissière
- 50 g de praliné
- 100 g de beurre

Paris-Brest

Portez à ébullition l'eau et le lait avec le beurre, le sucre et le sel. Ajoutez la farine en une seule fois, mélangez vigoureusement, desséchez la pâte quelques secondes, elle doit se détacher de la casserole. Hors du feu, incorporez les œufs un à un à la spatule. Préchauffez le four à 170 °C (th. 5-6).

Sur une plaque recouverte de papier sulfurisé, déposez une couronne de 20 cm de diamètre à l'aide d'une poche à douille unie. Lissez avec un peu d'eau au pinceau, parsemez d'amandes. Enfournez 25 minutes environ.

Lissez au fouet la crème pâtissière avec le praliné. Faites ramollir le beurre 30 secondes au micro-ondes, battez-le bien et intégrez-le à la crème. Fouettez l'ensemble, le mélange doit doubler de volume.

Coupez le Paris-Brest en 2. Garnissez-le avec la poche à douille cannelée.

variante

Garnissez le Paris-Brest de crème glacée à la noisette et servez immédiatement.

truc de pâtissier

Pour dresser la pâte à choux, tracez un cercle sur le papier sulfurisé. À l'aide d'une poche à douille, réalisez un premier cercle à l'intérieur de la marque, puis un deuxième à l'extérieur, et un dernier sur les deux premiers. Vous obtiendrez ainsi, après cuisson, une belle couronne.

Pour 6
Préparation : 20 min
Cuisson : 30 min
Difficulté : * *

- 2 saladiers
- 1 fouet
- 1 batteur
- 1 moule à cake

INGRÉDIENTS :

- 1 pot de yaourt nature
- 1/2 pot de yaourt aux framboises
- 3 pots de farine
- 1 sachet de levure chimique
- 2 pots de sucre
- 1/2 pot d'huile
- 3 œufs
- 1 c. à c. de thé vert matcha en poudre
- 10 g de beurre pour le moule

Marbré rose et vert

Cassez les œufs en séparant les blancs des jaunes. Fouettez les jaunes avec le sucre, le yaourt nature, et enfin l'huile. Ajoutez la farine mélangée à la levure.

Montez les blancs en neige ferme. Incorporez-les à la pâte. Divisez celle-ci en 2. Dans une moitié, ajoutez le thé en poudre, dans l'autre le yaourt aux framboises.

Préchauffez le four à 180 °C (th. 6). Versez les pâtes en alternant les couleurs dans un moule à cake beurré.

Enfournez pour 30 minutes. Démoulez et laissez refroidir avant de servir.

variante

Ajoutez 100 g de framboises fraîches à la pâte rose.

truc de cuisinier

Pour obtenir un joli marbrage, alternez les pâtes cuillerée par cuillerée dans le moule.

Pour 6
Préparation : 45 min
Cuisson : 30 min
Difficulté : * * *

- 1 casserole
- 3 bols
- 1 batteur électrique
- 1 moule à manqué
- du papier sulfurisé

INGRÉDIENTS :

- 1 ananas
- 110 g de sucre semoule
- 130 g de beurre en petits dés
- 1 pincée de gingembre en poudre
- 1 pincée de quatre-épices
- 100 g de chocolat à 70 %
- 4 jaunes et 5 blancs d'œufs
- 80 g de sucre de canne foncé
- 4 c. à s. de lait de coco
- 70 g de farine
- 10 g de cacao
- noix de coco râpée

Gâteau ananas-coco caramélisé

Coupez l'ananas en très fines tranches évidées au centre. Chemisez le moule de papier sulfurisé. Réalisez un caramel à sec avec 100 g de sucre semoule. Décuisez-le avec 50 g de beurre. Versez-le aussitôt dans le moule pour napper le fond. Disposez les plus belles tranches d'ananas sur le caramel en les faisant se chevaucher. Saupoudrez avec les épices.

Préchauffez le four à 180 °C (th. 6). Faites fondre le chocolat. Ajoutez le reste du beurre et mélangez jusqu'à ce qu'il soit entièrement fondu. Battez les jaunes d'œufs avec le sucre brun pour obtenir un mélange mousseux et clair. Incorporez le chocolat, puis le lait de coco. Ajoutez la farine, le cacao et 20 g de noix de coco râpée. Mélangez parfaitement. Battez les blancs en neige avec 10 g de sucre semoule et incorporez-les délicatement à la préparation.

Versez l'appareil dans le moule sur les tranches d'ananas. Enfournez pour une cuisson de 30 minutes. Laissez un peu tiédir le gâteau, puis retournez-le sur le plat de service et retirez délicatement le moule et le papier. Décorez avec de la noix de coco râpée.

variante

Vous pouvez remplacer l'ananas par des rondelles de bananes. Dans ce cas, n'utilisez pas de lait de coco, mais ajoutez un peu de rhum ambré.

truc de cuisinier

Pour réaliser votre caramel, saupoudrez de sucre le fond de la casserole chaude au fur et à mesure qu'il fond. Ne remuez jamais et ne laissez pas le caramel mousser.

Cheesecakes
à la violette

Pour 4
Préparation : 20 min
Cuisson : 50 min
Difficulté : * *

- 4 cercles à pâtisserie de 8 cm de diamètre
- 1 plaque de cuisson
- 2 bols • 1 fouet

INGRÉDIENTS :

- 100 g de beurre mou
- 180 g de petits-beurre
- 500 g de ricotta
- 400 g de petits-suisses natures à 40 % - 200 g de sucre
- 4 c. à s. de sirop de violette
- 5 œufs - 2 c. à s. de crème fraîche - 1 c. à s. d'extrait de vanille liquide
- 12 bonbons à la violette

Préchauffez le four à 180 °C (th. 6). Réduisez les biscuits en poudre, ajoutez le beurre mou et mélangez pour obtenir une pâte sableuse. Placez les cercles sur une plaque de cuisson. Répartissez la pâte dans le fond des cercles. Faites cuire 10 minutes au four puis laissez refroidir.

Assouplissez au fouet la ricotta et les petits-suisses, puis ajoutez le sucre et le sirop de violette. Fouettez pour que le mélange soit bien homogène. Ajoutez les œufs entiers un à un. Incorporez enfin la crème puis l'extrait de vanille liquide.

Lorsque le fond des gâteaux est refroidi, versez la crème dessus et faites cuire 40 minutes environ jusqu'à ce que les bords soient cuits et le centre légèrement mou. Laissez refroidir complètement puis démoulez à l'aide d'un couteau fin. Juste avant de servir, décorez de bonbons à la violette.

Cheesecakes
à l'eau de rose

Pour 4
Préparation : 20 min
Cuisson : 50 min
Difficulté : * *

- 4 cercles à pâtisserie de 8 cm de diamètre • 1 plaque de cuisson • 2 bols • 1 fouet

INGRÉDIENTS :

- 50 g de beurre mou - 180 g de petits-beurre - 500 g de ricotta
- 400 g de petits-suisses natures à 40 % - 200 g de sucre - 2 c. à s. d'eau de rose alimentaire - 6 œufs - 2 c. à s. de crème fraîche - 1 c. à s. d'extrait de vanille liquide - 1 c. à s. de fécule de maïs - 200 g de framboises - coulis de framboises

Préchauffez le four à 180 °C (th. 6). Réduisez les biscuits en poudre, ajoutez le beurre mou et mélangez pour obtenir une pâte sableuse. Placez les cercles sur une plaque de cuisson. Répartissez la pâte dans le fond des cercles. Faites cuire 10 minutes au four puis laissez refroidir.

Assouplissez au fouet la ricotta et les petits-suisses, puis ajoutez le sucre. Fouettez pour que le mélange soit bien homogène. Incorporez les œufs entiers un à un. Ajoutez enfin la crème, l'eau de rose, l'extrait de vanille liquide et la fécule de maïs.

Lorsque le fond des gâteaux est refroidi, versez la moitié de la crème, répartissez les framboises et complétez de crème. Faites cuire 40 minutes environ jusqu'à ce que les bords soient cuits et le centre légèrement mou. Laissez refroidir complètement puis démoulez à l'aide d'un couteau fin. Juste avant de servir, nappez de coulis de framboises.

Pour 6
Préparation : 20 min
Cuisson : 25 min
Difficulté : * * *

- 3 saladiers
- 1 fouet
- 1 poche à douille
- 1 batteur électrique
- papier sulfurisé

INGRÉDIENTS :

Pour le macaron :
- 2 blancs d'œufs
- 100 g de sucre
- 100 g de poudre d'amandes
- 100 g de sucre glace
- 25 g de pistaches hachées

Pour la crème :
- 100 g de mascarpone
- 10 cl de crème liquide
- 100 g de confiture de cassis

Grand macaron au cassis

Dans un saladier, mélangez le sucre glace avec la poudre d'amandes. Dans un autre saladier, montez les blancs d'œufs en neige, ajoutez petit à petit le sucre. Incorporez délicatement le mélange précédent aux blancs en neige. Préchauffez le four à 150 °C (th. 5).

Découpez 2 cercles de 20 cm dans une feuille de papier sulfurisé. Confectionnez 2 disques de macaron à l'aide de la poche à douille (faites une spirale en partant du centre). Saupoudrez de pistaches hachées. Enfournez 25 minutes environ.

Dans un saladier, mélangez le mascarpone avec la crème liquide, fouettez jusqu'à l'obtention d'une mousse, incorporez délicatement la confiture de cassis.

Retournez un macaron, étalez la crème au cassis, puis refermez avec le deuxième macaron.

variante

Ajoutez un peu d'arôme de violette dans la crème. Vous pouvez aussi dresser des macarons individuels, de 8 cm de diamètre. Faites-les alors cuire 15 minutes, au lieu des 25 nécessaires pour le grand.

truc de cuisinier

Laissez le macaron à l'air libre pendant 20 minutes avant de le cuire, il aura ainsi une belle coque lisse.

Moelleux à la fraise
et à la rhubarbe

Pour 6
Préparation : 20 min
Cuisson : 50 min
Difficulté : *
€ €

- 1 saladier • 1 casserole
- 1 fouet • 1 moule à cake

INGRÉDIENTS :

- 3 œufs – 1 yaourt
- 150 g de sucre en poudre
- 2 c. à s. de miel – 200 g de farine – 1 c. à c. de levure
- 150 g de rhubarbe congelée prête à l'emploi
- 250 g de fraises
- beurre – farine pour le moule

Pour le sirop :
- 25 cl d'eau – 3 c. à s. de miel

Lavez les fraises, coupez-les en quartiers.

Réalisez le sirop : portez à ébullition l'eau et le miel. Ajoutez la rhubarbe, laissez cuire à feu doux pendant 10 minutes, égouttez la rhubarbe. Préchauffez le four à 160 °C (th. 5-6).

Battez les œufs avec le sucre et le miel. Incorporez le yaourt, puis la farine et la levure. Ajoutez la rhubarbe et les quartiers de fraises.

Beurrez et farinez un moule, versez la pâte. Enfournez pour 40 minutes environ.

Moelleux au chocolat

Pour 6
Préparation : 10 min
Cuisson : 35 min
Difficulté : *
€ €

- 2 saladiers
- 1 fouet
- 1 moule à génoise

INGRÉDIENTS :

- 200 g de chocolat noir
- 200 g de beurre
- 3 œufs
- 150 g de sucre en poudre
- 60 g de farine
- 1 c. à c. de levure
- sucre glace
- beurre – farine pour le moule

Préchauffez le four à 160 °C (th. 5-6). Faites fondre au bain-marie (ou au micro-ondes) le chocolat avec le beurre. Battez les œufs avec le sucre, ajoutez le mélange au chocolat, puis incorporez la farine et la levure.

Beurrez et farinez le moule, versez la pâte. Enfournez pour 35 minutes environ. Laissez le moelleux refroidir avant de le démouler. Saupoudrez de sucre glace avant de servir.

Pour 6
Préparation : 25 min
Cuisson : 9 min
Congélation : 2 h
Difficulté : * * *

- 4 saladiers
- 1 casserole
- 1 fouet
- 1 zesteur
- 1 batteur électrique
- 1 plaque de four
- papier sulfurisé
- 1 moule à bûche
- 1 grille

INGRÉDIENTS :

Pour le biscuit :
- 4 œufs
- 125 g de sucre
- 65 g de farine
- 65 g de poudre d'amandes
- 25 g de cacao en poudre

Pour la mousse :
- 120 g de chocolat noir
- 25 cl de crème liquide
- 2 mandarines bio
- 200 g de confiture de mandarine

Pour le glaçage :
- 80 g de chocolat noir
- 10 cl de crème liquide
- 20 g de beurre

Bûche au chocolat
et à la mandarine

Préchauffez le four à 190 °C (th. 6-7). Séparez les jaunes des blancs d'œufs. Battez les jaunes avec le sucre, puis ajoutez la farine, le cacao et la poudre d'amandes. Montez les blancs en neige, incorporez-les délicatement. Étalez le biscuit sur une plaque recouverte de papier sulfurisé. Enfournez 9 minutes.

Prélevez les zestes des mandarines. Faites fondre le chocolat avec 5 cl de crème et les zestes. Montez le reste de crème en chantilly, incorporez-la délicatement au chocolat.

Chemisez le moule de biscuit, étalez une couche de confiture au fond, la mousse, une couche de confiture, terminez par une couche de biscuit. Placez la bûche 2 heures au congélateur.

Portez la crème à ébullition, versez sur le chocolat et le beurre, mélangez. Démoulez la bûche sur une grille, nappez-la et laissez-la décongeler avant de déguster.

variante

Remplacez les 120 g de chocolat noir de la mousse par 150 g de chocolat blanc.

truc de cuisinier

Si vous ne disposez pas d'un moule à bûche, utilisez une bouteille d'eau découpée aux deux tiers.

Pour 8-10
Préparation : 20 min
Cuisson : 1 h
Réfrigération : 12 h
Difficulté : * *

- 1 moule à charnière de 20 cm de diamètre et 6 cm de haut
- papier sulfurisé
- 2 bols
- 1 fouet
- 1 zesteur
- 1 presse-agrumes

INGRÉDIENTS :

- 240 g de petits-beurre ou Sprits
- 100 g de beurre mou
- 900 g de Philadelphia cream cheese
- 1 cuil. à soupe de crème fraîche épaisse
- 300 g de sucre
- 6 œufs
- 4 citrons verts non traités
- 2 cuil. à soupe d'extrait de vanille liquide

Cheesecake au citron vert

Découpez un ruban de papier sulfurisé de 8 cm de large. Collez-le sur les bords intérieurs du moule avec un peu d'eau ou de beurre en le laissant dépasser de 2 cm. Préchauffez le four à 180 °C (th. 6).

Réduisez les biscuits en un sable épais. Mélangez-les à la cuillère avec le beurre afin d'obtenir une pâte sableuse. Répartissez la pâte sur le fond du moule en remontant un peu sur les bords. Tassez bien avec le dos de la cuillère. Faites cuire pendant 10 minutes et laissez refroidir hors du four.

Zestez 2 citrons verts et hachez les zestes très finement au couteau. Pressez tous les citrons et mélangez le jus au sucre. Dans un bol, fouettez le cream cheese pour qu'il devienne fluide, ajoutez la crème fraîche, puis le jus de citron sucré. Mélangez bien et incorporez les œufs un à un sans cesser de fouetter, les zestes de citron et l'extrait de vanille.

Versez la crème au citron vert sur le fond cuit. Faites cuire 50 minutes environ jusqu'à ce que les bords soient cuits et le centre encore un peu moelleux. Laissez refroidir hors du four puis réfrigérer pendant 12 heures. Dégustez frais.

variante

Vous pouvez réaliser cette même recette avec des citrons jaunes, réduisez alors un peu le volume de sucre.

truc de cuisinier

Si vous avez la dent sucrée et que vous redoutez l'acidité du citron vert, ajoutez 50 g de sucre dans la crème.

Pour 6
Préparation : 20 min
Réfrigération : 2 h
Difficulté : * *

- 1 saladier
- 1 assiette creuse
- 1 fouet
- 1 batteur électrique
- 1 moule à charlotte

INGRÉDIENTS :

- 25 biscuits à la cuillère
- 5 cl de sirop à la pêche
- 250 g de pêches au sirop

Pour la mousse :

- 200 g de coulis de pêches
- 150 g de fromage blanc
- 2 blancs d'œufs
- 80 g de sucre
- 3 feuilles de gélatine (6 g)
- 1 petit bouquet de verveine fraîche

Charlotte à la

Faites tremper les feuilles de gélatine dans un grand volume d'eau froide.

Dans une assiette creuse, diluez le sirop de pêche avec 15 cl d'eau chaude. Coupez une extrémité des biscuits, puis trempez-les dans le sirop, retirez-les immédiatement. Disposez-les sur le pourtour et au fond du moule à charlotte.

pêche et à la verveine

Égouttez la gélatine, faites-la fondre au micro-ondes avec la moitié du coulis de pêches (40 secondes), ajoutez l'autre moitié du coulis, mélangez le tout avec le fromage blanc. Émincez très finement la verveine et ajoutez-la. Montez les blancs d'œufs en neige, intégrez le sucre, puis incorporez-les délicatement au mélange précédent.

Émincez les pêches. Étalez une couche de mousse au fond du moule, puis une couche de pêches et une couche de biscuits, renouvelez l'opération. Réservez la charlotte au moins 2 heures au réfrigérateur. Démoulez. Décorez avec quelques quartiers de pêches et une pousse de verveine.

variante

Remplacez les pêches par des abricots et la verveine par du romarin.

truc de cuisinier

Réalisez la charlotte la veille, elle n'en sera que meilleure.

Pour 6
Préparation : 20 min
Cuisson : 1 h
Difficulté : * * *

- 3 saladiers
- 1 fouet
- 1 poche à douille
- 1 batteur électrique
- papier sulfurisé

INGRÉDIENTS :

Pour la meringue :
- 3 blancs d'œufs
- 200 g de sucre
- 20 g de cacao

Pour la mousse :
- 5 cl de lait
- 100 g de chocolat noir
- 20 cl de crème liquide
- sucre glace

Concorde

Dans un saladier, montez les blancs d'œufs en neige, ajoutez petit à petit le sucre, puis incorporez délicatement le cacao. Préchauffez le four à 100 °C (th. 3-4).

Découpez 2 cercles de 20 cm de diamètre de papier sulfurisé. Garnissez la poche à douille avec la meringue, confectionnez 2 disques. Réalisez des bâtonnets avec le restant de la meringue. Faites cuire pendant 1 heure.

Faites fondre le chocolat avec le lait au micro-ondes (ou au bain-marie). Montez la crème liquide en chantilly, incorporez-la délicatement au mélange précédent. Réservez-la au réfrigérateur.

Recouvrez un disque de meringue de mousse au chocolat, posez le deuxième disque de meringue. Cassez les bâtonnets de meringue en petits morceaux, collez-les sur le pourtour du gâteau. Saupoudrez de sucre glace.

variante

Ajoutez des framboises dans la mousse au chocolat.

truc de cuisinier

Montez le gâteau dans un moule chemisé de papier film et passez-le 30 minutes au congélateur avant d'appliquer les morceaux de meringue.

Pour 6
Préparation : 20 min
Cuisson : 40 min
Difficulté : * *
€ € € €

- 1 saladier
- 1 bol
- 1 poêle
- 1 fouet
- 1 moule à gâteau

INGRÉDIENTS :

- 500 g d'abricots
- 2 cuil. à soupe de miel
- 3 œufs
- 100 g de sucre
- 120 g de farine
- 50 g de poudre d'amandes
- 125 g de beurre
- 1 cuil. à café de levure
- 50 g d'amandes effilées
- beurre
- farine pour le moule

Gâteau au miel et aux abricots

Coupez les abricots en quartiers. Faites-les revenir à la poêle avec le miel. Faites fondre le beurre au micro-ondes. Préchauffez le four à 160 °C (th. 5-6).

Dans un saladier, battez les œufs avec le sucre, ajoutez la poudre d'amandes, la farine et la levure, terminez par le beurre fondu.

Beurrez et farinez le moule.

Incorporez les abricots dans la pâte, versez le tout dans le moule, parsemez d'amandes effilées. Enfournez pour 40 minutes environ. Vérifiez la cuisson à l'aide de la lame d'un couteau, elle doit ressortir sèche.

variante

Ajoutez de petits morceaux de bonbons à la réglisse.

truc de cuisinier

Utilisez de préférence des abricots frais et bien mûrs !

Pour 8
Préparation : 15 min
Cuisson : 25 min
Difficulté : * *

- 1 saladier
- 1 moule à cake

INGRÉDIENTS :

- 300 g de sucre
- 280 g de farine
- 250 g de courgettes épluchées et râpées
- 3 œufs
- 25 cl d'huile végétale
- 2 cuil. à café de cannelle en poudre
- 1 cuil. à café d'extrait de vanille
- 1 sachet de levure chimique
- 1 pincée de sel

Pour le glaçage :
- 150 g de fromage à tartiner
- 100 g de beurre
- 100 g de sucre glace

Zucchini's cake

Préchauffez le four à 190 °C (th. 6-7) et graissez un moule à cake. Dans un saladier, mélangez le sucre et l'huile. Ajoutez les œufs, 1 par 1. Ajoutez la farine, la cannelle, la levure et le sel.

Incorporez les courgettes râpées, et mélangez bien.

Versez la pâte dans le moule et cuisez 25 minutes. Démoulez et laissez refroidir.

Préparez le glaçage. Mélangez le fromage avec le beurre fondu et le sucre glace. Versez sur le gâteau froid.

variante

Vous pouvez ajoutez 100 g de noix concassées.

truc de cuisinier

Choisissez des petites courgettes qui vont rendre moins d'eau que des grosses.

Pour 6
Préparation : 25 min
Cuisson : 20 min
Difficulté : * * *

- 2 saladiers
- 1 bol
- 1 casserole
- 1 fouet
- 1 moule à génoise rond de 20 cm de diamètre

INGRÉDIENTS :

Pour la génoise :
- 4 œufs
- 130 g de farine
- 100 g de sucre
- beurre
- farine pour le moule

Pour le sirop au café :
- 20 cl d'eau
- 50 g de sucre
- 1 c. à c. de café soluble

Pour la crème :
- 200 g de crème pâtissière
- 150 g de beurre
- 2 c. à c. d'extrait de café
- 125 g d'amandes effilées grillées

Moka

Préchauffez le four à 180 °C (th. 6). Battez les œufs et le sucre. Fouettez au bain-marie, le mélange doit tripler de volume. Incorporez délicatement la farine. Beurrez et farinez le moule, versez la pâte. Enfournez 20 minutes. Démoulez immédiatement.

Portez l'eau et le sucre à ébullition avec le café soluble. Découpez horizontalement la génoise en 3, imbibez-la avec le sirop.

Lissez au fouet la crème pâtissière avec l'extrait de café. Faites ramollir le beurre 30 secondes au micro-ondes, battez-le bien et intégrez-le à la crème pâtissière. Fouettez jusqu'à ce que le mélange double de volume.

Recouvrez 2 disques de génoise avec la crème au café, disposez l'un par-dessus l'autre, posez le troisième disque. Recouvrez l'ensemble de crème au café, puis d'amandes effilées grillées.

variante

Remplacez l'extrait de café par de la réglisse.

truc de cuisinier

Faites vous-même la crème pâtissière : portez à ébullition 20 cl de lait, puis versez-les sur 2 jaunes d'œufs battus avec 40 g de sucre et 20 g de fécule de maïs. Portez le tout à ébullition. Réservez la crème au frais avant utilisation.

BEAUX GÂTEAUX

Index des recettes

Index par type de dessert

Biscuits

Petits pains, brioches et crêpes

Brownies, cakes, cheesecakes et cupcakes

Bonbons et gourmandises

Crèmes, mousses et sauces

Tartes et crumbles

Tout fruit

Glaces et sorbets

Les gâteaux

Index par temps de préparation

En 5 minutes

En 10 minutes

En 15 minutes

En 20 minutes

En 25 minutes

En 30 minutes

En 35 minutes

En 40 minutes

En 45 minutes

En une heure

Plus d'une heure

Index par ingrédient

Abricot

Amande

Riz

Rose

Sablé

Safran

Saint-Morêt®

Sésame

Sirop de coquelicot

Sirop d'érable

Spéculoos

Sprits

Sucre

Sucre glace

Tagada®

Tequila

Thé

Thym

Vanille

Verveine

Violette

Violette cristallisée

Yaourt